美國憲法
理論與實務

American Constitutional Law in Theory and in Practice

史慶璞　著

三民書局

國家圖書館出版品預行編目資料

美國憲法理論與實務／史慶璞著.－－初版一刷.－－
　　臺北市：三民，2007
　　　面；　公分
　　參考書目：面
　　含索引
　　ISBN 978–957–14–4728–5　（平裝）
　　1.憲法－美國

581.52　　　　　　　　　　　　　　　　96002113

©　美國憲法理論與實務

著 作 人	史慶璞
責任編輯	高于婷
美術設計	陳健茹
發 行 人	劉振強
著作財產權人	三民書局股份有限公司
發 行 所	三民書局股份有限公司
	地址　臺北市復興北路386號
	電話　(02)25006600
	郵撥帳號　0009998–5
門 市 部	（復北店）臺北市復興北路386號
	（重南店）臺北市重慶南路一段61號
出版日期	初版一刷　2007年6月
編　　號	S 585700
基本定價	柒元貳角

行政院新聞局登記證局版臺業字第○二○○號

有著作權‧不准侵害

ISBN　978–957–14–4728–5　（平裝）

※本書如有缺頁、破損或裝訂錯誤，請寄回本公司更換。

http : // www.sanmin.com.tw　三民網路書店

自 序

　　憲法為各國政府施政與治國的方針，亦為創設政府形態與保障人民權利的根本大法。美國憲法實施兩百餘年，堪稱為世界上最古老的成文憲法。對於美國人民而言，經由公民教育的傳承及法治文化的堅持，美國憲法深根茁壯，成為國家社會與人民最重要的法效規範之一，除了訴訟當事人在司法程序上常逕以憲法內容作為論辯攻防的立論基礎以外，檢警調機關在執行勤務時亦多直接以憲法內容作為權力行使的最終憑據。由於一般民眾均能認同憲法、熟稔憲法，甚而操作憲法，故造就了憲法的平民化、俗世化和全民化，美國憲法的內容乃因此而得以巧妙地融入於美國人民的日常生活之中。

　　然而，單純仰賴冰冷及陳舊的憲法史料，尚不足以契合人民今日的需求。人民所最需要的，不僅僅是一部具有法統價值的歷史上憲法而已，其更需要一部能夠滿足現代意識和當代情感有血有肉的憲法。在憲法更動不易及政治力求穩定的前提之下，憲法解釋對於活化憲法而言即屬一項不可或缺的機制。美國聯邦最高法院在此乃始終扮演著舉足輕重的角色，其不僅藉由法律上的專業思維，在審判上尋求司法的客觀公正與獨立，同時更試圖站在人民的立場，傾聽人民在宗教上、文化上或社會上的點滴脈動，以細心體察與發覺屬於當代的公義與良知。美國憲法隨著時代潮流與時俱進，成為一部不折不扣地活的憲法。自然法或自然正義，則是催化美國憲法永續發展的活泉。

　　相較於二戰後的各國憲法，美國憲法在文字使用和內容排序上稍屬鬆散，不易為讀者所一目瞭然。是以，詮釋憲法意涵的美國聯邦最

高法院有關的判決及意見，應是探索美國憲法精神與要義最直接的依據。為掌握美國憲法理論與實務的運作軌跡與發展趨勢，在方法論上首應自美國聯邦最高法院的相關判例著手，但為求周延思考，學術上的有關論述亦不宜偏廢。本書即以上述研究方法切入美國憲法的核心內容，試圖在比較法上汲取美國憲法的實證經驗，彙集淺薄心得成冊，以饗讀者，尚祈不吝賜教指正。

史慶璞　謹誌

2007.5.15

美國憲法理論與實務
American Constitutional Law in Theory and in Practice

>> CONTENTS

目　次

自　序

第一章　制憲史 ——————————————— 1

第一節　憲法緣起 ————————————— 3
第一項　憲法背景 ———————————— 3
第二項　獨立宣言 ———————————— 4

第二節　邦聯組織 ————————————— 7
第一項　邦聯條款 ———————————— 7
第二項　州憲法 ————————————— 9

第三節　聯邦憲法 ————————————— 10
第一項　催生新憲 ———————————— 10
第二項　費城會議 ———————————— 11
第三項　美國憲法 ———————————— 14

第二章　分權論 ——————————————— 19

第一節　聯邦制 —————————————— 21
第一項　概　說 ————————————— 21
第二項　二元主權 ———————————— 22

第三項 合作主權 ──────────────── 24

第二節 權力分立 ───────────────── 25
第一項 概 說 ───────────────── 25
第二項 政府分權 ───────────────── 26
第三項 權力制衡 ───────────────── 27

第三章 立法權 ──────────────── 29

第一節 國 會 ───────────────── 31
第一項 組 織 ───────────────── 31
第一款 集 會 ───────────────── 31
第二款 議 決 ───────────────── 32
第二項 成 員 ───────────────── 34
第一款 產 生 ───────────────── 34
第二款 懲 處 ───────────────── 38
第三款 特權與豁免 ───────────────── 38
第四款 報 酬 ───────────────── 41

第二節 國會權力 ───────────────── 41
第一項 概 說 ───────────────── 41
第二項 商務權 ───────────────── 43
第一款 影響取向 ───────────────── 43
第二款 直接影響取向 ───────────────── 44
第三款 實質影響取向 ───────────────── 45
第三項 財務權 ───────────────── 49
第四項 外事權 ───────────────── 51
第五項 緊急權 ───────────────── 53

第六項　人事權 ⋯⋯⋯⋯⋯⋯⋯⋯⋯⋯⋯⋯⋯⋯⋯ *53*

第七項　修憲權 ⋯⋯⋯⋯⋯⋯⋯⋯⋯⋯⋯⋯⋯⋯⋯ *55*

第八項　其他權力 ⋯⋯⋯⋯⋯⋯⋯⋯⋯⋯⋯⋯⋯⋯ *58*

第九項　衍生權 ⋯⋯⋯⋯⋯⋯⋯⋯⋯⋯⋯⋯⋯⋯⋯ *61*

第十項　調查權 ⋯⋯⋯⋯⋯⋯⋯⋯⋯⋯⋯⋯⋯⋯⋯ *62*

第三節　立法制約 ⋯⋯⋯⋯⋯⋯⋯⋯⋯⋯⋯⋯⋯⋯ *63*

第一項　概　說 ⋯⋯⋯⋯⋯⋯⋯⋯⋯⋯⋯⋯⋯⋯⋯ *63*

第二項　權限劃分 ⋯⋯⋯⋯⋯⋯⋯⋯⋯⋯⋯⋯⋯⋯ *65*

第一款　先占理論 ⋯⋯⋯⋯⋯⋯⋯⋯⋯⋯⋯⋯ *65*

第二款　潛伏商務條款 ⋯⋯⋯⋯⋯⋯⋯⋯⋯ *67*

第三款　公民特權與豁免 ⋯⋯⋯⋯⋯⋯⋯ *74*

第三項　府際豁免 ⋯⋯⋯⋯⋯⋯⋯⋯⋯⋯⋯⋯⋯⋯ *76*

第四項　州際互信 ⋯⋯⋯⋯⋯⋯⋯⋯⋯⋯⋯⋯⋯⋯ *79*

第五項　共和保證 ⋯⋯⋯⋯⋯⋯⋯⋯⋯⋯⋯⋯⋯⋯ *80*

第四章　行政權 ⋯⋯⋯⋯⋯⋯⋯⋯⋯⋯⋯⋯⋯⋯⋯ *83*

第一節　總　統 ⋯⋯⋯⋯⋯⋯⋯⋯⋯⋯⋯⋯⋯⋯⋯ *85*

第一項　產　生 ⋯⋯⋯⋯⋯⋯⋯⋯⋯⋯⋯⋯⋯⋯⋯ *85*

第一款　資　格 ⋯⋯⋯⋯⋯⋯⋯⋯⋯⋯⋯⋯⋯ *85*

第二款　選　舉 ⋯⋯⋯⋯⋯⋯⋯⋯⋯⋯⋯⋯⋯ *85*

第二項　職　位 ⋯⋯⋯⋯⋯⋯⋯⋯⋯⋯⋯⋯⋯⋯⋯ *89*

第一款　任　期 ⋯⋯⋯⋯⋯⋯⋯⋯⋯⋯⋯⋯⋯ *90*

第二款　缺　位 ⋯⋯⋯⋯⋯⋯⋯⋯⋯⋯⋯⋯⋯ *91*

第三款　報　酬 ⋯⋯⋯⋯⋯⋯⋯⋯⋯⋯⋯⋯⋯ *92*

第四款　特權與豁免 ⋯⋯⋯⋯⋯⋯⋯⋯⋯⋯ *93*

第二節　總統權力 ··· 97
　第一項　概　說 ··· 97
　第二項　任官權 ··· 101
　第三項　赦免權 ··· 103
　第四項　緊急權 ··· 105
　第五項　外交權 ··· 108
　　第一款　締結條約 ·· 109
　　第二款　行政協定 ·· 111
　　第三款　終止協定 ·· 113
　第六項　統帥權 ··· 114

第三節　行政制約 ··· 116
　第一項　概　說 ··· 116
　第二項　免職限制 ·· 117
　第三項　法律授權 ·· 119
　　第一款　準立法權 ·· 120
　　第二款　準司法權 ·· 123
　　第三款　刑罰權 ··· 126
　第四項　立法否決 ·· 127

第五章　司法權 ───────────────── 131

第一節　法　院 ··· 133
　第一項　組　織 ··· 133
　　第一款　聯邦最高法院 ·· 133
　　第二款　聯邦下級法院 ·· 136
　第二項　法　官 ··· 137

第一款 任 命 ⋯⋯⋯⋯⋯⋯⋯⋯⋯⋯⋯ *137*

第二款 任 期 ⋯⋯⋯⋯⋯⋯⋯⋯⋯⋯⋯ *138*

第三款 報 酬 ⋯⋯⋯⋯⋯⋯⋯⋯⋯⋯⋯ *141*

第二節 法院權力 ⋯⋯⋯⋯⋯⋯⋯⋯⋯⋯⋯⋯⋯ *141*

第一項 概 說 ⋯⋯⋯⋯⋯⋯⋯⋯⋯⋯⋯⋯ *141*

第二項 司法審判權 ⋯⋯⋯⋯⋯⋯⋯⋯⋯ *142*

第一款 事件或爭執 ⋯⋯⋯⋯⋯⋯⋯⋯ *144*

第二款 聯邦問題管轄權 ⋯⋯⋯⋯⋯⋯ *146*

第三款 異籍公民管轄權 ⋯⋯⋯⋯⋯⋯ *147*

第四款 合併與移轉管轄 ⋯⋯⋯⋯⋯⋯ *149*

第三項 憲法解釋權 ⋯⋯⋯⋯⋯⋯⋯⋯⋯ *150*

第一款 原意主義 ⋯⋯⋯⋯⋯⋯⋯⋯⋯ *152*

第二款 工具主義 ⋯⋯⋯⋯⋯⋯⋯⋯⋯ *153*

第三款 文義主義 ⋯⋯⋯⋯⋯⋯⋯⋯⋯ *155*

第四款 民主共和主義 ⋯⋯⋯⋯⋯⋯⋯ *156*

第四項 司法審查權 ⋯⋯⋯⋯⋯⋯⋯⋯⋯ *157*

第一款 制度形成 ⋯⋯⋯⋯⋯⋯⋯⋯⋯ *158*

第二款 制度建立 ⋯⋯⋯⋯⋯⋯⋯⋯⋯ *160*

第三款 審查效力 ⋯⋯⋯⋯⋯⋯⋯⋯⋯ *165*

第三節 司法制約 ⋯⋯⋯⋯⋯⋯⋯⋯⋯⋯⋯⋯⋯ *167*

第一項 概 說 ⋯⋯⋯⋯⋯⋯⋯⋯⋯⋯⋯⋯ *167*

第二項 訴訟適格 ⋯⋯⋯⋯⋯⋯⋯⋯⋯⋯ *169*

第一款 一般適格 ⋯⋯⋯⋯⋯⋯⋯⋯⋯ *170*

第二款 行政法適格 ⋯⋯⋯⋯⋯⋯⋯⋯ *171*

第三款 公民適格 ⋯⋯⋯⋯⋯⋯⋯⋯⋯ *172*

第四款 組織團體適格 ⋯⋯⋯⋯⋯⋯⋯ *174*

第五款 國會議員適格 ─────────── 175

第六款 第三人適格 ─────────── 176

第三項 裁判實效 ─────────── 177

第一款 未臻成熟 ─────────── 177

第二款 已無實益 ─────────── 178

第四項 絕對必要 ─────────── 180

第五項 政治問題 ─────────── 182

第六項 主權豁免 ─────────── 184

第七項 其他限制 ─────────── 186

第六章　自由權 ─────────── 187

第一節 基本權利 ─────────── 189

第一項 概　說 ─────────── 189

第二項 憲法第一修正案 ─────────── 190

第一款 表意自由 ─────────── 190

第二款 宗教自由 ─────────── 225

第三項 權利法案 ─────────── 237

第一款 防止侵犯 ─────────── 237

第二款 公平處遇 ─────────── 241

第二節 正當程序 ─────────── 251

第一項 概　說 ─────────── 251

第二項 實體性正當程序 ─────────── 254

第一款 經濟性正當程序 ─────────── 254

第二款 非經濟性正當程序 ─────────── 259

第三項 程序性正當程序 ─────────── 263

第一款 自由及財產利益 ─────────── 263

第二款　通知及陳述機會 ⋯⋯⋯⋯⋯⋯⋯⋯⋯⋯⋯⋯ *266*

第三節　平等保護 ⋯⋯⋯⋯⋯⋯⋯⋯⋯⋯⋯⋯⋯⋯⋯⋯⋯⋯ *269*
　　第一項　概　說 ⋯⋯⋯⋯⋯⋯⋯⋯⋯⋯⋯⋯⋯⋯⋯⋯⋯⋯ *269*
　　第二項　檢驗基準 ⋯⋯⋯⋯⋯⋯⋯⋯⋯⋯⋯⋯⋯⋯⋯⋯ *273*
　　　　第一款　嚴　格 ⋯⋯⋯⋯⋯⋯⋯⋯⋯⋯⋯⋯⋯⋯⋯⋯ *273*
　　　　第二款　中　級 ⋯⋯⋯⋯⋯⋯⋯⋯⋯⋯⋯⋯⋯⋯⋯⋯ *278*
　　　　第三款　合　理 ⋯⋯⋯⋯⋯⋯⋯⋯⋯⋯⋯⋯⋯⋯⋯⋯ *280*

附錄一　美國憲法本文暨增修條文 ⋯⋯⋯⋯⋯⋯⋯⋯⋯⋯ *283*
附錄二　主要法律名詞索引 ⋯⋯⋯⋯⋯⋯⋯⋯⋯⋯⋯⋯⋯ *311*
附錄三　重要參考書目彙編 ⋯⋯⋯⋯⋯⋯⋯⋯⋯⋯⋯⋯⋯ *323*

第一章

制憲史

❖ 第一節　憲法緣起 ❖

第一項　憲法背景

　　憲法為政府施政的基礎，故憲法一詞，得定義為政府治理國家的基本原則。由於憲法為創設政府形態及規範人民權利的基本大法，具有最高的位階，故國家任何形式的法律或命令等，均不得違背憲法。美國憲法實施兩百餘年，堪稱為世界上最古老的一部成文憲法；美國政府依據這部憲法而建立，亦成為世界上相對穩定且延續較久的政府。而美國憲法對於人民而言，其影響力更已深植民心而視為當然，例如警察執行勤務需遵守憲法關於不合理搜索及扣押的規定，律師及法務人員需在每一大小案件中討論憲法爭點，訴訟當事人得主張美國憲法第一修正案及第十四修正案正當程序的各種保障，以及人民起訴直接以憲法規定為依據等，美國人民已將憲法內容巧妙地融入於日常生活之中。

　　嚴格說來，西元一七八七年所制定的美國憲法，應是英國及美國發展近七世紀的產物。與普通法 (Common Law) 一樣，西元一二一五年英王約翰 (King John) 訂頒的英國大憲章 (Magna Charta)，可說是英美兩國共同的遺產。北美十三州於西元一七七六年獨立建國以前，受英王統治約一百五十餘年，為英屬殖民地。殖民地人民認為應與母國人民享有相同的權利，除主張殖民地官員及屬民應同受普通法的規範與限制外，殖民地議員並向皇室總督爭取與英國國會議員相當的權利及特權。基於多年來與英國皇室折衝的經驗，殖民地人民領悟到應以書面文件保障人民權利及限定政府權力的重要性。

　　儘管北美殖民地人民對於其與母國應維持何種政治上的關係迭起爭論，英王喬治三世 (George III) 及國會議員始終將北美殖民地視為從屬於英國本土，僅享有較次等的地位。然而，北美人民卻一致認為殖民地是英王領地平等的一部分，應與英國本土地位對等，從而，殖民地人民乃應享有

與英國人民完全相同的自由，除可自組自治政府外，並得排除英國國會所定稅則、法律及英王政府所頒行政命令的權利。各個殖民地以遊行、示威、請願及簽署抵制英貨協定等方式爭取權益，最後終底訴諸武力。

為應付與法國長期戰爭所需軍備，英王於西元一七七○年代不顧殖民地人民反對，向殖民地人民加徵英貨進口稅，而英國國會隨後又通過向殖民地人民收取包括遺囑等各類法律文書印花稅的規定。英國政府如此一連串的舉措，令北美殖民地人民非常失望及憤怒，獨立革命乃於西元一七七五年四月十八日在雷辛頓平原及協和市於焉引爆，流血衝突事件隨即傳遍了整個美洲。同年五月十日，為整合共同防禦事宜，北美各殖民地代表於費城召開第二屆大陸議會 (The Second Continental Congress) ❶。

本屆議會除通過以戰爭而非和談的方式與英國政府周旋到底以外，並承擔諸多應由政府執行的權力，儼然成為殖民地同盟的臨時政府。各殖民地代表決議組織陸軍及海軍，並任命喬治華盛頓 (George Washington) 為北美同盟軍總司令；選出十二位評議委員，負責貸款、籌措軍費、發行紙幣及爭取歐洲國家支持等事務。此外，本屆議會並通過獨立宣言 (Declaration of Independence)，建立邦聯組織，除建議各州自定州憲法以實施州自治外，且著手草擬邦聯條款 (Articles of Confederation)。美國憲法發展上的許多重要文件，均在本屆大陸議會內完成，而一個新獨立國家的誕生，亦在此時綻現雛型。

第二項　獨立宣言

獨立革命初始，由於英美軍備差異懸殊及耽心母國報復致家園毀損，除少數主張獨立的激進人士以外，殖民地人民仍視英國政府為自己的政府，且期望能與大英帝國進行妥協。然而，隨著戰事吃緊以及未見英國政府釋

---

❶ 第一屆大陸議會於西元一七七四年九月在費城召開，以討論如何反制英國國會自西元一七六五年以後對於北美殖民地所通過諸如印花稅法、湯森法等一連串俗稱不可忍受法 (Intolerate Acts) 為目的。除喬治亞州以外，各殖民地均派代表與會。議會決議退回上述法律，並要求英國給予殖民地較多的決定作成權。

出善意及疏緩對於殖民地人民的鎮壓，一般民眾乃逐漸意識到唯有打一場不惜流血的獨立戰爭，始可獲得真正的自由。維吉尼亞州 (Virginia) 議員帕德里亨利「不自由，毋寧死」的演說，打動了所有人追求自由及爭取獨立的決心。

第二屆大陸議會為避免戰事擴大，曾於西元一七七五年七月六日向母國發表討伐檄文 (Declaration of the Causes and Necessity of Taking Up Arms)，其內容除說明美國人民的心聲與期許外，且明白表示並無任何脫離母國及獨立建國的意圖。惟英王查理三世非但未作任何善意的回應，反而宣布北美殖民地進入叛亂狀態，英國國會進而通過法律中斷與殖民地的貿易。此一結果，再次使大陸議會代表意識到獨立已是唯一且無可取代的選擇。

西元一七七六年六月七日，維吉尼亞州 (Virginia) 代表理查亨利李 (Richard Henry Lee) 在大陸議會提出自由與獨立議案，提請大會決議。該決議案聲明：殖民地同盟有權成為自由與獨立的國家，對英王所有的忠誠應予免除，與大英帝國所有在政治上的聯繫應全部解除。該決議案立刻獲得通過。同年六月十日，第二屆大陸議會選出約翰亞當斯 (John Adams)、班傑明富蘭克林 (Benjamin Franklin)、湯瑪士傑佛遜 (Thomas Jefferson) 及羅伯李文斯坦 (Robert R. Livingston) 等四位代表，依據上述決議文意旨，起草美國獨立宣言，由年僅三十三歲的傑佛遜負責主筆。

同年六月二十三日，傑佛遜完成獨立宣言草案，送請大陸議會審議。大陸議會作成小幅度修正後通過獨立宣言，並於七月二日表決通過獨立案。七月四日，大陸議會議長約翰漢克 (John Hancock) 簽署獨立宣言決議文，新而獨立的美利堅合眾國乃於本日正式誕生，北美十三州人民亦因此脫離大英帝國統治而獲得真正的自由。惟艱苦的獨立戰爭，仍持續至西元一七八三年九月三日英美簽署和平協定後始告終止。

美國獨立宣言實以英國學者約翰洛克 (John Locke) 於西元一六九〇年所著《政府論二篇》(2nd Treatise, On Civil Government) 為立論基礎，宣示美國建國的目的與宗旨。依據洛克所闡釋的社會契約 (Social Compact) 理

論，人類曾以自然地位 (State of nature) 獨自生存，享受無拘無束的自由生活；在某一特定生存發展階段，人類為鞏固社會及建立政府而互訂社會契約 (Social contracts)；依照社會契約，個人應放棄部分自然權利，以換取抵禦外侮及享受政府其他利益的保障；政府行為應符合道德原則，且須遵守決定對與錯的大多數民意；如政府嚴重威脅社會利益，人民得加以推翻並使其他政府取而代之。

惟傑佛遜在獨立宣言裡巧妙地省略了自然地位及社會契約等二項假說，而進一步主張：人民生而平等及造物者賦與其包括生命、自由和追求幸福等不可轉變的權利，乃係不證自明的真理。獨立宣言並宣稱：為保障上述權利，政府建立於人民之中，基於被統治者的同意取得適當的權力；當任何形式的政府對於上述權利造成迫害時，人民有權改變或摒棄之，並建立以被視為最能實現人民安全和幸福的原理為基礎及權力架構為形式的新政府。

此外，獨立宣言更指陳諸如廢止對於美國人民最有價值的法律，為反對及侵害人民權利而一再解散議會，以及向美國人民挑起戰端等事件，對於英王的暴君行徑和英國國會的濫用權限指證歷歷。基於上述種種理由，大陸議會代表人民宣稱，北美殖民地同盟為自由與獨立的國家，具有主權國家所應正當擁有的一切權力。

獨立宣言不僅有效地激發了美國人民熱忱的愛國情操，且使社會大眾瞭解訴諸武力的必要性與正當性，同時亦不啻向美國人民公開表達了未來政府將以人民意志為依歸的決心，對於美國獨立建國的成功，具有正面而直接的影響。此外，獨立宣言關於人民平等及自然權利的宣示，一直被視為是美國人權蓬勃發展的立基與動力，不僅在憲法發展史上始終位居要津，時至今日抑且持續促動美國及世界人民試圖提昇少數民族及弱勢族群相關權益的良知。

❖ 第二節　邦聯組織 ❖

第一項　邦聯條款

　　在理查亨利李於第二屆大陸議會提出自由與獨立議案的同時，制定邦聯憲法以統合北美十三州並成立中央政府的計劃，亦成為本屆大陸議會代表廣泛討論的另一項議題。大陸議會於西元一七七六年七月十二日，不顧獨立戰火方興未艾，毅然著手研議由約翰狄克遜 (John Dickson) 所草擬的邦聯憲法方案。由於飽受英國殖民地政府以高壓專制進行統治，以及憂心新的政府亦將重蹈覆轍，多數議會代表均不願再見到一個擁有無限權力的中央政府。相反地，他們希望中央政府僅是一個聊備一格及擁有最少權力的政府，且各州主權利益應較國家利益優先考量。經過冗長的辯論與協調，大陸議會於西元一七七七年十一月十五日審議完成邦聯條款草案，共計十三條，並隨即分送各州認可，但一直到西元一七八一年三月一日，始經各州簽署而正式生效，成為美國的第一部憲法。

　　依據邦聯憲法意旨，美國邦聯是一個堅實且永久的邦誼組織及聯盟，是一個促進各州統合、互助及共同利益的國家機構（邦聯條款第三條）。大陸議會解散後，組成邦聯國會 (Confederation Congress)，其設立目的乃著眼於維護外交關係（邦聯條款第六條）及負責償付外債（邦聯條款第八條）等職能；各州投票權均等，在國會的投票數均為一票（邦聯條款第五條第四項）。各州保有各自的主權、自由及獨立，且擁有未明確授予國會的任何其他權力、管轄及權利（邦聯條款第二條）；國會僅有宣戰及解決州際衝突之權（邦聯條款第九條第一項、第四項），非經各州的同意及協助，不能自行設置或募集軍隊❷。是以，美國在政治上無異只是一個由多數主權獨立國家所組成的鬆散同盟，而國會議員亦只不過是一位代表各州進駐邦聯國

---

❷ THOMAS & THAMAS, THE WAR-MAKING POWERS OF THE PRESIDENT 3–4 (SMU Press 1982).

會的大使罷了。如此的結盟關係,是否足以因應各州人民的殷切期待,乃成為各方關切的問題。

　　邦聯政府雖依憲法規定擁有與外國政府締約之權,但各州得自行決定貨物進出口稅則的權限,則已實質地矮化了中央政府處理外交事務的能力。甚且,各州得自行對其進出口貨物予以設限,如此將使國內規範商務的法令一國多制,不僅造成各州間的敵對衝突及從事經濟戰爭,且降低了土地價值及人民對於長期投資的信心,同時更凸顯了中央政府形同虛設的本質,而美國與外國進行貿易的契機亦將大受影響。此外,由於邦聯憲法未賦予中央政府得直接向人民納稅之權,故其財政經費須間接地仰賴各州的支應。惟各州經常延宕給付,致使邦聯政府陷入財務窘境,影響其償付外債能力,其存在的功能又再次受到各方的質疑。

　　其次,就邦聯政府組織而言,邦聯條款賦予國會設置國務委員會 (Committee of the States) 之權,由各州指派代表一名組成之 (邦聯條款第九條第五項),於國會休會期間,基於九位以上代表的同意,行使憲法賦予國會的權力 (邦聯條款第十條)。惟邦聯條款關於獨立行政部門的設置,則顯然付諸闕如,導致邦聯總統的行政權責,往往為國會設置的國務委員會所凌駕,邦聯總統在中央政府的角色模糊且令人費解❸。此外,邦聯條款亦未明定司法部門的地位及職權,司法獨立及全國性司法事件應由國家司法部門統一管轄的概念,惜未因邦聯政府的建立而形成。

　　經過不到一年的實證運作,證明邦聯構想如同海市蜃樓般地虛幻,由於美國十三州幅員廣大,交通聯繫不易,以及各州歷史、文化及政治背景上的差異,偏狹主義及地域化思考模式逐漸抬頭,各州很快地就揚棄了無能和依賴的邦聯政府,轉而坐擁州權以自重。西元一七八一年國會提案修正邦聯條款部分條文,賦予中央政府自各州加收百分之五貨物進口稅的權力,惟由於紐約州及羅德島州擁有最多優良海港,每年為州政府徵得豐富的稅收,故不顧國會所作邦聯政府將因財務困難而瓦解的警告,不願為邦

---

❸　邦聯總統實為邦聯國會的議長,行政、立法分權行使的模式尚未形成。邦聯政府的第一位總統為約翰恆生 (John Hanson)。

聯同盟的共同利益捐輸其關稅收入。此二州的立場，使當時許多社會賢達及部分在大陸議會主張邦聯形式的代表領悟到，為使中央政府更具謀求公益的實力，選擇另一統合途徑似確有其必要。

第二項　州憲法

第二屆大陸議會代表均同意於美國成立之後，各州仍保留實質的主權、自主及獨立。各州仍應自定州憲法，以履行其所擁有的任何權力、管轄及權利。茲此，自西元一七七六年開始，各州多以殖民地憲章 (Colonial Charters) 為典範，召集改革會議制定州憲法。各州憲法內容大致相同，尤其在關於人民自由權利的保障方面，更是著墨甚多，成為美國日後研修權利法案 (Bill of Rights) 的重要藍圖。

由於在殖民地時代，人民地位僅為英王屬民而非國家主人，造成英王獨斷專擅人民自由權利橫遭迫害的殷鑑不遠，美國各州參酌獨立宣言關於自然權利的內容，均於其憲法中宣稱人民才是主權的擁有者及政府統治權的授予者。例如喬治亞州 (Georgia) 於其西元一七七七年所制定的州憲法中宣稱：吾等，所有權力之所自及其利益為所有政府之所欲的人民的代表，基於所賦予的權力，制定適用於本州未來政府的下列法則和規章。

麻薩諸塞州 (Massachusetts) 於其西元一七八〇年所制定的州憲法中亦以社會契約的形式明定類似的概念，其宣稱：所有人民與每一公民相互締約，為謀求公共利益，所有人應受若干法律的規範。關於人民自由權利保障最具代表性者，當推維吉尼亞州 (Virginia) 於西元一七七六年所制定的州憲法，其於憲法前言明定權利法案十六條，內容除陳述所有政府包括立法部門在內所應遵守的原則外，更擴及人民各種自由權利的保證，堪稱日後美國甚至歐洲各國成文憲法的先驅。

與邦聯條款相同，各州因害怕行政首長過度擴權損及人民權利，為防患未然，多未於其州憲法中賦予州長太多的權力，賓西法尼亞州 (Pennsylvania) 甚至刻意忽視州長的職位，於其憲法中對於州長隻字未提。

除紐約州 (New York) 憲法明定州長任期三年及賦予州長作為行政首長所
應有的充分職權外,其他各州多規定州長任期一年,且僅賦予其少數的行
政權力。各州憲法缺漏行政權的現象,一直到美國聯邦憲法制定實施後始
隨而獲得改善。

❖ 第三節 聯邦憲法 ❖

第一項 催生新憲

　　由於經歷英王濫權及邦聯無能等二種極端慘痛的歷史教訓,美國人民
對於建立一個強大中央政府的意願,始終抱持保守及審慎的態度。惟面對
國內政治局勢的混亂、經濟情勢的惡化及州際衝突的擴大,部分人士已開
始研議反思改造邦聯憲法的可行性,其中主張建立強大中央政府較具代表
性者,包括喬治華盛頓、亞歷山大漢彌爾頓 (Alexander Hamilton)、詹姆士
麥迪遜 (James Madison)、約翰馬歇爾 (John Marshall) 及約翰漢克等人,稱
為聯邦黨 (Federalists);另外,主張維持州權反對建立強大中央政府較具代
表性者,則包括湯瑪士傑佛遜、路德瑪汀 (Ruther Martin)、喬治梅生 (George
Mason) 及帕翠克亨利 (Patrick Henry) 等人,稱為反聯邦黨 (Antifederalists),
雙方就未來如何改造中央政府及如何改善中央與州之關係等議題,展開嚴
肅的辯論與對談。

　　於西元一七八六年因經濟問題在麻薩諸塞州 (Massachusetts) 所引發的
薛易士暴動 (Shays' Rebellion)❹,立刻使許多有識之士意識到廢除邦聯條

---

❹　丹尼爾薛易士 (Daniel Shays) 為獨立戰後解甲歸田的農民,於西元一七八六年
　　因無法償付借款,債主麻薩諸塞州商人因而揚言將沒收其農地甚而送法院定罪
　　坐牢。薛易士憤而組織農民進行武裝暴動,除攻擊政府及法院外,並打傷許多
　　法官、律師及商人。麻州請求國會支援抗暴,但國會缺錢缺人,無法提供任何
　　協助。此一暴動雖終被麻州民兵平息,但已使美國人民意識到如果沒有一個強
　　大的中央政府,人民將以槍桿子任意決定自己的法律。

款已刻不容緩，重新建立一個較有實力的中央政府，方可有效控管經濟情勢及維護國家的獨立與社會的安寧。邦聯條款是否不合時宜，自然成為雙方爭執的焦點。詹姆士麥迪遜在聯邦黨第十五號文件 (Federalist Papers No. 15) 中一再呼籲「當今不合時宜的邦聯已威脅到同盟國的維持，吾等懇切的說目前幾乎到了國家受盡羞辱的最後階段，已無任何尊嚴可再受到傷害，吾等前所未有獨立國家的本質亦將瓦解」。言下之意，似已把拯救國家與改變國家劃上等號，促動了聽者在情緒上的共鳴。

　　同年九月，維吉尼亞州 (Virginia) 召集九州代表於馬里蘭州 (Maryland) 安納波里市舉行大陸議會，討論有關州際通商的議題，惟僅有五州代表如期出席會議，議會乃無法就主要議題進行討論。紐約州 (New York) 代表漢彌爾頓於本次會議提議另行召開全國性會議，檢視國家及憲法問題，並研商補救邦聯條款缺失的方案。此提案獲得議會通過，除通知各州指派代表與會外，並決定會議召開的地點為費城，會議舉行的日期為西元一七八七年五月十四日。依漢彌爾頓的提案，其所稱全國性會議，僅是以修正邦聯條款為唯一且明確的目的，惟該費城會議 (Philadelphia Convention) 最後演變為歷史上重要的制憲會議 (Constitutional Convention)，恐是提案人當時所始料未及的結果，故催生新憲法，應是本次會議的一個意外收穫。

第二項　費城會議

　　由於交通因素，西元一七八七年費城會議延至五月二十五日始行開議，共計五十五位代表出席，選舉喬治華盛頓擔任會議主席。全國十三州除羅德島州 (Rhode Island) 以外，均遴派代表若干人出席會議❺。為使與會代表暢所欲言不受任何干涉，會議以祕密方式進行，對於會議結論不預設立場，討論議題亦不設限，任何意見均可成為會議代表集思廣益審慎斟酌及廣泛辯論的憲改方案。由於與會代表多數為律師或政治家，故其議題思考深受

---

❺　被喻為美國憲法之父的詹姆士麥迪遜，於會議開議前二個月，即攜帶新憲法藍圖到達費城，為費城會議最早報到的代表。

約翰洛克、查理士孟德斯鳩 (Charles de Montesquieu) 及湯瑪士霍布斯 (Thomas Hobbes) 等大儒的政治學理論，以及英國政府、殖民地時代與個人在政治上的實證經驗所影響，其中較具代表性者，包括由維吉尼亞州 (Virginia) 代表所提的維吉尼亞方案 (Virginia Plan) 和由紐澤西州 (New Jersey) 代表所提的紐澤西方案 (New Jersey Plan)。

維吉尼亞方案對於中央政府的改造提出具體意見，提議中央成立最高立法部門、國家行政部門及國家法院系統；立法部門由兩院組成，有制定法律及廢止違憲州法之權，為平息各州叛變有徵調同盟軍隊之權，以及選舉國家行政首長和全國法院法官之權。紐澤西方案則側重於邦聯條款關於國會部分條文的修正，提議國會有規範國際貿易與州際商務，徵收貨物進口稅則及文件印花稅之權，國會通過的法律及簽署的條約為各州最高的法律，國會得成立若干行政部門授權執行中央法令及任命中央官員，並指揮所有軍事行動；行政部門任命最高法院法官，擁有條約、貿易法令解釋及財稅稽徵等案件的上訴管轄權。

關於中央政府組成及其權力的議題，各州代表意見不一，最後透過協商而就以下三個問題達成共識：第一，針對各州國會席次如何分配的問題，決議國會建立兩個議會，一個議會的席次取決於各州人口數，一個議會的席次各州均等；第二，針對中央政府權限如何劃分的問題，決議中央政府得規範商務，但不得於西元一八〇八年以前制定法律禁止輸入奴隸，不得徵收貨物出口關稅，且非經各州代表的同意，不得與外國簽署任何協定；第三，針對各州人口數如何計算的問題，決定各州奴隸總數的五分之三，得併入各州人口數以計算該州在國會的席次。此外，中央政府得被稱為國家政府 (National government) 或聯邦政府 (Federal Government)。負責處理各州共同事務的中央政府，稱為聯邦體系，與各州自設的政府體系有別。聯邦政府應允許各州保留其自設的政府，憲法除創設聯邦政府外，並應明定聯邦政府的權力。

其次，關於中央政府權力分配的議題，與會代表一致同意採取維吉尼亞方案，為避免權力集中形成專制政府損及人民權利，決議建立立法、行

政及司法等三權分立的政府。惟有關行政首長的人數、產生方式及任期等，各州代表迄有爭論，最後決議酌引紐約州憲法的規定，設置一個較有實力的行政部門，總統為行政首長，任期四年，連選得連任，但須受國會彈劾及審判的拘束。

至於總統產生方式的問題，與會代表考量如採選民直選方式，將使人口數眾多的大州過度影響選舉結果而危及小州的利益；如採國會選舉方式，則又迫使總統必須向國會屈服。最後，為適當權重小州選民的選票價值，會議乃決議採取折衷方案，即以選舉人團 (electoral college) 方式間接選舉總統。依據選舉人團制度的設計，各州選舉人席次為該州在國會兩個議會席次的總合，但人口數最少的小州亦有三個以上選舉人團席次的保障；如無候選人獲得選舉人團總額過半數的選票，則由眾議院自得票數最高的前五位候選人中，以一州一票方式選出一位總統當選人。此一設計，對於小州極為有利，特別是在選舉人團無法選出總統當選人時，小州得在眾議院挾少數人口的劣勢與大州抗衡，進而聯手左右選舉的結果，故其獲得與會代表的支持，自無意外。

另外，關於聯邦法院設立與管轄的問題，與會代表決議成立最高法院，管轄涉及外交及領事的初審案件，並解決州與州間的紛爭；國會得視需要設立下級聯邦法院；聯邦法院法官由總統提名，經參議院同意後任命之，其任期採終身制。

最後，紐澤西方案所擬修憲提議雖已遭全然的漠視與摒棄，但關於聯邦憲法尊嚴及聯邦法律位階的議題，與會代表決議酌採紐擇西方案相關意見，宣稱聯邦政府依據憲法所制定的法律及條約，為本國最高的法律；縱使違反本州憲法，各州法官仍有維護聯邦法律最高地位的義務；為鞏固聯邦政府，各州立法、行政及司法官員須宣示支持聯邦憲法。

此外，會議亦決議憲法制定的權源為美國人民而非邦聯時代的各州，憲法須經九個以上州議會的認可始得生效，修改憲法須經三分之二以上州的請求由國會召集修憲會議，以及釐定州與聯邦的關係等。然而，關於人民自由權利種類及保障方式等議題，由於與會代表意見分歧，故未能於本

次會議作成結論。

　　經過冗長的議程與無數次的辯論和協商，費城會議終於在同年九月十七日圓滿落幕。儘管費城會議改弦易轍，捨修憲之途而決議制定新憲法，引起社會輿論正反兩面不同的看法，但最後仍然獲得三十九位與會代表的全數同意，簽署通過依照本次會議結論所草擬的聯邦憲法草案（美國憲法第七條第二項）。費城會議的此項成果，實為與會代表於集會之初所未能預料。該草案提送國會審議後，轉請各州認可。新憲法經各州陸續同意及認可後，依據該憲法第七條有關經九州集會認可即告成立的規定（美國憲法第七條第一項），於西元一七八八年六月二十一日正式生效。聯邦憲法本文共計七條及四千四百四十個文字，與其後陸續增訂的二十七條增修條文，共同成為美國國內位階最高的根本大法。

第三項　美國憲法

　　美國憲法前言除明定合眾國憲法的制定權源為美國人民以外，並宣稱憲法制定的目的及宗旨乃在建立更完美國家，實現正義，確保家園安寧，提供國防，提昇公眾利益，以及保證美國人民及後世子孫的自由權利福祉等。

　　美國憲法本文僅有七條，堪稱為世界上最簡短的憲法；但由於其效力橫亙美國憲政發展歷史兩百餘年而未曾中斷，故又成為世界上最古老的成文憲法。美國憲法第一條至第七條條文大意概略分述如次：

　　第一條，明定國會的設置及其權力。

　　第二條，明定總統的職位及其權力。

　　第三條，明定聯邦最高法院及其下級法院的設置及其管轄。

　　第四條，規定各州及不同州公民相互間的平等對待及保障。

　　第五條，明定憲法修正的程序。

　　第六條，規定憲法施行前後聯邦政府責任的歸屬，憲法、聯邦法律及條約的崇高位階，以及政府官員的宣誓。

第七條，載明憲法認可與生效的條件及憲法草案的簽署人。

　　美國憲法除明定合眾國政府應概括承受本憲法通過前邦聯政府基於已簽署及預備簽署契約所發生的所有債務以外（美國憲法第六條第一項），其與邦聯條款比較，在本質上尚有若干重大的差異，茲略述如次：

一、關於政府地位的差異部分，美國憲法認為中央政府具最高地位，邦聯條款則認為州政府始具最高地位。

二、關於制憲權源的差異部分，美國憲法認為是取自於人民，邦聯條款則認為是取自於各州。

三、關於國會結構的差異部分，美國憲法採行二院制，邦聯條款則採行一院制。

四、關於司法部門的差異部分，美國憲法設立最高法院及授權國會成立若干下級法院，邦聯條款則無司法部門的規定，對於司法權定位不明。

五、關於行政部門的差異部分，美國憲法設置獨立行政部門，邦聯條款則無獨立行政部門的規定，認為行政部門應授權國會依需要設置，其行政首長及官員亦應由國會任命。

六、關於州際商務規範權力的差異部分，美國憲法賦予國會廣泛的州際商務規範權力，邦聯條款則將州際商務規範權力保留予各州，僅賦予國會有限的規範權限。

七、關於徵兵權的差異部分，美國憲法授予聯邦政府徵調軍隊的權力，邦聯條款則留由各州政府行使。

八、關於紙幣發行權的差異部分，美國憲法單獨授予聯邦政府發行紙幣的權力，邦聯條款則留由各州政府行使。

九、關於徵稅權的差異部分，美國憲法授予聯邦政府直接課稅的權力，邦聯條款則留由各州政府行使。

十、關於條約效力的差異部分，美國憲法明定聯邦政府與外國簽訂的條約，有拘束全國各州的效力，邦聯條款則強調中央政府與外國簽訂的條約，非經各州的同意，不得強制各州遵行。

　　美國憲法改變邦聯時代中央與各州的關係，亦改造中央政府本身的內

部組織及權力架構，確為美國民主憲政的長治久安，奠定厚實穩健的根基。惟徒法不足以自行，為要求政府官員忠誠履行新聯邦憲法所體現的立國精神，美國憲法特別規定，國會參、眾議員，各州立法部門議員，合眾國及各州的所有行政官員及司法官員，均應受其所為支持本憲法之宣誓或具結的拘束（美國憲法第六條第三項前段）。

　　為實現聯邦黨在費城會議的承諾，詹姆士麥迪遜接受湯瑪士傑佛遜的建議，繼主筆美國聯邦憲法本文之後，再次著手草擬關於人民自由權利保障的憲法修正案❻。麥迪遜模仿維吉尼亞州 (Virginia) 憲法列舉權利的方式，自各方所提二百一十一種自由權利當中，選出若干重要權利列舉於十七件憲法修正案之中，於西元一七八九年六月八日送請國會審議，經國會參眾兩院討論後縮減為十二件憲法修正案，除其中二件憲法修正案遭各州否決以外，其餘十件憲法修正案均順利經各州認可而於西元一七九一年十二月十五日正式生效，稱為權利法案 (Bill of Rights)，併列於美國憲法本文之末，成為美國憲法增修條文第一條至第十條，茲將其條文大意概略分述如次：

第一條，列舉人民的基本權利包括宗教、信仰、言論、新聞等自由及集會請願的權利。

第二條，賦與人民組織民兵及佩帶槍械的權利。

第三條，明定軍隊駐紮私宅的限制。

第四條，保障人民免於政府不合理的侵犯。

第五條，明定人民於刑事程序上的保障及人民財產的適當補償。

第六條，明定人民遭受刑事指控後的有關權利及保證。

第七條，規定人民在法律上訴訟的有關權利。

---

❻ 由於在費城會議上，許多代表如漢彌爾頓者咸認為其所創設有限權力的聯邦政府缺少對於人民從事搜索、制裁或其他類似行為的能力，自無論及不法搜索或不尋常制裁的情事，故而權利法案有關內容未能與憲法本文一併於該次會議中討論通過。但修正憲法納入權利法案內容的呼聲響應全國，在憲法制定三年之後，從二百餘件憲法修正案中篩選形成的權利法案迅速經各州認可而生效。

第八條，禁止政府課予人民過多的保釋金、過量的罰金及殘酷與不尋常的制裁。

第九條，肯定人民在憲法上所未列舉的其他權利。

第十條，宣示剩餘權將保留予各州或人民。

此外，美國於西元一七九八年至一九九二年期間，又陸續通過十七件憲法修正案，增列於權利法案之後，成為美國憲法增修條文第十一條至第二十七條，茲將其條文大意概略分述如次：

第十一條，限制聯邦法院管轄他州人民控訴本州政府的案件，於西元一七九八年生效。

第十二條，確認政黨在政治上的地位，並規定總統與副總統的選舉方式，於西元一八〇四年生效。

第十三條，將林肯總統解放公告 (Emancipation Proclamation) 入憲，解放國內所有奴隸及禁止不法勞役，於西元一八六五年生效。

第十四條，針對聯邦最高法院於西元一八五七年在 Scott v. Sandford 一案中所為之判決意見❼，賦與各州人民公民權和其他平等對待的自由權利，並釐定公債責任的歸屬，於西元一八六八年南北戰爭結束後生效。

第十五條，規定各州人民投票權的平等保護，於西元一八七〇年生效。

第十六條，針對聯邦最高法院於西元一八九五年在 Pollock v. Farmer' Loan & Trust Co. 一案中所為之判決意見❽，賦予國會課徵人民任何來源所得稅的權力，於西元一九一三年生效。

第十七條，允許人民直接選舉國會參議院議員，取消憲法第一條所定由各州議會議員票選的設計，於西元一九一三年生效。

第十八條，禁止酒類的製造、販售及運輸，並同時賦予國會及各州議會執行本條的權力，於西元一九一九年生效。

第十九條，禁止以性別為由否定公民的參政權，於西元一九二〇年生

❼　Scott v. Sandford, 19 How. 393 (1857).

❽　Pollock v. Farmer' Loan & Trust Co., 157 U.S. 429 (1895).

　　　效。

第二十條，規定總統副總統的任期屆滿日，國會會期，以及總統和國
　　　會議員職位的遞補，於西元一九三三年生效。

第二十一條，廢止憲法增修條文第十八條，於西元一九三三年生效。

第二十二條，規定總統的任期限制，於西元一九五一年生效。

第二十三條，允許華盛頓特區選民參與總統副總統的選舉，於西元一
　　　九六一年生效。

第二十四條，禁止以欠稅為由否定公民於總統或國會選舉的投票權，
　　　於西元一九六四年生效。

第二十五條，規定總統的免職及副總統缺位的遞補，於西元一九六七
　　　年生效。

第二十六條，賦與十八歲公民投票權，於西元一九七一年生效。

第二十七條，禁止國會議員於任期內提高待遇，於西元一九九二年生
　　　效。

　　由於美國憲法剛性修正門檻的設計，使得美國在實施聯邦憲法二百餘
年來僅成功增訂憲法增修條文二十七條，其似亦足資堪稱為世界上最穩定
的成文憲法。

第二章

分權論

❖ 第一節　聯邦制 ❖

第一項　概　說

　　美國憲法採行聯邦制 (Federalism)，不僅承認聯邦與州兩種形式政府併存的價值，同時更保障各個政府所享有專屬或共有的統治權力，是為憲法縱向分權思想的具體表現。依據美國憲法制定的精神，一切聯邦政府權力均源自於憲法的付託，故其增加、削減或調整，亦須仰賴憲法的增訂與修改。至於各州及所有人民才是國家主權固有及最初始的擁有者，故而有關其所享有自然權利的內涵，自無須再經憲法的賦與或移轉。

　　基於美國憲法所依憑的社會契約理論，主權為全體人民所共有，但為發揮主權對內最高及對外獨立的實際作用，人民乃將其部分主權分別付託予各州及聯邦，並同意其各自組織政府行使統治權，以換取個人及族群在生存發展上的權益與保障。然而，為避免人民及各州所初始擁有的完整主權在未來遭到強勢聯邦政府的不當剝奪或抑制，美國憲法增修條文第十條特別規定，本憲法未授予聯邦政府的權力，均保留予各州或人民。同時，美國憲法增修條文第九條亦明白宣示，人民概括擁有本憲法所未列舉的其他權利。茲此，現今存在的五十個州主權，均應與聯邦主權同受美國憲法對等的保障與尊重。甚且，擁有無限主權的全體人民，更可基於憲法前揭增修條文的規定，隨時監督聯邦政府及州政府統治權行使的利弊及範疇，必要時，並得經由修憲程序予以限制或調整之。

　　聯邦制是以肯定二元主權 (dual sovereignty) 的存在為其特色，故與僅承認一元主權 (unitary sovereignty) 的單一制 (Unitary System) 顯有不同。在單一制國家，人民主權乃集中付託予中央政府，其他各層級地方制度單位則未擁有任何初始主權，地方政府僅得基於憲法或中央政府的委託執行統治權事項，與聯邦制國家的結盟州得行使其固有統治權有別。此外，聯邦制在架構聯邦、州與人民三者間的權力關係方面，除承認聯邦政府權力乃

源自於各州及全體人民的直接授予之外，並宣示聯邦政府對於結盟州人民亦享有直接的統治權。此一概念，又與邦聯制僅形成中央、盟邦及人民三者間間接而鬆散的聯繫關係有異。凡此種種，在在顯示全體人民及各結盟州在聯邦制國家有關統治權分配的思考模式上，其重要性不亞於聯邦，二者在憲法上的地位均不容輕忽。

第二項　二元主權

由於擔憂政府統治權集中於中央將導致聯邦政府獨斷濫權甚而貪污腐化，以及由於地方政府與人民朝夕相處較容易體認各地區人民的實際需要，制憲者除肯定國家主權應授予聯邦政府以外，並刻意保留各州政府所初始擁有的州主權，是為二元主權聯邦制理論 (dual-sovereignty federalism) 的濫觴。基於上述聯邦制理論，除非其管轄權業經憲法的明文授予，否則聯邦政府應與州政府相同，各自擁有地位對等的實質主權。更進一步言，將聯邦與州二元主權的實存存在植入美國憲法予以保障，乃是制憲者為落實中央與地方縱向分權思想所合力完成的集體創作，亦是顧全聯邦、各州與全體人民三方面的最大利益而獲得的共同約數。縱使在今日，承認二元主權同時存在的聯邦制國家仍不多見。

為均衡聯邦政府與各州政府所分享的權力，詹姆士麥迪遜在聯邦黨第四十五號文件 (Federalist Papers No. 45) 中強調，「憲法授予聯邦政府的權力，其數量應稀少，且各項權力均須明確界定；而保留予各州政府的權力，其數量則應龐大，且各項權力無須明確界定。聯邦政府應以行使關於戰爭、和平、協商及對外商務等國家外部事務的權力為主要，大部分徵稅權亦應附隨於聯邦權力之內。至於保留予各州的權力，則應延伸至所有在一般情況下涉及人民生命、自由及財產與各州內部秩序、進步及繁榮的事務」。基於上述，美國憲法第一條、第二條及第三條分別列舉聯邦政府立法、行政及司法等三大部門的授予權力，但對於大多數的州權力則付之闕如或未予明確界定。此一作法，即是制憲者致力維護各州主權完整的具體表現。甚

且，為滿足此項訴求，美國憲法增修條文第十條並規定：「本憲法未授予合眾國亦未禁止各州行使之權力，均保留予各州或人民。」

除前述規定外，美國憲法尚有其他若干條款，足資表徵美國實施二元主權聯邦制的特色。美國憲法第一條第八項第三款商務條款 (Commerce Clause) 授予國會規範與外國及州際商務的權力；同條項第十八款必要且適當條款 (Necessary and Proper Clause) 並賦予國會為執行國會、總統及司法部門列舉權力而制定一切必要且適當法律的權力。上述規定，具有擴張聯邦政府權力領域的效力。

此外，美國憲法第四條第二項最高條款 (Supremacy Clause) 明定憲法、法律及條約為本國最高法律，各州或任何地方法令與其牴觸者，均屬無效；美國憲法增修條文第十三條、第十四條及第十五條所謂的內戰修正案 (Civil War Amendments)，亦明定國會有經由適當法令執行本憲法增修條文的權力。上述規定，則使得聯邦法令優位於各州及任何具地區屬性的相關法令。是以，聯邦政府權力既經憲法的明文賦予，其所表彰的國家主權自應優先於各州所擁有的初始主權。

基於二元主權聯邦制理論，美國憲法增修條文第十條應解釋為是各州獨立享有特定權力領域的主要憑據。由是，各州所擁有廣大範疇的專屬權力，均可受憲法的肯認與保障。相對而言，聯邦政府在憲法上所擁有的專屬權力範疇，則顯得較為狹隘與限縮。各項政府權力，或是經由憲法授予聯邦政府而行使，或是保留予各州，由各州專屬管轄之。法院對於前述憲法商務條款、必要且適當條款及最高條款等，應作成不利於擴大聯邦政府管轄權範圍的限制解釋。至於政府權力可由聯邦和各州共同行使者，解釋上，應屬極少數與不尋常的例外情事。此一理論，曾於十九世紀中葉及二十世紀初期，主導美國聯邦最高法院對於憲法聯邦制有關中央與地方權力分配爭議的解釋取向。

誠然，美國實施聯邦制度已逾兩百餘年，聯邦與各州的緊張關係，以及昔日對於中央集權制的恐懼印象均已不復存在，美國憲法增修條文第十條致力維護各州初始主權的本意，在今日是否已成為一個不具實質意涵的

老生常談，則不無疑問。再者，美國聯邦最高法院如執著於較為保守的二元主權聯邦制理論，繼續將前揭憲法增修條文高舉為是憲法限制聯邦政府權力的大纛，則在當今資訊發達、溝通迅速，各州欠缺自行因應重大變局能力的時代是否早已不合時宜，亦值研酌。是故，為提昇國家整體運作效能，一般論述均認為，極端的二元主權聯邦制理論應暫予保留，或逕予揚棄。

第三項　合作主權

　　美國聯邦最高法院對於憲法聯邦制有關中央與地方權力分配爭議的另一個解釋取向為合作主權聯邦制理論 (cooperative-sovereignty federalism)。基於上述聯邦制理論，聯邦政府在憲法架構上應優位於各州政府，故而對於美國憲法商務條款、必要且適當條款及最高條款等，法院應作成有利於擴大聯邦政府管轄權範圍的擴張解釋。至於有關美國憲法增修條文第十條規定的意旨，則應解釋為其未授予各州任何特定的專屬權力，其尊重各州主權存在的宣示性意義大於賦予各州特定權力的實質性效力。各州政府只有在聯邦政府不能合法行使其規範權限時，始得對於特定事項享有完整的管轄權能。然而，縱使聯邦法令具有較高的位階，聯邦政府和州政府共享管轄權的情形仍所在多有，例如影響州際商務的內州商務行為者即是。

　　此外，為有效行使規範權限及遂行法律與政策而提昇聯邦政府和州政府甚而地方政府之間的互動關係，亦是合作主權聯邦制取向的另一項重要之特色，例如在雷根總統和老布希總統執政期間所進行的毒品戰 (war of drugs)，聯邦執法人員與各州行政官員分享及整合有關資源以協力完成雙方共同的政策及目標者即是。美國聯邦最高法院為解決聯邦與州管轄權爭議而界定兩造政府的有關權力時，亦藉由聯邦先占、潛伏商務條款及府際豁免等理論，進一步肯認聯邦權力的優越性質。

　　依據先占理論 (Preemption Doctrine)，各州法令如有妨礙或牴觸聯邦法令的情事，應即失其效力。依據潛伏商務條款理論 (Dormant Commerce

Clause Doctrine)，各州法令如有妨礙州際商務的情事，聯邦政府縱使未予規範，亦應失其效力。同時，依據府際豁免理論 (Intergovernmental Immunity Doctrine)，聯邦政府得豁免於州法令的管轄，但州政府對於聯邦法令則不得享有對等的權限。茲此，聯邦主權優位於各州主權，各州政府應與聯邦政府通力合作，以協助及支援全國性聯邦權力的合一遂行。

早在十九世紀初期、後南北戰爭時期及二十世紀新政末期，合作主權聯邦制理論亦曾主導美國聯邦最高法院對於憲法聯邦制有關中央與地方權力分配爭議的解釋取向。由於在二次世界大戰結束以後，美國工商業面臨重大的轉型需求，其經營規模及型態變得日益龐大及複雜，任何角落產業的動靜均足以撼動鄰州、全國甚至其他國家。甚且，由於近代網際網路以及其他高科技溝通形式的發明，更使得全國甚而全世界所有人民均能相互聯繫，交流信息。旅行已不再是一個地區性事務，拜航空器及海運的重大發展，州際甚至國際的旅行與遷徙，已成為許多人日常生活的一部分。換句話說，當今社會所呈現的面貌，已非憲法制定當時所能比擬。故而，強化聯邦政府統整全國資源的優越地位，已成為美國維護政府效能及提昇國際優勢的最堅實後盾。由是，在二十世紀中葉以降，除於少許期間轉趨保守態度以外，美國聯邦最高法院審議有關中央與地方權力分配的爭議，多以合作主權聯邦制理論取向為其主流解釋價值。過去如此，未來更應如此。

◆ 第二節　權力分立 ◆

第一項　概　說

如前所述，美國獨立建國初期，堪稱為美國第一部憲法的邦聯條款，尚無關於中央政府橫向分權的概念。依據邦聯憲法，中央政府不僅無司法部門及獨立行政部門的設置，總統更是由國會自其議員當中遴選產生。為補救軟弱邦聯政府的缺失，費城會議決心改造中央政府成為一個較有實力的最高權力機構。由於深受大儒洛克及孟德斯鳩有關政治哲理的影響，制

憲者最後決定，為避免掌握實際權力的聯邦政府淪為專制獨裁荼毒百姓的劊子手，政府統治權力的分立行使，乃確有其存在的價值及必要。

對於制憲者而言，權力分立理論 (Doctrine of Separation of Powers) 不僅只是一門學說，同時更是一個難以忘懷的錐心之痛。歷經百餘年來的慘痛教訓，制憲者均堅信，政府的集權及君主的統治終將導致對於人民的獨裁與不義。針對政府集權的缺失，詹姆士麥迪遜在聯邦黨第四十七號文件 (Federalist Papers No. 47) 中指出，「將所有立法權、行政權及司法權聚集在同一雙手之中，不論其為世襲、自命或選任，正可被斷定為一不折不扣的獨裁者」。權力分立一詞，雖未見諸於美國憲法的文字，但該項理論有關政府橫向分權的若干原則，制憲者則已建構在美國憲法的精神與其內涵之中。

第二項　政府分權

在美國憲法之中，聯邦政府的統治權力分立為立法、行政及司法三權，分別歸由立法、行政及司法三大政府部門獨立行使之。聯邦政府橫向分權的思想，則落實在美國憲法第一條、第二條及第三條的文字之內。美國憲法第一條表彰聯邦政府的立法權。本條文除設立國會外，並明確授予國會若干特定的權力。同時，為避免立法權集中於單一國會導致立法部門的獨斷或怠惰，美國憲法第一條採行二院制，明定國會分設參議院及眾議院，並由參、眾二院分別履行憲法賦予國會的權力。美國憲法第二條表彰聯邦政府的行政權。本條文除設置總統外，並明確界定獨立行政部門的若干權力。美國憲法第三條則表彰聯邦政府的司法權。本條文除設立聯邦最高法院及國會得隨時創設的聯邦下級法院外，並敘明司法權的主要內涵。國會依據憲法分設若干上訴法院及地區法院，聯邦法院的審判體系因而採行三級制。

依據憲法權力分立理論，聯邦政府各個部門之間不得僭越分際，行使憲法賦予其他對等部門的職能。各個部門應本於前揭理論所衍生制約及尊重等原則謙抑行事，避免恣意擴張各自部門所擁有的憲法權力。然而，對

於聯邦政府立法、行政及司法三大部門的權責歸屬，美國憲法界定不一，亦是事實。在美國憲法第一條至第三條當中，以第一條關於立法權範疇的規定最為明確，其次為第二條關於行政權範疇的規定；而第三條關於司法權範疇的規定則最為模糊，日後憲法解釋對此一盲點亦著墨最多。一般而言，國會擔負制定國家法律的權責，總統負起執行國家法律、進行外交、協商條約及擔任軍隊最高統帥的義務，而法院則負有治理司法、解決紛爭及解釋法律的職責。今日，司法部門更扮演著仲裁政府權力及守護人民權利的角色，其地位已非憲法制定當時的吳下阿蒙。

第三項　權力制衡

基於上述，制憲者雖確有分割聯邦政府成為三大權力機構的意圖，但為防止各機構濫權悖離憲法權力分立理論意旨，制憲者在費城會議上，仍決定將政府部門間的權力制衡原則併入新憲法的架構與內涵之中。為落實制衡原則 (Principle of Checks and Balancing)，憲法不僅避免將政府的任何特定權能完全賦予單一部門行使，立法、行政及司法三大對等部門之間亦不得呈現完全不聯繫的狀態。質言之，政府各部門間應經常接觸，並藉由各個部門權力行使的張力，相互監督與約束，以避免單一部門對於政府的任何特定職能享有絕對的權力。如此，當任何政府部門行使憲法所授予的權能時，該政府部門應受到其他政府部門的牽制與檢驗，必要時，並得與之共享該項權能。相對而言，由於透過不斷的牽制與檢驗，各個政府部門對於其他對等政府部門乃負有說明及說服的責任，久而久之形成各個政府部門間的互信與理解，進而造就聯邦政府立法權、行政權及司法權三方面在權力行使上的均衡態勢。

關於聯邦政府各個對等部門間在權力行使上的制衡關係，乃散見於美國憲法的相關規定之中。首就立法部門與對等行政部門間的權力制衡關係觀察，國會擔負制定國家法律的權責，但法律的施行不僅須經總統簽署，且應受到總統否決權行使的牽制與檢驗。然而，國會得藉由三分之二以上

絕對多數的決議，推翻總統所提否決的異議。由是，總統行使否決權，亦
受到國會相對應的牽制與檢驗。同時，總統進行外交及締結條約，應經國
會，特別是參議院的確認。總統為軍隊最高統帥，但國會亦擁有宣戰及制
定軍隊法規及整肅軍隊紀律的重要權能。總統有提名聯邦法官及其他政府
官員的權力，但其任命仍應經參議院的同意，且包括總統在內的一切聯邦
官員，在其任職期間，均應同受國會彈劾權行使的牽制與檢驗。

　　次就立法部門與對等司法部門間的權力制衡關係觀察，國會制定法律
如有牴觸憲法的情事，法院得宣告該項法律為無效。是以，國會立法行為
乃受到法院司法審查權行使的牽制與檢驗。然而，國會亦得挾各州及全體
人民的意志，經由修憲程序推翻法院所為憲法上的宣告。由是，法院行使
司法審查權，亦受到國會相對應的牽制與檢驗。此外，聯邦法官的任命，
應經國會的同意，且須受國會彈劾權行使的牽制與檢驗。由於國會有隨時
創設聯邦下級法院的權力，故在解釋上，為牽制與檢驗司法行為，國會除
可透過立法程序隨時限制及移轉聯邦下級法院的管轄權及繫屬案件以外，
並得隨時裁撤全部或一部的聯邦下級法院。

　　最後，再就行政部門與對等司法部門間的權力制衡關係觀察，總統有
忠實執行國家法律的職責，但行政部門所為一切行政行為，均應受到法院
司法審查權行使的牽制與檢驗。相對而言，由於總統享有關於提名聯邦法
官的完整權力，總統自得在遴定法官人選的過程中，左右聯邦法院未來在
詮釋憲法及解釋法律等方面的可能走向。此外，人民經由各種選舉選任政
府官員，亦是憲法權力制衡原則的具體表現，其在避免政府獨裁及濫權的
重要性上，自不容忽視。

　　基於上述，各個政府部門在憲法架構下履行權力，不可能一意孤行完
全獨立於其他對等部門之外，乃至為明顯。由於美國憲法有關權力制衡的
設計，使得各個部門之間，尤其是國會與總統之間的良性互動及合作統整
關係得以提昇，若干潛在不法、不道德或不合理的政府行為亦可因此而受
到有效的抑制，自屬可期。

第三章

立法權

◆ 第一節　國　會 ◆

第一項　組　織

　　美國憲法第一條第一項規定:「經本憲法所授與之所有立法權 (Legislative Powers)，應歸屬於由參議院及眾議院所組成之國會。」依據上述規定，美國國會 (Congress) 為國家立法部門 (Legislative Branch)，承襲英國國會 (Parliament) 由貴族院 (House of Lords) 和平民院 (House of Commons) 所組成的傳統，亦採取兩院制 (Bicameralism)，由代表各州利益的參議院 (Senate) 和代表人民利益的眾議院 (House of Representatives) 組成之，共同行使憲法賦予的立法權。

第一款　集　會

　　國會每年至少應集會一次，除非法律另有指定不同的日期，否則每次會期均應於每年的一月三日中午開議（美國憲法增修條文第二十條第二項❶）。國會兩院應分別製作議事錄 (journal of proceeding)，除非經議員表決認有保密必要的部分得予排除外，國會應隨時公布其議事錄；國會得依各院出席議員五分之一以上的請求，將議員對於任何議題所為口頭贊成與反對 (Yeas and Nays) 的表決情形登載於議事錄之中（美國憲法第一條第五項第三款）。國會議事錄由政府編印成冊，稱為國會紀錄 (congressional record)，除對外公開發行外，並定期送交全國各公立圖書館典藏，俾供各界人士閱覽。

　　國會兩院應分別以其議員總額之過半數為其法定決議人數；但法定人數未滿者得酌定延會日期，並得依各院所訂方式及罰則，授權各院強制缺

---

　❶　本憲法增修條文取代美國憲法第一條第四項第二款關於開議日期為十二月的第一個星期一的規定。

席議員出席會議（美國憲法第一條第五項第一款後段）。國會兩院為便利議事的進行，得自訂議事規則 (rules of proceedings)（美國憲法第一條第五項第二款前段）。眾議院議員除互選其議長 (Speaker) 外，亦應自行選出眾議院其他官員（美國憲法第一條第二項第五款）；而參議院議長 (President of the Senate) 依憲法規定應由副總統兼任（美國憲法第一條第三項第四款前段），故參議院議員除應自行選出參議院官員外，僅得在副總統缺席或行使總統職權時，互選其臨時議長 (President Pro Tempore)（美國憲法第一條第三項第五款）。

第二款　議　決

國會對外為其意思表示，應以議決程序行之。議決法律案 (Legislative Bill 或 Bill)，乃為國會兩院最主要的職權，其除不得通過褫奪公權令 (Bill of Attainder) 或制定溯及既往法律 (*ex postal facto* law) 以外，國會兩院議員均得主動或基於人民、政府之請求，以自己名義擬具任何法律案，提請國會議決（美國憲法第一條第九項第三款）。

一般而言，法律案的議決，應經審查、聽證及讀會等嚴謹而冗長的審議程序。兩院各設若干專業委員會負責相關法律案的審查、聽證及細部討論與修正等事宜，並對於該法案是否應進行後續程序進行表決。如委員會認有進行後續程序之必要，則得送交其他專業委員會或附屬委員會繼續審查，或直接提送院會逕付表決。由於美國國會兩院制的設計，多數法律案均須經過兩院分別審議及表決始得通過，故為解決各院歧見及僵局，兩院有關委員會召開聯席會議以化解衝突或達成共識，乃成為法律案審議程序中一個相當重要的環節。除經兩院或任何一院投票否決者外，法律案如於本次會期中因任何理由或事件而未能如期審議完竣，則該法律案亦視同被否決，無留由下次會期或下屆議員繼續審議的問題，提案人僅得於下次會期或於下屆議會中另行提案。

任何經參議院及眾議院審議通過的法案，在其正式成為法律 (law) 之

前，應先移請總統表示意見。總統如同意該法案，應即簽署之；如不同意，則應隨同其異議書退還法律案的提案議院，該提案議院應將異議書詳實登載於其議事錄並進行覆議 (Reconsideration)。如覆議後，經提案議院議員三分之二以上同意通過該法案，該法案應隨同異議書送交另一議院進行相同的覆議；如經另一議院議員三分之二以上同意，該法案應即成為法律。但於前述情形，兩議院的表決應以口頭贊成與反對的方式決定之，且表決贊成及反對該法案的議員姓名應分別登載於兩院的議事錄之中。如任何法案未於移請總統表示意見十日內（週日除外）退還，該法案應即成為法律，與總統簽署該法案同；但在因國會休會 (adjournment) 致阻礙退還的情形，該法案不得成為法律（美國憲法第一條第七項第二款）。

依上所述，任何法案如經國會兩院同意通過，應移送總統，總統得選擇簽署或否決 (veto) 該法案，或對於該法案保持沉默。總統如同意該法案，應於移送十日內簽署之，使其立即成為法律；如總統未加以理會，或未能於十日內即時退還該法案，該法案仍將於移送簽署十日後自動成為法律。縱使總統行使否決權，如經國會兩院進行覆議仍維持原決議，則總統的否決仍將無法有效遏止該法案成為法律，惟如於上述十日期間內巧遇議會休會，則該法案無異胎死腹中，是為總統的口袋否決 (pocket veto)。

任何法案均可由國會任一議院發動，但關於募集國家歲入的法案，則僅得由眾議院提出，是為例外，惟參議院仍得隨同其修正案進行相關提議或同意，與其他法案相同（美國憲法第一條第七項第一款）。易言之，任何法案如以募集國家歲入為立法的主要目的，則該法案應由代表人民利益的眾議院發動；但如募集公共資金僅是某一法律的附隨作用而非其立法的主要目的，則該法案仍得由任一議院發動，與其他法案並無不同。例如為募集犯罪被害人基金，國會研擬法案要求犯罪行為人支付特別費用以投入該基金，由於該法案並非以募集國家歲入為立法的主要目的，故聯邦最高法院認為其尚不受前述憲法發動條款 (Original Clause) 僅得由眾議院提出的有關規定的限制 ❷。

❷ United States v. Munoz-Flores, 495 U.S. 385 (1990).

此外，有經參議院及眾議院共同通過為必要的命令 (Order)、決議 (Resolution) 或表決 (Vote)，亦應移請總統表示意見（休會問題除外）。該項命令、決議或表決應經總統同意始得生效；如總統不予同意，即應依照對於法律案所定有關覆議的規則及限制，由參議院及眾議院議員進行復議 (Repass)，並經兩院三分之二以上議員的同意再行通過之（美國憲法第一條第七項第三款）。

為確保國會兩院制運作的有效進行，憲法亦特別規定，國會任一議院，在會期中，非經另一議院的同意，不得為延會超過三日的決議，亦不得自行移往兩院所在地以外的其他地點辦公（美國憲法第一條第五項第四款），是應注意。

第二項　成　員

第一款　產　生

對於組成國會眾議院的眾議員 (Representative)，一般均通稱其為國會議員 (Congresspersons, Congressmen, Congresswomen)。眾議員任期二年，由各州人民選舉產生，而各州選舉人應具備該州立法部門選舉人的資格（美國憲法第一條第二項第一款）。人民未滿二十五歲，成為美國公民未滿七年，及當選時未定居於選出之州，均不得成為眾議員（美國憲法第一條第二項第二款）。各州眾議員人數不同，其席次分配係依比例代表制 (proportional representation) 精神，依據各該州人口總數計算之，但該總數應扣除免納稅的印第安人人口數。同時，各州男性居民除因從事內亂或其他犯罪不予計算外，年滿二十一歲且為合眾國公民，其投票選舉合眾國總統及副總統選舉人、國會眾議員、各州行政或司法官員或其立法部門成員的權利經否定時，該州代表基礎應按此類男性公民人數與全州年滿二十一歲男性公民總數之比例核減之（美國憲法增修條文第十四條第二項❸）。每州至少應擁有

---

❸　本憲法增修條文取代美國憲法第一條第二項第三款前段關於各州分配眾議員

一名眾議員席次（美國憲法第一條第二項第三款後段），每位眾議員在眾議院擁有一個表決權。但亦有少數來自特區、準州及領地的眾議院代表無表決權，例如華府哥倫比亞特區 (Washington D.C.) 眾議員、波多黎各 (Puerto Rico) 眾議員及美國薩摩爾群島眾議員等是。

全國依據國會眾議員總席次，以州為行政區劃劃分與總席次等數的選舉區，眾議員則是由其所屬選舉區的選舉人以普選 (popular election) 方式選舉產出，每一選舉區應選出眾議員一名❹。是以，人口總數較多的州，由於其在國會所分得的席次較多，故除在國會的影響力勢將水漲船高外，其所應劃分的選舉區亦相對較多，選情自然較為激烈複雜。但由於各州法律關於眾議員選舉多傾向採行單一選區一票制，各政黨應在地方政府辦理的黨員初選 (primary election) 行為中，從多數競爭者選出一位候選人，代表該政黨角逐各該選舉區的眾議員席位，從而在進行選民普選時，選情自然較為穩定平和，選民僅得在各政黨所提名的少數候選人之中（主要為民主、共和二黨所提名的二位候選人），選出一位眾議院代表。在此，選民雖未直接對於各個政黨進行信任投票，但其選黨不選人的投票取向，似亦可在此種二階段選舉程序中浮現。

組成國會參議院的參議員 (Senator)，任期六年，由各州人民選舉產生，而各州選舉人應具備該州立法部門選舉人的資格。各州無論人口多寡及幅員大小，依平等代表制 (equal representation) 精神，於參議院各擁有二名參議員席次，而每名參議員擁有一個表決權（美國憲法增修條文第十七條第一項❺），但兼任參議院議長的副總統僅得在參議員表決發生可否同數的情形時，始可行使其表決權（美國憲法第一條第三項第四款）。非經各州的同

席次及直接稅額度的規定。

❹ 美國憲法第一條第二項第三款後段規定，政府應每十年舉辦人口普查乙次，依據人口成長比率增定各州眾議員席次。惟自西元一九二〇年以後，為避免人口繼續成長導致席次無限擴張，眾議院議員總席次乃固定在四百三十五席，但該數額未包括無表決權的眾議員席次在內。

❺ 本憲法增修條文第一項取代美國憲法第一條第三項第一款關於國會參議員由各州議會間接選舉產生的規定。

意,任何人不得剝奪各州在參議院內的平等參政權(美國憲法第五條後段)。人民未滿三十歲,成為美國公民未滿九年,及當選時未定居於選出之州,均不得成為參議員 (美國憲法第一條第三項第三款)。參議員自第一次集會起即分為三組,任期交錯,每隔二年將有三分之一參議員任期屆滿,出缺席位隨同期中選舉或總統大選進行改選❻ (美國憲法第一條第三項第二款前段)。

　　國會參議員的選舉,與眾議員選舉相同,以州為選舉區,各州選舉人經由黨員初選及人民普選二階段投票程序,選出一名參議員進入參議院。舉辦參、眾議員選舉的時間 (times)、地點 (places) 及方式 (manner),應由各州立法部門自行訂定,但除選舉參議員的地點外,國會得隨時依法律制定或修正上述規則 (美國憲法第一條第四項第一款)。是以,國會得適時介入及規範包括籌募競選經費及組織競選後援會等事項在內的全國性選舉活動❼。

　　為避免利益及角色衝突,國會議員於任期中,不得被任命為美國政府所設立或美國政府於該期間對其增加薪俸的任何文官職位;而任何在美國政府任職的人,亦不得於其職務中,兼任任何一院的國會議員 (美國憲法第一條第六項第二款)。惟部分官員得依慣例保留其職位,直到選舉行為開始時或宣誓成為美國國會議員之前為止。

　　美國憲法增修條文第二十條第一項後段規定:「參議員及眾議員的任期,於本任期屆滿之年的一月三日中午終止;其繼任者的任期應於此時開始。」惟關於國會議員的連任及次數,憲法並未予以限制。基於菁英政治將遠離民眾及使特定利益招致不利責任等因素的考量,部分州於西元一九九○年代開始陸續制定限制國會任期的法律,國會亦於西元一九九四年在共和黨的主導下,肯認任期限制為美國政府與人民所簽訂社會契約內容的一部分。然而,美國聯邦最高法院於西元一九九五年在 United States Term

---

❻　美國目前共有五十個州,參議院總席次為一百席,每二年改選約三十三席。

❼　史慶璞,〈美國聯邦競選法有關憲法爭點之研究〉,《美國憲法與政府權力》,第167 頁,三民書局,臺北 (2001)。

Limits, Inc. v. Thornton 一案中，宣告阿肯色州 (Arkansas) 憲法增修條文關於眾議員三任及參議員二任的限制為無效❽。聯邦最高法院宣稱，憲法僅明定國會議員的資格，究無關於任期限制的規定，如需改變，僅得透過修憲一途，國會及各州均不得任意更動之。

聯邦最高法院強調，由各州附加關於國會議員資格限制的規定，不僅違背代議民主制度的基本原則，且與制憲者意圖建立一個統一國家立法部門的看法亦有所扞格。抑且，人民應有權選擇其樂於左右的人，限制國會議員的任期，即無異限制了選民的選擇自由。然而，美國憲法仍明定充任國會議員及官員的消極資格，如曾宣誓擁護美國憲法充任國會議員、合眾國官員、各州立法部門議員或各州行政、司法官員，而對於合眾國曾從事叛亂或內亂，或對於合眾國敵人提供資助或慰藉者，不得成為國會參、眾兩院議員是。但關於此項限制，憲法亦授權國會得經各院三分之二以上之投票決定，自行解除之（美國憲法增修條文第十四條第三項）。

至於當選人得否順利進入國會山莊，則應由所屬各院自行決定，各院應判斷其成員的選舉 (elections)、結果 (returns) 及資格 (qualifications)（美國憲法第一條第五項第一款前段）。解釋上，此一規定的意旨，乃在授權國會兩院各自決定其成員的年齡、公民資格及住籍情形是否符合憲法的規定。同時，國會兩院亦可決定何一候選人獲得勝選。換句話說，如有關於票數計算的爭執，該爭執的最終決定者乃為國會，而非舉行該項選舉的州或是任何一所法院。

參、眾兩院如基於上述理由拒絕其成員進入國會，法院將依政治問題理論 (political question doctrine)，對於國會的前開決定不予審查；但其決定如是基於上述理由以外的原因，則法院將因憲法未授予國會行使關於資格以外的排除權 (exclusion power)，而例外地對於國會的前開決定進行審查。例如美國聯邦最高法院於西元一九六九年在 Powell v. McCormack 一案中，裁定眾議院拒絕當選人的決定得予審查，眾議員當選人 Adam Clayton Powell 得順利取得國會席次，眾議院不得以濫用公共資金及不當行徑為理

❽　United States Term Limits, Inc. v. Thornton, 514 U.S. 779 (1995).

由，拒絕該當選人進入國會❾。

國會眾議員於任期中，因死亡或其他原因致有缺位時，選出州行政長官應頒布選舉令以遞補該項缺額（美國憲法第一條第二項第四款）。代表各州的參議員遇有缺位時，選出州行政長官亦應頒布選舉令以遞補該項缺額；惟任何州立法部門均得授權行政部門任命臨時參議員，直到人民透過立法部門所得指定的選舉，選出遞補的參議員時為止（美國憲法增修條文第十七條第二項）。

第二款　懲　處

對於所屬議員的違紀行為 (disorderly behaviour)，美國憲法授予國會兩院自行懲處其所屬議員之權限；如情節重大經關係院所屬議員三分之二以上的同意，各院並得依憲法規定撤除其所屬議員的職務（憲法第一條第五項第二款後段）。撤除職務是對國會議員最嚴厲的懲處，與前述適用於議員當選前所為行為的排除權比較，國會撤除權 (expulsion power) 似乎較為廣泛，但並非毫無限制，且解釋上應僅對於議員當選後的行為，始有適用的餘地。

此外，美國憲法亦授予國會撤除職務以外的其他懲處權限，國會兩院得對其所屬議員的行為進行監督，如有缺席或違反議會秩序的情事，各院均得對其所屬議員實施包括拘禁在內的任何懲處❿。由於國會的決定多具有濃厚的政治意味，故受其懲處的行為自不以構成犯罪者為限，是應注意。

第三款　特權與豁免

國會兩院議員無論於任何案件，除犯叛亂罪、重罪及妨礙治安之罪外，在出席各院會期及往返各該院途中，均享有免於逮捕的特權；其在任一院的任何言論及辯論，於院外任何場所均不受責問（美國憲法第一條第六項

---

❾　Powell v. McCormack, 395 U.S. 486 (1969).

❿　Kilbourn v. Thompson, 103 U.S. 168, 189 (1881).

第一款後段），此為憲法對於國會兩院議員，為保障其在開會期間的人身及言論自由所定二項特權與豁免的規定，前者稱為免於逮捕自由條款 (Freedom from Arrest Clause)，後者則稱為言論及辯論條款 (Speech and Debate Clause)。

免於逮捕自由條款因法律制度的更迭，在目前應作較限縮的解釋，本條款的保障應僅及於國會議員免於民事逮捕 (civil arrest) 的部分❶，至於刑事逮捕 (criminal arrest) 部分，則依制憲者本意，應未包括在內，茲應注意。是以，國會議員於會期中因任何犯罪而被定罪，無論其為重罪或輕罪，均得予以逮捕、羈押或監禁，並無憲法免於逮捕自由條款的適用。甚且，國會議員在會期中雖得免受民事逮捕，但關於民事訴訟程序，則未享有任何特權與豁免，其仍有收受訴狀及參與其他訴訟程序的義務。惟本條款在為保護國會議員於民事審判中的證詞時，則仍有適用的餘地，且此一特權條款在解釋上亦應擴及適用於其往返國會開會的途中。然而，對於現今的國會議員而言，此一免於逮捕條款似已無法再提供關於人身自由的任何特權保障。

言論及辯論條款，應是國會議員言論保障的最佳利器，亦是制憲者所提供使國會議員能於國會內開誠佈公善盡言責，無後顧之憂為民喉舌的最堅實後盾。任何國會議員均不得因其於國會程序中的任何陳述，而被起訴或以其他方式使其答辯。為落實制憲者言論豁免保護傘的設計，言論及辯論條款在適用上應作較廣泛的解釋。是以，本條款對於民、刑事案件，均應有適用的必要。從而，政府不僅不可因國會議員在國會殿堂內的陳述，而在刑事上追訴其詐害政府或違反關於利益衝突的法律❷，法院亦應探求制憲者本意，期使國會議員在民事上毋庸擔憂小至妨害名譽的責任。

本條款所保障的對象，不僅止於國會議員在院會或其他議事程序中所

---

❶ 民事逮捕係指法院得對民事訴訟案件的被告予以逮捕及拘禁，直到送交保金或繳納裁判費時為止。此一制度在制憲當時極為常見，但目前已被美國多數州所廢棄或禁止。

❷ United States v. Johnson, 383 U.S. 169 (1966).

為的言論，尚包括其在國會各個委員會中所為的陳述與辯論。換言之，只要國會議員所為言論的內容，可被視為是屬於立法過程的基本部分 (essential part of the legislative process)，則無論其發表的場所是在議事殿堂或是在院內其他地點，亦無論其是向議會全體或是向其他人士表達，該言論均有受言論及辯論條款保障的價值。然而，國會議員個人向記者或於記者會公開散發上述言論資訊，由於資訊的散發不得被視為是立法過程的基本部分，故無言論豁免條款保障的餘地⓭。

除此之外，國會議員所為與國會議事有關且通常可於院會期間進行的事務，憲法言論豁免條款亦得擴張適用之。茲此，國會議員在議事程序所為的各種行為 (actions)，如其屬於委員會及院會完整討論及溝通的一部分，則該行為亦得受憲法相同的保障⓮。從而，國會議員如於院內涉及類如詐欺、侵占或挪用公款等犯罪行為，由於該類犯罪行為顯非立法過程的一部分，亦非委員會及院會完整討論及溝通的一部分，故無主張憲法言論豁免保障以排除政府追訴的餘地⓯。

美國聯邦最高法院於西元一九七二年在 Gravel v. United States 一案中，更將言論豁免條款擴及適用至對於國會議員助理的保障⓰。聯邦最高法院強調，由於聽證準備及議員動機已屬立法過程的核心事項，故政府不得強制國會助理於大陪審團 (Grand Jury) 針對自己或雇主議員準備委員會聽證有關行為舉行聽審時出庭作證，亦不得強迫國會助理回答關於議員動機的問題。然而，政府仍得要求國會助理就與立法程序的討論及溝通無直接牽連的事項進行作證。例如國會助理關於文件自行出版的任何認知，縱使該內容刊載於國會紀錄之中，由於其非屬立法程序的一部分，故無憲法言論及辯論條款保障的價值。

言論及辯論條款提供憲法絕對而非相對的豁免保障，從而，國會議員

⓭　Hutchinson v. Proxmire, 443 U.S. 111 (1979).
⓮　Kilbourn v. Thompson, 103 U.S. 168, 204 (1881).
⓯　United States v. Rostenkowski, 59 F.3d 1291 (D.C. Cir. 1995).
⓰　Gravel v. United States, 408 U.S. 606 (1972).

不僅可免於任何責任，且可免於訴訟或為自己進行辯護。依據附屬命令理論 (collateral order doctrine)，國會議員對於法院所為無豁免保障的認定，享有立即上訴的權利，不受一般上訴法則所定應俟法院作成終局裁判後始得上訴的限制❶。然而，憲法言論豁免的保障，並不影響國會兩院對於所屬議員進行懲處的權責，故而國會仍得就議員在議事程序中所為不適當的言論或行為，依其自律規範予以制裁。

最後，憲法言論及辯論條款對於案件繫屬於或追訴於聯邦法院的州議員，尚無延伸適用的情形，茲應注意。

第四款　報　酬

關於國會兩院成員任職參、眾議員的報酬，美國憲法規定應以法律明定，並由國庫支給之（美國憲法第一條第六項第一款前段）。惟任何改變國會兩院成員任職國會議員報酬的法律，須俟下次眾議員選舉時始得生效（美國憲法增修條文第二十七條）。

❖ 第二節　國會權力 ❖

第一項　概　說

美國憲法增修條文第十條規定：「本憲法未授予合眾國亦未禁止各州行使之權力，均保留予各州或人民。」此一條文適當詮釋了在聯邦制度之下，聯邦政府、州政府與人民等三種權力的協調關係 (triad relationship)。基於制憲者欲創設一個有限權力中央政府的本意，前揭增修條文明確界定了聯邦政府權力行使的範疇。是以，聯邦政府除得行使經憲法明文授予的各項列

---

❶ 附屬命令理論為終局裁判法則 (final judgment rule) 的例外。在系爭問題可獨立於或可分割於案件其他爭點且其審查具重要性時，附屬命令理論允許當事人對於法院所為關於該爭議問題具決定性的命令立即上訴。

舉權 (enumerated powers) 以外，並未如各州享有具主權意義的固有權 (inherent powers)。為維繫各州自主及保障人民權利，除非透過修憲程序修改憲法，聯邦政府不得自行擴張其權力行使的種類與範疇。此外，為鞏固保留予人民的權利，美國憲法增修條文第九條進一步宣示：「本憲法列舉某些權利，不得解釋為人民保有的其他權利得予否定或貶抑。」

國會為聯邦政府三權分立架構下的立法部門，其權力行使的種類與範疇，自應依據美國憲法的授權及受到美國憲法的限制，相關規定多揭櫫於美國憲法第一條之中。要言之，美國憲法明示列舉授與國會行使的權力，除對政府官員進行同意、彈劾的人事權以外，主要是在商務、財政、戰爭、公民歸化及公有財產等方面的規範權限。惟在列舉權之外，某些國會權力亦得依據憲政理論及推敲制憲者本意，考察憲法結構及其全文意旨，並闡明憲法精神解釋而得，例如調查權及衍生權等均是，因其蘊涵於憲法之中，故稱為蘊涵權 (implied powers)。此外，國會亦非不得享有基於權力分立理論及聯邦政府三部門間制衡關係而擁有的固有權，例如對於部分國際事務的規範權及其他在憲政運作上責由國會行使的諸多權限等均屬之。

茲應注意者，中央政府雖得基於邦聯條款的規定，下命各州制定有關法律以遂行國家整體利益。但由於聯邦憲法是為直接規範全國人民而創設，故在解釋上，制憲者應不同意聯邦政府享有下命各州制定法律的權力。由是，非經憲法的明示列舉或授權，國會下命各州制定法律的行為不僅逾越憲法所賦予的國會權力，同時更侵犯各州在憲法增修條文第十條所保留的主權，各州在憲法上亦不得自行同意放棄其所擁有的主權。聯邦政府僅得提供類如經費補助等經濟上或政治上誘因促其就範，或使各州在自行依據聯邦方案制定法律或其法律為聯邦法令所先占等二項可行途徑之間作成抉擇[18]。同時，聯邦政府不僅不得發布命令要求各州解決特定問題，其亦不得指揮各州官員或下轄政治分支機構辦理或執行類如槍械買受人背景調查等聯邦規範措施[19]。但基於聯邦憲法得直接規範全國人民的本質，在各州

---

[18] New York v. United States, 505 U.S. 144 (1992).

[19] Printz v. United States, 521 U.S. 898 (1997).

不以其主權地位為基礎而規範其所轄屬的人民時，國會非不得依據憲法商務權或其他憲法上明示列舉權力直接規範各州所為的有關行為或活動❷。

第二項 商務權

美國憲法第一條第八項第三款商務條款 (Commerce Clause) 規定：「國會有規範與外國、州際間及與印第安部落的商務之權力。」此即國會的商務權 (commerce power)。依據商務條款，國會有權規範州與州之間及美國與外國之間的商務行為。關於美國與外國之間的商務行為，由於屬於國際事務，應責由聯邦政府管轄，故相對於州議會而言，國會享有專屬的規範權限，應無疑義❷。惟關於州與州之間的商務行為，由於聯邦政府與發生商務之州俱有共同管轄權責，故應由誰規範，乃未成定論。在邦聯憲法時期，中央政府並未享有規範此一範疇的實質權限，導致各州政府自行其道，各自為政，州際商務的紛爭因而四起。

為有效整合各州分歧亂象，挽救陷入泥淖的國家經濟，美國憲法商務條款乃明文賦予國會商務權，用以補救上述困境。然而，此一條款亦成為日後國會權力逐漸擴張，進而凌駕各州自治權限而規範其內州商務的憑藉。是故，有關國會規範州際商務 (interstate commerce) 權限意義及範圍的爭議，始終是美國憲法發展史上一個重要且備受矚目的課題，而美國聯邦最高法院對於商務權的解釋取向，在在牽動著聯邦與州權力的消長關係。

第一款 影響取向

理論上，聯邦政府的權力受到憲法嚴格的限制，憲法如未明文授予其規範內州商務 (intra-state commerce) 的權限，聯邦政府自無介入此一範疇的權源。相反的，內州商務的規範權限，應依美國憲法增修條文第十條規定意旨，保留予各州，由各州分別行使之❷。然而，關於商務究於何時始

---

❷ Reno v. Condon, 528 U.S. 141 (2000).

❷ Michelin Tire Corp. v. Wages, 423 U.S. 276 (1976).

具州際性質的問題，仍是美國聯邦最高法院審理聯邦與州規範權限爭議案件首應釐清的課題。首席大法官約翰馬歇爾 (John Marshall) 曾分別於西元一八一九年及一八二四年在 McCulloch v. Maryland 及 Gibbons v. Ogden 二案中，將州際商務定義為「關於二州以上的商務❷。」馬歇爾認為，只有在性質上完全屬於州內的商務行為，始不受聯邦政府的拘束。從而，對於各州轄區內任何影響 (affect) 州際商務的行為，國會均得介入規範之。

　　美國聯邦最高法院亦依循馬歇爾的解釋，於若干案件中建立實質經濟效果 (substantial economic effect) 理論，更使得國會商務權擴張至任何堪稱為全國工商業重要部分的行為，並多次肯定國會得單純為規範經濟事務、為實現道德目的或為維護治安，而制定關於規範內州商務的聯邦法令❷。首席大法官馬歇爾的意見，於西元一九三〇年代以前，一直維持其主導的地位。美國聯邦最高法院於西元一九二二年在 Stafford v. Wallace 一案中，即依據馬歇爾的解釋，認為只要內州行為屬於商務流通 (stream or current of commerce) 的一部分，該行為即應受到聯邦法令的限制❷。

第二款　直接影響取向

　　在羅斯福總統於西元一九三三年為因應經濟大蕭條推行新政以後，為避免行政權藉管制全國經濟之名而過度擴張，聯邦最高法院乃重新檢討國會商務權行使的領域與範疇，對於商務的概念轉而採取一個較為地域性的看法，並同時釋放出各州得自行規範的空間。依據此一取向，聯邦最高法

---

❷　依據美國憲法增修條文第十條所體現聯邦、州與人民三種權力的協調關係，憲法未授與聯邦政府，亦未保留予人民的剩餘權 (residue powers)，均歸屬於各州享有，為各州的固有權。

❷　Gibbons v. Ogden, 22 U.S. (9 Wheat) 1, 6 L.Ed. 23 (1824); McCulloch v. Maryland, 17 U.S. (4 Wheat) 316, 4 L.Ed. 579 (1819).

❷　Hammer v. Dagenhart, 247 U.S. 251 (1918); Shreveport Rate Case, Houston E. & Teaxs Railway Co. v. United States, 234 U.S. 342 (1914).

❷　Stafford v. Wallace, 258 U.S. 495 (1922).

院數度宣告，若干為補救經濟蕭條所制定的新政法令均屬無效。例如聯邦最高法院於西元一九三五年在 Railroad Retirement Board v. Alton Rail Co. 一案中，以鐵道工人年金與州際商務之間並無連結為由，宣告國會所制定的鐵道退休法 (The Railroad Retirement Act) 因逾越憲法商務權而失其效力❷❻是。其又於同年在 Schechter Poultry Corp. v. United States 一案中，以內州家禽業與州際商務之間並無充分連結為由，宣告國會授權總統訂頒的家禽業公平競業規則 (Code of Fair Competition for the Poultry Industry) 亦屬無效❷❼。聯邦最高法院於西元一九三六年在 Carter v. Carter Coal Co. 一案中，亦採取相同的解釋取向，認為憲法商務條款賦予國會較限縮的商務規範權限，國會商務權行使的範疇，在解釋上，僅得擴及至對於州際商務造成直接影響 (directly affect) 的內州事務❷❽。

最高法院此一保守的態度維持未久，即隨著大法官魏里斯狄范德 (Justice Willis Van Devanter) 的退休及新聯邦主義 (New Federalism) 的發展❷❾，而於西元一九三七年發生重大的轉變。從而，曾用以肯認州政府對於內州商務規範權限的美國憲法增修條文第十條的規定，亦因其內容在解釋上將對聯邦政府權限的擴張形成阻力，故已不再為聯邦最高法院所青睞。

第三款　實質影響取向

美國聯邦最高法院於西元一九三七年在 NLRB v. Jones & Laughlin Steel Corp. 一案中表示，國會所制定規範集體協商及不公平勞動營運的國家勞工關係法 (National Labor Relationship Act) 有關將任何影響或阻礙商務交易行為納入該法管轄的規定，與憲法並無牴觸。聯邦最高法院宣稱，聯邦法令所規範商務的性質縱屬地區性或為內州事務，如該事務對於國家得造成經濟衝擊，且其所涉及的商務行為對於州際商務造成實質影響

❷❻　Railroad Retirement Board v. Alton Rail Co., 295 U.S. 330 (1935).

❷❼　Schechter Poultry Corp. v. United States, 295 U.S. 495 (1935).

❷❽　Carter v. Carter Coal Co., 298 U.S. 238 (1936).

❷❾　參閱本書第一章第二節。

(substantially affect)，法院仍應高度尊重國會介入規範此一領域的決定。聯邦最高法院進一步闡釋，任何行為，縱使其在個案上屬於內州事務，如該行為與州際商務之間存在密切及實質的連結 (close and substantial connection)，且聯邦法令管制該行為是為維護州際商務免於阻礙或負擔的適當手段，則國會介入規範此一行為，並未逾越憲法商務條款授權的意旨❸⓪。

　　此外，對於州際商務造成間接影響 (indirectly affect) 的內州行為，國會亦自西元一九三〇年代後期開始，逐漸納入聯邦法令而予以規範。美國聯邦最高法院早在西元一九四二年時即表示，當決定某一行為是否間接影響州際商務時，國會得考察該一類同行為的累積影響 (cumulative affects)。申言之，縱使個別行為屬於地區性且不致影響州際商務，但如集合多數類同行為將可對州際商務產生實質的經濟效果時，國會亦得依憲法賦予的商務權，介入規範該項個別行為❸①。是以，由於農民耕種及自行消費所生產的小麥將改變市場供需，間接影響州際價格，故農民的上述生產及消費行為應受國會商務權的拘束。

　　基於上述影響理論 (affectation doctrine)，聯邦最高法院將同意國會得以維護公眾福利 (general welfare) 為目的，介入規範州內的任何行為。故而，只是系爭內州事務影響州際商務的結論尚屬合理，國會即得以煤產流通於州際商務且礦藏開採的環境效果將延伸至其他各州為理由，直接規範內州有關礦藏開採的行為或活動❸②。聯邦最高法院對於國會權力擴張的結果似抱持正面的態度，故不願再使用首席大法官約翰馬歇爾在前述 McCulloch 一案中所建立的託辭原則 (pretext doctrine)，宣告國會假借憲法商務權名義巧取州治安權 (police power) 的意圖為不當❸③。

---

❸⓪　NLRB v. Jones & Laughlin Steel Corp., 301 U.S. 1 (1937).

❸①　Perez v. United States, 402 U.S. 146 (1971); Wickard v. Filburn, 317 U.S. 111 (1942).

❸②　Hodel v. Virginia Surface Mining & Reclamation Ass'n, 452 U.S. 264 (1981).

❸③　治安權是政府為維護及增進公共利益與防止妨害他人權利之必要而制定及執

　　依據聯邦最高法院上述見解，國會得以影響黑人州際旅行為由，禁止各州旅館對於旅客實施差別對待。國會立法的動機，究為遂行道德目的或為流通州際商務，已非法院審查的重點，只要系爭行為具有州際的特質，國會即可介入規範之，與憲法並無牴觸❸❹。茲此，一間由當地人士擁有僅具地區性經營規模服務內州顧客的餐廳，由於其販售的食品有經顧客帶走(to-go) 進入州際商務的事實，故該餐廳仍應受聯邦民權法 (Civil Rights Act) 關於黑人服務規定的限制❸❺。

　　自西元一九三〇年代末期至九〇年代中期前後約一甲子的時間，聯邦最高法院未曾以逾越國會商業權為理由，宣告國會制定的法律無效或失其效力，此不啻肯認國會商務權的範疇得依國會的決定自行擴張之。事實上，在現今通訊發達的時代，人與人及地區與地區的互動逐漸頻繁，故而事務無論大小，均有與流通於州際商務的人或事進行接觸的機會，尤其在美國這個國家尤甚，國會自得經由憲法商務條款，介入規範關於環境、貧窮、網際網路及刑事犯罪等各種事務。從而，國會乃得以將具地區性質的犯罪列入聯邦法律予以規範，例如將婦女非道德目的的州際遷徙、兒童與幼童色情書畫非道德目的的州際運送，以及劫持州際傳輸的動力車輛等行為，列為聯邦犯罪行為等是❸❻。聯邦最高法院亦樂於以高利貸將累積影響州際商務為理由，宣告國會消費者信用保護法 (The Consumer Credit Protection Act) 關於地區不當信用交易的規範為有效❸❼。

　　上述聯邦法律的制定，其動機主要為健康及福利的考量而非著眼於商務，乃至為明顯。同時，美國聯邦最高法院亦曾在許多案件中明白表示國會得行使治安權。事實上，聯邦最高法院近年來審定聯邦規範的合法性，

行法律與命令的權力。一般言之，治安權乃是政府規範健康 (health)、福利 (welfare) 及安全 (safety) 的權力。依據美國憲法增修條文第十條規定意旨，治安權應保留予各州，為各州在傳統上應享有的固有權。

❸❹ Heart of Atlanta Motel, Inc. v. United States, 379 U.S. 241 (1964).

❸❺ Katzenbach v. McClung, 379 U.S. 294 (1964).

❸❻ U.S.C. §2421, 28 U.S.C. §2251 seq. & 18 U.S.C. §2119.

❸❼ Perez v. United States, 402 U.S. 146 (1971).

均未曾以內州行為須對州際商務造成真正影響為前提。對於如此擴張的解釋趨勢，聯邦最高法院多數意見均認為有再予檢討的必要，故於西元一九九五年在 United States v. Lopez 一案中，該法院對於上述解釋趨勢作成若干的修正 ❸。

在 Lopez 一案，美國聯邦最高法院以國會逾越商務權為理由，宣告一九九〇年無槍械校區法 (Gun-free School Zone Act of 1990) 有關在校區內持有槍械為聯邦犯罪行為的規定為無效。聯邦最高法院表示，前述聯邦法律未清楚敘明校區持槍對於州際商務的影響，易言之，校區持槍不僅非屬經濟行為，亦不可能對於任何州際商務造成實質影響，是故，國會應無規範校區持槍行為的權限。關於校區持槍行為，應由各州基於治安權自行規範之。值得注意者，這是自西元一九四〇年代以來，聯邦最高法院以逾越憲法商務條款授權，宣告聯邦法令無效或失其效力的首例。

聯邦最高法院強調，基於憲法商務條款，國會商務權行使的範疇約有下述三種類別，亦即第一，州際商務的通道，第二，州際商務的工具或州際商務內的人或事務，以及第三，實質影響州際商務的行為等。聯邦最高法院對於較具爭議性的第三類權限，再次重申實質影響州際商務，仍是國會規範內州行為的前提。換言之，商務與聯邦法令所規範的行為之間，應確實存在真實的牽連 (true nexus)。如一行為不屬商務，且具內州事務的性質，則除非結合其類同行為所產生的累積效果實質影響州際商務，否則該行為仍應完全受到本州法令的管轄與規範。

美國聯邦最高法院於西元二〇〇〇年在 United States v. Morrison 一案中，再度否認國會得廣泛規範對於婦女的暴力犯罪。依據憲法商務條款規範內州行為的聯邦法令，只有在受規範客體具有經濟性質時，始可獲得聯邦法院的肯定 ❸。聯邦最高法院進一步表示，行政機關對於國會權力外延範圍的解釋，應附隨國會的明顯意圖與其所為的有關授權，始屬適當 ❹。

❸　United States v. Lopez, 514 U.S. 549 (1995).

❸　United States v. Morrison, 529 U.S. 598 (2000).

❹　Pierce County, Washington v. Guillen, 573 U.S. 129 (2003); Solid Waste Agency

美國聯邦最高法院自西元一九九五年以後轉而採取此種較限縮的解釋態度，對於國會商務權的擴張是否確實造成衝擊，則仍有待觀察。但無可諱言者，聯邦最高法院在 Lopez 一案中的意見，仍是國會試圖以憲法商務權介入非商務內州事務最險峻的屏障。

最後，為避免國會基於憲法商務權而作成類如建立入口港埠、興建或營運燈塔、改善河道或口岸或提供便捷通道等決定時，對於若干州抱持較為優惠的態度，致影響州際商務渠道的順暢流通，美國憲法第一條第九項第六款特別規定：「任何商務或徵稅法規，不得給予一州港口優越於他州港口的特惠；駛往或來自一州的船舶，亦不得強制其進出他州或繳付他州稅收。」惟國會在各個港口之間，基於政策需求而行使差別對待，則不受本憲法規定意旨的拘束，是應注意**❹**。

第三項　財務權

財務權 (fiscal powers) 明示於美國憲法之中，屬於國會的列舉權。美國憲法第一條第八項第一款規定：「國會有課徵稅則、稅收、進口稅及貨物稅之權力；但所有稅收、進口稅及貨物稅應全國統一。」美國憲法第一條第九項第一款後段規定：「國會得對於人民的移入，課予每人不超過十元的稅則或稅收。」同條項第五款規定：「自任何州輸出的物品，不得課予稅則或稅收。」美國憲法增修條文第十六條並規定：「國會有課徵任何來源所得稅之權力，毋須分配於各州，亦與任何人口普查或統計無關**❹**。」以上事項，即為國會的徵稅權 (taxing power)。

在美國建國初期，聯邦政府歲入的主要來源厥為關稅，一直到南北戰爭期間，國會為籌募軍費，才開始向人民課徵所得稅及其他聯邦稅則。惟

---

of Northern Cook County v. U.S. Army Corps of Engineers, 531 U.S. 159 (2001).

❹ Alabama G.S.R. Co. v. U.S., 340 U.S. 216 (1951); Commission v. Texas & N.O.R. Co., 284 U.S. 125 (1931).

❹ 本憲法增修條文取代美國憲法第一條第九項第四款關於人口稅或其他直接稅則應依憲法所定人口普查或統計比例而課徵的規定。

國會徵收聯邦稅的舉措，竟意外地於西元一八九五年遭美國聯邦最高法院宣告為違憲 ❸。為推翻聯邦最高法院否定聯邦稅合憲地位的判決，國會陸續提出許多允許聯邦政府向人民直接徵稅的憲法修正案，終於在西元一九一三年經各州認可通過憲法增修條文第十六條，聯邦所得稅的合憲性自此始告確立。一般而言，國會得藉由徵稅權規範人民公共福利事項及達成治安權目標，但不得因而損害人民在憲法所保障的各種基本權利。例如國會為遂行徵稅目的，不得違反人民在憲法增修條文第五條所保障不得自證罪行的基本權利，故聯邦所得稅法不得要求納稅義務人公開其不法行為及對於其不法所得進行課稅者即是。甚且，國會亦不得假借行使憲法徵稅權的名義，達成應予限制的目的，例如透過徵稅規範應由各州專屬管轄的事項或造成明顯逾越聯邦權力範圍的情事者均是 ❹。

美國憲法第一條第八項第一款前段規定：「國會有支付國債及支應國防與公共福利之權力。」美國憲法第一條第九項第七款並規定：「除法律所定經費事項以外，不得自國庫提出任何金錢。所有公共資金的收支帳目定期報告，應隨時公布之。」美國憲法增修條文第十四條第四項規定：「經法律授權，包括因弭平對於合眾國叛亂或內亂所發生年金及獎金給付在內的公債的合法性，不得置疑之。但合眾國及各州均不得承擔或支付因資助對於合眾國叛亂或內亂所發生的任何債務或義務，或因任何奴隸喪失或解放所發生的任何請求權利。所有此類債務、義務及請求權利，均為不法及無效。」以上規定，明定國會的支用權 (spending power)。

基於美國憲法廣泛的授權，國會為遂行如商務權等任何列舉權及促進公共福利，得適當支用國庫經費。甚且，聯邦政府尚得經由支用權，強迫各州政府遵守附有治安權目標的聯邦政策。例如聯邦政府承諾給予各州經費補助，但以實施聯邦政策五十五英里速限為條件者是。

國會運用支用權迫使各州就範的策略，亦獲得美國聯邦最高法院的肯認。聯邦最高法院在西元一九八七年於 South Dakota v. Dole 一案中表示，

---

❸　Pollock v. Farmers Loan & Trust Co., 157 U.S. 429 (1895).

❹　United States v. Butler, 297 U.S. 1 (1936).

是否禁止二十一歲以下人民購買或消費酒類縱屬憲法增修條文第十條保留予各州規範的事項，但國會為達成聯邦政府的既定政策，非不得經由其支用權而間接規範該一事項。故而，聯邦法律有關公路基金將因各州未對購買或消費酒類進行年齡設限而不予發放的規定，並未逾越憲法賦予國會的支用權，亦未妨礙各州固有權的行使❹。更有甚者，聯邦最高法院再進一步表示，只要聯邦基金是基於憲法必要且適當條款的合法授權而運用，其與所禁止的行為之間縱使欠缺具體牽連，亦不足以使得系爭聯邦基金支用法令推定為違憲，是應注意❹。

　　除徵稅權及支用權以外，憲法亦賦予國會其他種類的財務權。美國憲法第一條第八項第二款規定：「國會有以美國信用舉債之權力。」是為國會的舉債權 (borrowing power)。同條項第四款後段規定：「國會有制定全國統一破產法律之權力。」是為國會的破產法制定權 (power to establish laws of bankruptcies)。同條項第五款前段規定：「國會有鑄造貨幣，規範國幣及外幣價值之權力。」同條項第六款並規定：「國會有制定偽造證券及美國通用貨幣罰則之權力。」是為國會的鑄幣權 (power to coin money)。為遂行鑄幣權，國會基於憲法同條項第十八款的規定，則有設立國家銀行的權力❹。

第四項　外事權

　　國會基於憲法立法部門和行政部門之間的制衡設計，與總統交錯分享關於國際、戰爭及軍事等國家外部事務之權力，是為國會的外事權 (external powers)。美國憲法除於第一條第八項第三款規定「國會有規範與外國之間的商務之權力」以外，並於同條項第四款前段規定：「國會有制定全國統一歸化法規之權力。」美國憲法第一條第九項第一款前段亦規定：「現有各州認為其移入或出境應予准許的人員，國會於一八〇八年之前，不得禁止之。」

---

❹　South Dakoda v. Dole, 483 U.S. 203 (1987).

❹　Sabri v. United States, 541 U.S. 600 (2004).

❹　McCulloch v. Maryland, 17 U.S. (4 Wheat.) 316 (1819).

依其反面解釋，國會自西元一八〇八年開始，依憲法前揭規定取得規範移民之權力。同時，美國憲法第一條第八項第十款並規定：「國會有明定及制裁於公海實施海盜罪及重罪，以及違反國際法罪行之權力。」以上規定，明示國會的國際權 (international power)。

此外，美國憲法第一條第八項第十一款規定：「國會有宣戰，頒授捕敵許可，以及制定獲取陸地及海域法規之權力。」是為國會的戰事權 (war power)。再者，美國憲法第一條第八項第十二款規定：「國會有徵召及支應陸軍之權力，但該用途款項的撥用不得超過二年。」同條項第十三款規定：「國會有支應及維持海軍之權力。」同條項第十四款後段並規定：「國會有制定陸軍及海軍規則之權力。」以上事項，則是國會的軍事權 (military power)。

美國憲法為建構行政與立法的制衡關係，乃對於國會寄予厚望，賦予其規範外國商務、宣戰及規制軍隊等諸多關於國家外部事務的權力。但其是否確可正如制憲者預期，對於總統對外關係職權發生實質的抗衡力量，則仍有待觀察。要言之，國會在憲法上雖有宣戰之權，但總統仍得先行開啟戰局，不待國會正式向外國宣戰。此外，國會雖有制定軍律之權，但總統在憲法上仍為軍隊最高統帥，其管制軍隊紀律的職權，似不宜由國會越俎代庖。由於憲法一劍兩刃的設計，使得此一領域成為立法與行政二大部門權力行使的灰色地帶，在憲法發展上始終是總統與國會相互角力互別苗頭的競技場所。

值得注意者，美國聯邦最高法院解釋國會宣戰權 (power to declare war)，認為其不僅是單純的戰爭宣示而已，尚包括促使國家整備戰爭及提昇戰力的權力在內。茲此，國會得要求徵兵，徵調提昇戰力所需的工業及私人財產，關閉非必要營業，建立價格及租賃管制，以及配給食物及日用品等 ❹。此外，國會戰爭權的範疇，解釋上，亦應延伸至戰後的重建事項，例如國會制定法律獎勵續聘退役人員者是。

---

❹ Woods v. Cloyd W. Miller Co., 333 U.S. 138 (1948).

第五項 緊急權

美國憲法第一條第八項第十五款規定:「國會有規定召集民兵以執行國家法律、消弭內亂及抵禦侵略之權力。」同條項第十六款並規定:「國會有規定組織、武裝及規律民兵,以及管理經合眾國徵用部分之權力。軍官之任命,及依國會所定規律訓練民兵之權力,則留由各州行使。」美國憲法第一條第九項第二款規定:「人身保護令特權不得停止之,但遇內亂或外患而為公共安全所需時,不在此限。」依其但書規定,國會遇國家緊急情況,有停止人身保護之權力。以上規定,明定國會關於國家內部事務的緊急權(emergency powers)。從而,國會為應付國家重大變局,得於國內相關地域宣布戒嚴。甚且,由於在軍事事務方面,聯邦權力優位於各州,故國會得基於其緊急權,直接授權總統召集民兵遠赴境外服役,毋須知會州長或經州長的同意❹。

國家情況愈緊急,國會愈得立法限制人民的自由權利。例如於第二次世界大戰期間,美軍官員基於聯邦法令及總統的授權,將許多日裔美國人民自美國西岸移往內陸收容所集中看管並實施宵禁。對於上述緊急措施,美國聯邦最高法院表示,為避免日本帝國對於美國西岸進行監視、破壞或入侵,以及防止居住美國西岸的日裔人民對於國家的不忠誠,該項政府行為於法並無不合❺。

第六項 人事權

國會基於美國憲法權力分立與制衡的設計,與總統分享關於任命及免除聯邦官員職位的權力,是為國會的人事權(personnel powers)。美國憲法第二條第二項第二款諮詢及同意條款(Advice and Consent Clause)後段規定:「總統應經參議院的諮詢及同意,提名及任命大使、其他公使及領事、

---

❹ Perpich v. Department of Defense, 496 U.S. 334 (1990).

❺ Korematsu v. United States, 323 U.S. 214 (1944).

最高法院法官及所有其他合眾國官員。」此為憲法賦予國會參議院的人事同
意權 (confirmation power)。

　　參議員在上述聯邦官員的任命過程中，應如何嚴守諮詢及同意角色，
始不逾越分際，則引起各界廣泛的關切與討論。部分論者認為，參議員的
同意權，應以客觀評量被提名人的資格及品格為限，否則將妨害總統在憲
法上的人事任命權。而其他論者則主張，基於政府行政、立法二大部門間
的權力制衡關係，參議員應在聯邦官員的人事任命上，扮演更積極的角色，
故認為參議員行使其同意權時，除應嚴予評量被提名人的資格及品格外，
亦應考量被提名人的政治理念。至於對於聯邦法官的任命，其同意權則應
著重於審查被提名人是否具有良好的法律思維。綜言之，由於同意權的行
使頗富濃厚政治角力色彩，故關於其範疇及限制的疑義，實不宜輕言交付
司法部門解決，而應留由行政及立法部門自行釐清，或以法律明確規範之。

　　美國憲法第一條第二項第五款後段規定：「眾議院有單獨彈劾之權力。」
同條第三項第六款規定：「參議院有單獨審議所有彈劾案之權力。審議彈劾
案時，參議員應宣誓及具結。合眾國總統受審時，首席大法官為主席。非
經出席參議員三分之二以上之同意，任何人不得被定罪。」此為國會兩院的
彈劾權 (impeachment power)。

　　依據美國憲法彈劾權分權行使的設計，眾議院單獨行使提出彈劾案件
之權限，而參議院則獨自負擔審議所有彈劾案件之責任，且不得組成陪審
團參與任何彈劾案件的審議（美國憲法第三條第二項第三款）。關於國會彈
劾權行使的對象及效力，美國憲法第二條第四項規定：「總統、副總統及合
眾國所有文職官員，因叛國、賄賂或其他嚴重犯罪或輕罪，經彈劾確定者，
應予免職。」是故，除總統、副總統以外，所有經提名、同意程序所產生包
括內閣部長、大使及法官在內的所有聯邦文職官員，如因上述事由經參、
眾兩院提起彈劾審議確定，即應立即免除其在聯邦政府的一切職位。美國
總統縱有對於違反合眾國犯罪予以減刑或赦免之權力，但仍不得否決或要
求國會撤銷任何彈劾案件的確定判決（美國憲法第二條第二項第一款後
段）。由於參、眾議員本身非屬聯邦文職官員，故不得成為國會彈劾的對象，

如國會議員確有違法、失職或其他不當的情事，國會自得依其自律規則，撤除其所屬議員的職務。

至於彈劾案成立的要件，美國憲法明定包括叛國 (treason)、賄賂 (bribery) 或其他嚴重犯罪或輕罪 (other high crimes and misdemeanors) 等罪名。前二者的定義尚屬明確，惟後二者的適用範圍究為如何，則不無疑義。多數論者認為，國會進行彈劾的過程屬政治性而非司法性，故無參引刑事法律或判決有關嚴重犯罪或輕罪定義的必要。惟一般而言，官員如觸犯刑法所定的任何罪名，無論其為法定刑一年以上的重罪或未及一年的輕罪，均屬憲法前揭條文所指稱的其他嚴重犯罪或輕罪。國會此種較嚴格的解釋取向，對於維護官箴及整肅政風，確具實效。

美國憲法第一條第三項第七款規定：「彈劾案件的判決，不得逾越免除職位及喪失因合眾國而享有在職位上的任何榮譽、信任或利益。但被定罪當事人仍應依法負擔及承受公訴、訴訟、判決及處罰的責任。」免職僅是對於公務員違法、失職或其他不當行為所為的懲戒處分，故不得因此而免除其在法律上所應負起的民事及刑事責任，二者不可混為一談，且無一罪不二罰原則的適用。甚且，刑事審判程序的開始與進行，亦無須以彈劾判決確定免除當事人職位為前提。至於彈劾審議程序與司法審判程序二者同時或先後進行，則均無不可，尚無孰先孰後的問題存在❺。

第七項　修憲權

美國憲法第五條前段規定：「國會於兩院三分之二以上人數均認為必要時，應提出本憲法的修正案，或因三分之二以上州立法部門的申請，應召集會議提出修正案。任何一種情形，經四分之三以上州立法部門或經四分之三以上州會議依國會所提一種或他種模式予以認可時，該修正案的所有意圖及目的應為有效，且成為本憲法的一部分。但於一八○八年之前所增

---

❺　United States v. Claibome, 727 F.2d 842 (9th Cir. 1984); Hastings v. United States, 681 F.2d 706 (11th Cir. 1982).

訂的修正案，不得以任何方式影響第一條第九項第一款及第四款的規定。」
依此規定，國會得經兩院三分之二以上議員之同意，主動提出憲法修正案
並送由各州認可；亦可於全國三分之二以上州申請召集會議提出憲法修正
案時，擬定各州認可方式，決定修正案認可期限❷，以及認定修正案是否
確經各州認可等，進而被動主導修憲程序的進行及結果，是為憲法賦予國
會的修憲權 (Power to amend the Constitution)。惟實際上，由國會主動提出
憲法修正案，仍是美國修憲工程所採行唯一且有效的途徑。

　　截至今日，美國憲法共計二十七條增修條文。憲法增修條文第二十七
條關於國會不得於任期內增加報酬的憲法修正案，與目前所謂權利法案
(Bill of Rights) 憲法增修條文第一條至第十條同時提出於西元一七八九年，
但直到西元一九九二年始經各州議會認可，是為美國憲政歷史上認可期間
最長久的憲法修正案。與其相對者，憲法增修條文第二十六條關於將公民
於聯邦及各州行使投票權的年齡降至十八歲的憲法修正案，由於全國共識
已然建立，故在國會送至各州後三個月內，即完成四分之三以上各州議會
認可的修憲程序，是為美國歷史上認可期間最短的憲法修正案❸。

　　自美國憲法施行至西元一九九〇年代中期，國會所提憲法修正案即超
過一萬件，而各州申請召集的修憲會議亦高達四百餘次❹。在這些憲法修
正案之中，有關於人性尊嚴 (human dignity) 如禁止決鬥、禁止童工及允許
學校祈禱等提案，有關於生命尊重 (respect to life) 如宣告生命始於受孕及
反墮胎等提案，有關於家庭價值 (family value) 如禁止一夫多妻等提案，亦
有關於政府改造 (government reform) 如要求平衡預算、建立國家法院及更
改國號等提案，種類繁多，不一而足❺。惟這些憲法修正案雖均有見地及

---

❷　美國憲法增修條文第十八條、第二十條、第二十一條及第二十二條均規定，憲
　　法修正案應自國會送交各州之日起七年內認可完峻，否則無法生效。

❸　JEROME ANGEL, AMENDING AMERICA 138–39 (Random House 1993).

❹　Maggie McComas, *Amending the Constitution*, in CONSTITUTION 26
　　(Spring–Summer 1992).

❺　John Vile, *Proposals to Amend the Bill of Rights: Are Fundamental Rights in
　　Jeopardy?* 75 JUDUCATURE 62 (Aug.–Sept. 1991).

良善目的，但由於憲法所定修憲門檻過於艱鉅，致不易在全國政經法制及文教歷史背景差異頗大的各州，達成四分之三以上特別多數的共識，故其中得以順利通過修憲程序進而成為美國憲法內容一部分的憲法修正案，可謂鳳毛麟角，寥寥可數。

然而，修憲權是美國憲法賦予國會諸多權力之中，制衡聯邦最高法院憲法判決最有力的武器，則是不爭的事實。扣除美國憲法第一條至第十條關於權利法案的增修條文，美國在西元一七九○年以後所增訂的十七條憲法增修條文之中，即有第十一條、第十四條、第十六條及第二十六條等四條增修條文，是以改變聯邦最高法院之判決為其主要目的，約占總數的百分之二十五，其成果不容忽視。

茲依上述四條增修條文的增補年序，分述如下：其一，為免於各州政府應受聯邦法院的管轄，憲法增修條文第十一條推翻最高法院於 Chisholm v. Georgia 一案關於人民控訴州政府應由聯邦法院審判的決定❺❻；其二，為爭取各州人民的正當程序及平等保護，憲法增修條文第十四條拒絕最高法院於 Dred Scott v. Sandford 一案關於蓄奴為財產權應受政府保障的意見❺❼；其三，為確認聯邦所得稅的正當性，憲法增修條文第十六條推翻最高法院於 Pollock v. Farmer's Loan & Trust Co. 一案關於聯邦所得稅與憲法牴觸的見解❺❽；以及其四，為使十八歲公民於聯邦及各州均得行使其投票權，憲法增修條文第二十六條排除最高法院於 Oregon v. Mitchell 一案關於十八歲公民不得於各州行使其投票權的限制❺❾。

此外，國會亦得以憲法修正案廢止不合時宜的憲法增修條文，例如美國憲法增修條文第二十一條明文廢止同憲法增修條文第十八條關於禁止酒類於美國境內生產運送及販售的規定者是。

---

❺❻　Chisholm v. Georgia, 2 U.S. (2 Dall.) 419 (1793).

❺❼　Dred Scott v. Sandford, 60 U.S. (19 How.) 393 (1856).

❺❽　Pollock v. Farmer's Loan & Trust Co., 157 U.S. 429 (1895).

❺❾　Oregon v. Mitchell, 400 U.S. 112 (1970).

第八項　其他權力

　　除上述各種權力以外，國會尚享有美國憲法明示列舉的其他權力。國會有設定度量衡標準之權力（美國憲法第一條第八項第五款後段），亦有設立郵局及郵路之權力（美國憲法第一條第八項第七款）。對於著作人及發明人限定期間內的專屬權利，憲法亦規定由國會保障之（美國憲法第一條第八項第八款）。同時，國會尚有宣告關於叛國罪處罰之權力，但褫奪叛國者公權之手段不得以污損其血統或沒收其財產為目的，惟於犯叛國罪者生存期間，則不在此限（美國憲法第三條第三項第二款）。此外，國會除享有制定政府法規之權力（美國憲法第一條第八項第十四款前段）以外，亦得對於由特定州讓與經國會承受充作合眾國政府所在地面積未逾十平方英里的特區，和經州立法部門同意購得充作興建碉堡、彈藥庫、兵工廠、船塢及其他必要建築的地點，行使關於任何事項的專屬立法權（美國憲法第一條第八項第十七款）。

　　美國憲法創設聯邦最高法院，但賦予國會設置最高法院下級法院之權力（美國憲法第一條第八項第九款），是為國會的聯邦法院設置權。茲此，國會得依其意願，隨時設置最高法院以下的各級法院（美國憲法第三條第一項前段）。同時，國會亦得制定規則，例外授予最高法院上訴審以外的管轄權（美國憲法第三條第二項第二款後段）。惟國會授予最高法院例外管轄權的性質及其範圍究竟為何，則尚無定論。聯邦最高法院曾於西元一八〇三年在 Marbury v. Madison 一案中表示，國會不得逾越憲法規定，任意擴張或限制聯邦法院的管轄權。是故，國會無權授予最高法院憲法第三條第二項第二款規定以外的初審管轄權❻。聯邦最高法院的意見，適當詮釋了司法獨立 (judicial independence) 的意涵，憲法此一授權規定因而形同具文。

　　由於美國採行共和國體制，故於聯邦憲法中明定合眾國不得授予任何貴族頭銜。為維護合眾國實施共和制度及避免其遭受君主國或其他國家的

---

❻　　Marbury v. Madison, 5 U.S. (1 Cranch) 137 (1803).

不當影響、牽制或利誘，包括總統、副總統在內，所有於合眾國任職的官員，非經國會的同意，不得接受任何君主、王儲或外國任何種類的饋贈、俸祿、職位或頭銜（美國憲法第一條第九項第八款）。合眾國官員得自由接受和保留僅具輕微價值 (minimal value) 的紀念品或象徵邦儀的信物。只有在不接受饋贈顯然將引致敵意或困窘時，合眾國官員始得接受高於輕微價值的饋贈，但應視為其代表合眾國接受該項饋贈，並由受贈官員以合眾國財產名義保管、使用及處分之❻❶。

對於參與合眾國的各個盟邦，國會則有決定其增長與合併之權力。新州加入聯邦，應經國會的許可；未經國會及關係州立法部門的同意，任何州不得於任何其他州管轄區域內成立或建立，亦不得經由合併二個以上州或各州的部分而成立（美國憲法第四條第三項第一款）。同時，國會亦有處分及制定有關屬於合眾國領地 (territory) 或其他財產一切必要法規及規則之權力，但不得因此而損及合眾國或任何特定州之請求權利（美國憲法第四條第三項第二款），應一併注意❻❷。

此外，國會除得對於合眾國領地行使取得、處分、徵稅，或於其轄境內設立各級政府等專屬權力以外，尚得規範所有聯邦財產，包括制定適用於此類財產的各種刑事法律在內。然而，某些財產無論是專屬於聯邦政府，或是和各州政府所共有，聯邦政府尚得與關係州及地方政府簽訂合同，明定聯邦、州及地方法令對於該類聯邦財產均有適用的餘地。除此之外，國會尚得規範屬於美國印第安部落的土地，而前述憲法商務條款賦予國會規範與印第安部落間商務之權力，在今日仍有其適用的價值，實不容忽視。

如前所述，國會可藉商務權的行使，確保州際商務無行使差別對待的情事，惟其亦得直接依據憲法的授權，經由立法以執行憲法及法律所賦與

---

❻❶ 5 U.S.C. §734.

❻❷ 除領地外，與美國的結盟關係尚有國協 (Commonwealth) 及自由協約國 (Free Association) 等形式。美國領地包括華盛頓特區、薩摩爾、波多黎各、關島及處女群島等，由於其與美國的結盟關係最為緊密，且直接承受美國政府的管轄與監督，故又稱之為準州 (Quasi-state)。

人民的各項民權 (civil rights) ❸。美國憲法增修條文第十三條、第十四條、第十五條、第十九條、第二十三條、第二十四條及第二十六條，分別賦予國會為實施廢除奴役、正當法律程序與法律平等保護，以及平等參政權等各項民權而制定適當法令之權力，是為國會的民權實施權 (power of enforcement of civil rights)。

　　基於前述憲法增修條文的授權，國會在補救民權的缺失方面，除應享有較廣泛且較具彈性的權限以外，更應擁有依循憲法增修條文本旨經由立法程序創設各種權利與救濟的權力。是以，無論於公共或私人領域，國會得直接禁止在聘雇關係上的種族歧視行為。此外，國會並得基於前述憲法規定，制定關於在住居、契約、財產買賣及租賃關係上應予平等對待的適當法令 ❹。而所謂適當法令，自應包括違反民權規定所衍生民事、刑事的救濟規定在內。

　　由於美國憲法在此一領域的授權極為明確，致使國會所制定聯邦法令的效力得以延伸至傳統上應留由各州規範的場域。其與各州規定如有不同時，聯邦法令自得取代或先占 (preempt) 各州相關憲法或法令的規定而予以優先適用之 ❺。甚且，國會尚得依據美國憲法增修條文第十四條第五項民權實施權的行使，取消各州主權豁免地位而允許個人以各州政府為被告於聯邦法院提起訴訟 ❻。但如聯邦法令違背憲法授權而明顯逾越國會所擁有

---

❸　例如一八七五年公民權利法 (Civil Rights Act of 1875) 即依據憲法增修條文第十三條第二項和憲法增修條文第十四條第五項的有關授權，明定任何種族及膚色的人，無論其先前勞役情況為何，在法律所定條件及限制的範圍內，均得完整及平等地享用旅店的住房利益設施及特權、公共運輸、土地或水源、劇院及其他公共娛樂場所。本規定禁止在私領域內的種族歧視行為。

❹　Jones v. Alfred H. Mayer Co., 392 U.S. 409 (1968).

❺　Katzenbach v. Morgan, 384 U.S. 641 (1966).

❻　Fitzpatrick v. Bitzer, 427 U.S. 445 (1976). 但在不適用憲法增修條文第十四條第五項民權實施權的場合，國會尚不得違背憲法增修條文第十一條的規定而取消州政府在聯邦法院的主權豁免地位。Alden v. Maine, 527 U.S. 706 (1999); Seminole Tribe of Florida v. Florida, 517 U.S. 44 (1996).

的民權實施權時，美國聯邦最高法院仍將以其違反憲法長久以來所建立的權力分立傳統為理由，否認系爭聯邦法令的合憲性地位❻。

　　基於聯邦政府的架構，國會尚負有設立或裁撤行政機關與決定美國官僚系統組織結構的責任。此外，國會為遂行政府政策與目標，亦須設立若干具有政府或準政府層級的公司或組織，例如國會於西元一七九一年第一個特許設立的公司合眾國銀行 (Bank of the United States)、聯邦存款保險公司 (Federal Deposit Insurance Corporation, FDIC)，以及國家鐵路客運公司 (National Railroad Passenger Corporation or Amtrak) 等即是。由於此類公司是為達成政府目的而設立，且其董事、監事及職員均以政府任命者居多，故就憲法角度觀察，其行為當屬政府行為，應受憲法有關法理原則的拘束，自無疑義。

第九項　衍生權

　　美國憲法第一條第八項第十八款必要且適當條款 (necessary and proper clause) 規定：「國會為執行本款以上的權力，以及本憲法所賦予合眾國政府或其所屬任何部會或官員的所有其他權力，有制定必要且適當法律之權力。」本條款明定國會有制定遂行憲法賦予聯邦政府各個部門及任何部會或官員所有權力的任何必要且適當法律的權力，是為國會最重要的列舉權之一。至於何謂必要且適當，則應留由國會自行認定之。由於此項列舉權所得延伸的範疇，在解釋上可謂相當廣泛，故而前開條款雖略與制憲者創設有限權力聯邦政府的本意相左，但卻在實質上給予聯邦政府行使憲法蘊涵權相當程度的彈性空間。

　　首席大法官馬歇爾在 McCulloch v. Maryland 一案，即基於前述必要且適當條款，肯認國會得設立國家銀行❽。美國聯邦最高法院認為，憲法雖未明定國會設立國家銀行之權力，但設立國家銀行卻是國會行使憲法明示

---

❻　City of Boerne v. Flores, 521 U.S. 507 (1997).

❽　McCulloch v. Maryland, 17 U.S. (4 Wheat.) 316 (1819).

賦予其徵稅、舉債等財務權力之適當衍生權 (incidental powers)，屬於蘊涵於美國憲法第一條第八項第十八款必要且適當條款內之權力。最高法院進一步表示，如系爭法律是為遂行政府特定合法目的而制定，且該一法律明顯適合於該項目的，則該系爭法律即屬合法。

茲此，基於必要且適當條款所延伸的衍生權理論，國會得自行擴張聯邦政府權力的種類及範疇。易言之，國會除得依據本條款擴大本身對於各種事務的規範權限以外，並得依據相同條款擴張聯邦政府其他部門的權力。如再結合憲法所賦予的商務權及憲法增修條文所賦予的民權實施權，則一個強勢的國會及超強的聯邦政府似已儼然成形。

第十項　調查權

國會為取得規範事項的資訊，得行使調查權 (investigatory powers)。美國憲法雖無賦予國會調查權的明文，但其確為國會行使立法權及其他權限不可或缺的職能，故解釋其已蘊涵於憲法各個授權條款之中，為國會蘊涵權的一部分，應無疑義。聽證為國會行使調查權的主要手段，國會得傳喚證人出席作證、遞交文件或提示其他證據，而聽證筆錄則併入國會紀錄之中，提供公眾閱覽或於日後提送法院審查。國會兩院並得授權所屬委員會及下轄委員會行使其調查權。

國會對於證人無正當理由未出席作證者，得基於其固有權，以藐視國會罪名自行科處被告監禁以上的處罰；亦得另行制定法律，規定藐視國會案件應移送聯邦法院審理。惟被告一旦移送聯邦法院，即應享有與一般刑事被告完全相同的權利及特權。此外，國會對於擾亂國會程序、作偽證及從事其他不當行為的人員，亦得逕予處罰。

然而，國會行使調查權及審理藐視國會罪名，仍應受到以下各點的限制：其一，國會不得延伸調查權至其無權規範的事項。是以，試圖揭露無立法可能性的個人私自事務即屬不法，但國會非不得調查其他分權部門的腐化及無能❻❾。其二，唯有在國會授權委員會就系爭事項為調查時，該委

員會始得對於拒絕作證的證人實施處罰。經國會充分授權的委員會，得再授權下轄委員會行使國會的調查權。其三，人民在憲法上的若干基本權利，亦得限制國會實施其調查權，例如美國憲法增修條文第五條免於自證罪行特權得限制國會自證人處截取有關資訊者即是。調查委員會僅得詢問被告其證言將陷己於罪的理由，但不得要求被告回答關於特權主張是否合法的問題。證人亦得基於美國憲法增修條文第一條所保障關於言論、宗教、信仰或結社等自由，拒絕於國會作證，國會不得處罰之。但如取得資訊的公共利益大於個人利益時，證人仍須出席作證❼。同時，美國憲法增修條文第四條免於不合理搜索、扣押和拘捕及同憲法增修條文第五條正當法律程序保障等權利，於國會行使調查權時，亦均有適用的餘地，是應注意。

此外，美國憲法權力分立的架構及制度性設計，亦限制了國會調查權行使的範疇。國會不得探究專屬於行政部門或司法部門的事物，例如其不得調查法院個案者即是。然而，如於國會考量類如侵權行為法律是否確有修正必要等的重大爭議問題時，國會仍得對於司法個案進行通案的調查。

❖ 第三節　立法制約 ❖

第一項　概　說

如前所述，制憲者雖有揚棄弱勢邦聯政府而建立較有實權中央政府的決心，但絕無摒棄或忽視各州主權實存價值的意圖。甚且，制憲者創設了一個有限權力的聯邦政府，其僅得享有經憲法明確授予的特定權力。按制憲者本意，未授予聯邦政府的剩餘權力，均應保留予各州或人民（美國憲法增修條文第九條及第十條）。是故，在此二元主權 (dual sovereigns) 的體制之下，政府統治權得由聯邦和州共同行使之。

惟為確保國家聯邦體制的永續存在，避免重蹈高壓殖民統治及鬆散邦

---

❻　Watkins v. United States, 354 U.S. 178, 200 (1957).

❼　Barenblatt v. United States, 360 U.S. 109 (1959).

聯盟邦的覆轍，各州雖得獨立行使其自主主權，但仍應受聯邦憲法相關規定的限制。美國憲法第一條第十項第一款規定：「各州不得締結任何條約、盟約或同盟；頒授捕敵許可；鑄造貨幣；發行信用券；僅以金銀貨幣償付債務；通過任何公權剝奪令、溯及既往法律或損及契約義務的法律；或授予任何貴族頭銜。」美國憲法第一條第十項第二款亦規定：「各州未經國會之同意，不得對於進出口課徵任何進口稅或稅收。但為執行其檢查法律而有絕對必要時，不在此限。各州對於進出口課徵之所有稅收及進口稅淨額，應充作合眾國國庫使用，有關法律並應受國會修正及監督的拘束。」

同時，為維繫國家的統一與州際間的合作，美國憲法第一條第十項第三款並規定：「各州未經國會之同意，不得課徵船舶噸位稅、於平時設置軍隊或戰艦、與他州或外國政府締結任何協定或協約、或交戰。但遭受實際入侵或遇不可遲延的急迫危險時，不在此限。」茲此，任何州際協議，如有改變州與州間權力關係、威脅國家主權完整或貶抑聯邦政府權力性質的傾向時，均應依憲法上揭規定取得國會的同意，否則不生效力。惟在各州設置軍隊方面，依據美國憲法增修條文第二條前段規定意旨以觀，各州為保障其為一個自由之州所必要而組織規範完善民兵的意願，不應受到聯邦政府的限制。是故，國會對於各州設置軍隊行使其同意權時，應注意維護各州人民組織及訓練民兵的權益。

一般而言，除前述限制以外，依憲法聯邦制本旨保留予各州自主行使的權力，通稱為治安權 (police powers)。各州基於其治安權履行許多人民所熟知的職能，諸如宣告犯罪行為、提供教育設施、核發專業證照、發給建築及建物許可或規範產品安全等，均屬各州治安權行使的範疇。由於各州對於其自然領域享有管轄權，美國憲法因而規定，非經所有相關州的同意，國會不得作成關於在現有州管轄領域內建立他州，合併數州為一州，或徵收某州部分領域成為他州部分領域等事項的決定（美國憲法第四條第三項第一款）。此一規定，其適用機會雖然微乎其微，但在宣示各州主權自主的作用上，則發揮了極為鮮明的上位功效。國會應依憲法上揭原則，審慎行使聯邦權限不逾分際，並尊重各州保留權所得合理揮灑的空間。

第二項　權限劃分

　　聯邦政府在設計理念上雖是一個有限權力的中央政府，但由於憲法文字的解釋取向或部分條款的概括授權，而使得聯邦政府所擁有的權力已超乎制憲者所預期。在這些權力之中，諸如鑄造貨幣、從事外交及宣戰等權限，更屬聯邦政府的專屬管轄事項，各州不得共同行使之。但與之相對者，某些權限由於是純屬地區事務性質，故在理論上，國會亦不得任意干涉之，例如前述 Lopez 一案所涉及州政府管制校區槍械的權限是。

　　然而，上述聯邦權力和州權力形成兩極劃分的局面實不多見，對於許多有關在政策領域上的權力，聯邦政府和州政府則經常共同擁有之，例如規範州際商務的權限者即是。州政府和聯邦政府共同規範州際商務的情事時有所聞，其法令相互間或是一致、互補，或是不一致、重疊，均將引起聯邦法令與州法令相互間規範衝突的問題。由此，將在在促使國會體察憲法於政府間實施分權以雙重保證人民權利實存存在的用心。

第一款　先占理論

　　基於美國憲法第四條第二項最高條款規定的意旨，聯邦政府和州政府對於某項事務俱有共同管轄權時，則聯邦法令應優先適用之。縱然如此，聯邦法令和州法令之間的衝突仍無法全然避免。美國聯邦最高法院為此乃藉由歷年判例，次第發展形成一系列審查原則，用以決定聯邦法令在某項事務上的先占性。如聯邦法令經審定認為具有先占州法令的地位時，則州政府即不得再行制定與其不一致的相關法令。在此所稱聯邦法令，除泛指國會所制定的聯邦法律外，尚包括行政部門依法所訂頒的聯邦法規在內，二者均有先占州法令規定的餘地。

　　依據聯邦最高法院所沿用的先占理論 (doctrine of preemption)，系爭州法令如遇有下列情形之一時，則應為聯邦法令所排除或失其效力：其一，當國會明確表示其有先占州法令規定的意圖時❼；其二，當國會雖未明確

表示其意圖先占州法令，但州法令規定與聯邦法令規定不一致時❼；或其三，當國會已制定完整規範某項領域的立法規劃，且經合理推斷已無留由州法令補充的任何空間時❼。聯邦法院雖將依循此類系列問題審查聯邦法令的先占地位，但其仍嫌籠統，對於個案認定尚缺乏實質助益，故而對於類如系爭事務的管轄權歸屬歷史、一致性規範需求、衝突可能性，以及聯邦規範的優勢性等因素，聯邦法院亦應一併考量，始屬圓滿。然而，無論是以明示或默示的方式為之，國會本意和意圖仍是聯邦法院考察聯邦先占地位是否存在首應調查的事項❼。

國會如經法院認定確有先占某項政策領域的餘地時，則所有相關州法令均應立即失效，其與聯邦法令一致者，亦同。由於茲事體大，聯邦最高法院對於聯邦法令先占性疑義的論斷，乃採取較為審慎與保守的態度，尤其在政策領域涉及各州治安權時尤甚。依據聯邦最高法院的意見，除非國會確有明白且清楚的意圖，否則法院將不輕易認定聯邦法令的先占地位❼。甚且，由於聯邦法令全然先占某項範疇，將導致州法令對於該項範疇所涵攝特定政策領域規範權限的完全剝奪，如此，與憲法建立有限權力中央政府並保留剩餘主權予各州或人民的基本意旨似有違背，是故，聯邦最高法院亦僅在極為明顯的情形下，始行確認聯邦法令在某項政策領域上的先占

❼ Lorillard Tobacco Co. v. Reilly, 533 U.S. 525 (2001); Morales v. Trans World Airlines, Inc., 504 U.S. 374 (1992); City of Burbank v. Lockhead Air Terminal, 411 U.S. 624 (1973).

❼ Pacific Gas & Electric Co. v. State Energy Resources Conservation & Development Commission, 461 U.S. 190 (1983); Florida Lime & Avogado Growers, Inc. v. Paul, Director, Department of Agriculture of California, 373 U.S. 132 (1963); McDermott v. Wisconsin, 228 U.S. 115 (1913).

❼ Pennsylvania v. Nelson, 350 U.S. 497 (1956); Hines, Secretary of Labor & Industry of Pennsylvania v. Davidowitz, 312 U.S. 52 (1941).

❼ Catherine Fisk, *The Last Article About the Language of ERISA Preemption? A Case Study of the Failure of Textualism*, 33 HARV. J. LEGIS. 37 (1996).

❼ Cipollone v. Liggett Group, Inc., 505 U.S. 504 (1992).

地位。

同時，國會如以明示方式表達其先占某項政策領域的立場，則法院將不再考量其默示先占所涵攝的範疇。換句話說，聯邦法令如明示先占州法令有關某項事務特定部分的規定，則法院將不會再進一步認定其對於州法令同項事務的其他規定有默示先占的餘地，例如基於國會明示先占州法令有關核發州際運送執照的事實，即可證明其並無先占州法令同一範疇全部規定的意圖者即是。更有甚者，州法令對於州際商務如未造成過度負擔，法院通常將推定其為有效。舉證聯邦法令先占的責任，則應措置於主張州法令為無效的一方當事人，是應注意。

在某些場合，法院亦得藉由國會對於州法令制定前或施行後所創設的核可機制，認定國會是否確有先占州法令規定的意圖。美國聯邦最高法院於西元一九九二年在 Gade v. National Solid Wastes Management Ass'n 一案中表示，聯邦職業安全及健康法 (Federal Occupational Safety and Health Act) 規定，州法令及其立法目的應經美國勞工部核可後始得生效，否則關於危險廢棄物處理場工作人員的訓練、測驗及執照核發等事務，應由聯邦法令規範之。由於伊利諾州 (Illinois) 規範此項領域的法令未經聯邦政府核可，其為聯邦法令所先占，自無疑義 **❼⑥**。

第二款　潛伏商務條款

當國會基於憲法商務條款表明規範州際商務事項的積極意圖時，上述先占理論得有效解決聯邦和州關於特定規範事項的管轄權衝突爭議。但如國會對於州際商務特定事項單純不作為，未制定相關法令予以規範，甚或未曾表達任何立場時，則憲法商務條款是否仍舊排除州法令規範該項事務的餘地，則不無疑義，在此乃有潛伏商務條款理論適用的餘地 **❼⑦**。

---

⑥ Gade v. National Solid Wastes Management Ass'n, 505 U.S. 88 (1992).

⑦ 一般論述均認為,憲法商務條款具有兩項功能,一項是授權國會行使各種行為,另一項則是限制州和地方政府所定法令的效力,而潛伏商務條款的作用即屬後者。Donald H. Regan, *The Supreme Court and State. Protectionism: Making Sense*

　　依據美國聯邦最高法院於西元一八五一年在 Aaron B. Cooley v. Board of Wardens of The Port of Philadelphia 一案中所為的判決意見，基於憲法潛伏商務條款 (Dormant Commerce Clause) 意旨，此類情形仍應由聯邦法令規範之。聯邦最高法院表示，如系爭州際商務規範事項在本質上屬全國性事務，且須藉一致性法律予以落實時，則其應專屬於聯邦法令管轄；唯有在聯邦法令管轄範圍以外的事項，始應接受州法令的規範 **❼❽**。此為有關潛伏商務條款較早期的案件，聯邦最高法院在本案所建立的庫利理論，由於是以二元模式聯邦制原則為其立論基礎，故而在當今鼓吹合作模式聯邦制的時代，該原則在適用上自應有所限制，從而，對於憲法潛伏商務條款的解釋取向亦應作成相對應的補充與調整。

　　美國聯邦最高法院雖然未曾明確推翻其在 Cooley 一案所建立以全國性或地區性事務及商務權或治安權事項為基礎所進行的分析解釋模式，但其近世紀以來對於潛伏商務條款的解釋取向似已逐漸轉型為以利益權衡為基礎所進行的分析解釋模式。是以，州法令是否確有行使差別對待 (discrimination) 的情事，以及系爭差別對待行為對於州際商務是否造成過度負擔 (over-burdensome) 等問題，乃成為美國聯邦最高法院決定是否啟動憲法潛伏商務條款以認可國會州際商務外延規範權限的主要憑據 **❼❾**。

　　對於州法令在州際商務行使差別對待的爭議，單純藉由前述庫利理論恐無法獲得圓滿解決。在州法令對於地區利益的保護甚於外州利益，或有減少外州人民對於地區人民競爭優勢的意圖時，即屬行使差別對待的法令。由於憲法商務條款是以建立全國自由競爭市場及終止區域衝突為目的，是以，各州設置影響全國產品、勞務在州際商務自由買賣及流通的各種障礙，

---

　　of the Dormant Commerce Clause, 84 MICH. L. REV. 1091 (1986).

❼❽　Aaron B. Cooley v. Board of Wardens of The Port of Philadelphia, 53 U.S. (12 How.) 299 (1851).

❼❾　Southern Pacific Co. v. Arizona *ex rel.* Sullivan, Attorney General, 325 U.S. 761 (1945); South Carolina State Highway Department v. Barnwell Bros., Inc., 303 U.S. 177 (1938).

自為憲法商務條款所不容。

美國聯邦最高法院近年來曾數度表示，行使差別對待的州法令具有傷害性，故應受到法院較嚴密的檢驗。州法令如在外觀上顯有行使差別對待的情事，則其在實質上即應依法歸於無效❽。州法令如在經濟上獨尊本州或獨厚本州州民利益，則其依據憲法亦應宣告為違憲。針對州法令行使差別對待的案件，法院將以州法令的制定理由及其對於州際商務的效果等二項問題為其考察重點。如州目的無法以其他負擔較少的方式達成，且有關州實現該項州目的的利益，其重要性大於系爭州法令對於州際商務所造成的傷害時，則該項州法令應予肯認。聯邦最高法院所延用上述審查取向對於聯邦而言雖屬嚴苛，但對州而言，其在州際商務氛圍外行使保留權，至少已在實質上受到憲法制度性的保障與尊重❽。

基於上述審查標準，美國聯邦最高法院宣告紐約州 (New York) 有關禁止以較低價格販售外州購得乳製品的法令為無效。聯邦最高法院表示，憲法商務條款不容許各州有挫敗外州產品的意圖❽。同時，對於奧克拉荷馬州 (Oklahoma) 有關允許特定魚類於州內買賣但禁止其於州外販售的法令，聯邦最高法院亦以違反憲法潛伏商務條款為理由，宣告該一州法令為無效❽。

甚且，由於水資源亦屬於州際商務內流通的商品，故而各州縱有規範水資源利用的權益，惟關於流經數州水資源的分配，則仍應受憲法潛伏商

---

❽ United Food & Commercial Workers Union v. Brown Group, 517 U.S. 544 (1996).

❽ 美國聯邦最高法院大法官如芮恩奎斯特 (Chief Justice William H. Rehnquist) 和史葛利亞 (Justice Antonin Scalia) 以及部分論述則主張，權衡州政府的利益與州際商務的需要，乃屬國會不可規避的職責，其留由聯邦法院行使並不適當。是故，只要州法令並未行使差別對待，聯邦法院即應予以肯認。此一論點，值得參考。Robert A. Sedler, *The Negative Commerce Clause as a Restriction on State Regulation and Taxation: An Analysis in Terms of Constitutional Structure*, 31 WAYNE L. REV. 885 (1985).

❽ Baldwin v. G.A.F. Seelig, Inc., 294 U.S. 511 (1935).

❽ Hughes v. Oklahoma, 441 U.S. 322 (1979).

務條款法理的拘束。由是，內布拉斯加州 (Nebraska) 法令有關禁止水資源
輸送至不允許其輸入水資源之州的互惠條款，由於其對於外州水資源使用
人或出賣人產生差別對待的效果，與憲法潛伏商務條款意旨不符，該項州
法令亦應歸於無效。聯邦最高法院強調，各州在規範民生必需性自然資源
時，雖得給予本州州民在某種限度內的優先地位，但如因此而造成州際商
務的過度阻礙，則仍非憲法潛伏商務條款所容許❽。同時，各州亦不得以
保護州民健康為口實，遂行其特惠州民的意圖，是應注意❺。

　　此外，地方政府所制定關於廢棄物處理的相關法令，亦應受憲法潛伏
商務條款法理的拘束。對於費城 (Philadelphia) 有關禁止外州固態及液態廢
棄物輸入本州的法令，美國聯邦最高法院乃以其直接行使差別對待違反憲
法潛伏商務條款為理由，宣告該一市政法令為無效。聯邦最高法院表示，
費城雖得藉由禁止處理一切廢棄物或限制處理特定廢棄物的方式遏止其所
面臨廢棄物處理的難題，但不得對於意圖自外州攜入廢棄物之人行使差別
對待❻。進一步言，如廢棄物處理法令雖非直接對於外州人民行使差別對
待，但其所定廢棄物處理方式，將造成類如限制外州業者與本地同業競爭
或提高外州廢棄物儲存本地成本等情事，對於外州人民間接產生差別對待
的效果時，則亦為憲法潛伏商務條款所不許❼。

　　然而，並非所有行使差別對待的州法令均經美國聯邦最高法院宣告為
無效。對於緬因州 (Maine) 為避免某些罕見寄生蟲傳入州境而制定有關禁
止特定魚餌輸入本州的法令，美國聯邦最高法院即以該州保護地區漁民利
益確屬重大，以及州目標無法經由其他對於州際商務造成較少負擔的替代
方案而達成等二項理由，肯認該項州法令的合憲性地位❽。聯邦法令關於
州際商務的規範權限，在此似可勾勒出其約略輪廓。

---

❽　Sporhase v. Nebraska, 458 U.S. 941 (1982).

❺　Great Atlantic & Pacific Tea Co. v. Cottrell, 424 U.S. 366 (1976).

❻　City of Philadelphia v. New Jersey, 437 U.S. 617 (1978).

❼　C&A Carbone v. Town of Clarkstown, New York, 511 U.S. 383 (1994).

❽　Maine v. Taylor, 477 U.S. 131 (1986).

　　州法令縱使在外觀上並無行使差別對待的情事，其仍有造成州際商務過度負擔的可能。在此，聯邦最高法院將權衡州所主張的利益及州際商務所承受的負擔，用以認定系爭州法令是否違反憲法潛伏商務條款意旨。然而，法院檢驗此類法令時，多適用較涉及差別對待法令更為寬鬆的審查基準，是以，如有關州主張造成州際商務負擔的系爭法令是為達成保護本州州民健康及財產目的所必要的手段時，則聯邦法院將以其尚屬州治安權行使的事項而傾向於肯認該項州法令的有效性。

　　基於上述審查基準，對於亞利桑那州 (Arizona) 有關禁止火車載貨車廂超過七十節及載客車箱超過十四節的法令，美國聯邦最高法院以其對於州際商務造成過度負擔為理由，宣告該一州法令因違反憲法潛伏商務條款而歸於無效。聯邦最高法院強調，長列火車在美國極為普遍，如允許各州自訂不同運輸規則，將迫使業者為符合各州要求，而須在列車行進中數度停車以進行調整。由於亞利桑那州所提短列火車較為安全的證據並不明顯，該項州法令對於州際商務所造成的傷害，遠大於該州實現保護州民目的的利益❽❾。與之類似者，對於伊利諾州 (Illinois) 有關要求卡車加裝特定擋泥板的法令，美國聯邦最高法院亦以其對於州際商務造成高度負擔為理由，宣告該項州法令為無效❾⓪。同樣地，對於愛阿華州 (Iowa) 有關禁止用路卡車長度超過六十五英尺的法令，美國聯邦最高法院亦以其對於州際商務造成重大負擔為理由，否認該項州法令的合憲性地位❾①。

　　與之相對者，對於州際商務造成負擔的州法令，美國聯邦最高法院亦有宣告其為有效者。對於明尼蘇達州 (Minnesota) 有關牛奶得以塑膠容器以外其他類如厚紙板等不具回收性材質包裝販售的法令，美國聯邦最高法院即以系爭規定對於州際商務所造成的負擔不甚明顯及其對於內州及外州零售業者採取相同對待的態度，以及該州具有保育環境及處理廢棄物的合法利益等三項理由，維持該項州法令的合憲性地位❾②。州法令基於保留權所

❽❾　Southern Pacific Co. v. Arizona, 325 U.S. 761 (1945).

❾⓪　Bibb v. Navajo Freight Lines, Inc., 359 U.S. 520 (1959).

❾①　Kassel v. Consolidated Freightways Corp., 450 U.S. 622 (1981).

行使關於內州商務的規範權限，在此乃受到聯邦憲法及聯邦最高法院的肯定。

更有甚者，憲法潛伏商務條款在關於酒類規範的適用上，則因美國憲法增修條文的明文規定而受到極大的限制。美國憲法增修條文第二十一條第二項規定：「為違法交付或使用而運送或輸入酒精飲品至任何州、領地或合眾國持有地者，應予禁止。」依據前揭憲法增修條文的規定，各州對於州際酒類所擁有的規範權限，顯然較其他州際商務品項更為廣泛。是以，各州以課徵州稅或其他方式阻礙酒精飲品的輸入，尚未違反憲法潛伏商務條款的規定。

然而，各州規範酒類的權限，尚非毫無限制。首先，國會對於與外國間商務，享有專屬規範權限，是以，國際貿易縱以酒類為標的，各州亦不得任意干涉之。其次，州法令如嚴重妨礙州際商務，仍將歸於無效，例如紐約州 (New York) 要求蒸酒業者將其產品以全美最低價在本州販售的法令因違反憲法商務條款而無效者是 ❸。此外，聯邦政府為反制州政府廣泛規範酒類事項的權限，亦得以扣留聯邦補助款為手段，迫使各州屈從聯邦政府的既定政策。例如為促使南達克達州 (South Dakota) 訂定及執行二十一歲最低飲酒年齡的規定，聯邦政府扣留分配予該州的聯邦公路基金，美國聯邦最高法院認為其尚屬合憲者即是 ❹。

進一步言之，州稅或地方稅仍可能因行使差別對待或對於州際商務造成過度負擔而違反憲法潛伏商務條款。對於州稅或地方稅行使差別對待的案件，法院將採取嚴格檢驗基準予以審查。換句話說，系爭州稅或地方稅唯有在優勢利益 (compelling interest) 確實存在時，始屬有效。關於此類案件，美國聯邦最高法院於西元一九九五年在 Oregon Waste Systems, Inc. v. Department of Environmental Quality 一案中建立若干檢驗準則，亦即關係政

---

❷　Minnesota v. Clover Leaf Creamery Co., 449 U.S. 456 (1981).

❸　Brown-Forman Distillers Corp. v. New York State Liquor Authority, 476 U.S. 573 (1986).

❹　South Dakota v. Dole, 483 U.S. 203 (1987).

府如能就系爭稅則有意平均內州及外州參與者的負擔，其對於內州及外州參與者課徵稅賦幾乎均等，以及其對於相同事務幾乎均予課稅等三點事項詳加證明，則系爭州稅或地方稅即應非屬無效❾❺。

對於州稅或地方稅造成州際商務過度負擔的案件，美國聯邦最高法院亦曾於西元一九七七年在 Complete Auto Transit, Inc. v. Brady 一案中建立若干檢驗準則，亦即如系爭稅則適用於與課稅州具有實質牽連的行為，其稅賦負擔公平，其對於州際商務無行使差別對待的情事，以及其與課稅州所提供的服務具有適當連結，則對於州際商務產品或勞務進行課稅的州稅或地方稅應屬有效❾❻。

此外，美國憲法增修條文第十四條正當程序條款 (Due Process Clause) 亦限制州或地方政府對於外州人民課徵稅則的行為。基於憲法正當程序條款的意旨，課稅州與課稅義務人之間應有最低限度接觸 (minimum contact) 的存在，其課稅行為始屬合法。美國聯邦最高法院表示，如州與人民之間確有實質關連存在，即構成最低限度接觸❾❼。是以，公民定居於某州或於某州進行交易，均可滿足憲法正當程序最低限度接觸的要求，例如外州人民於本州進行貨品買賣或簽署及履行契約構成最低限度接觸者是。

各州如捐棄商務規範者角色，而以州際品項買方或賣方的身分成為商務市場的參與者時，憲法潛伏商務條款是否仍有適用的餘地，則不無疑義。美國聯邦最高法院表示，憲法商務條款的本旨，雖在限制各州規範商務的權力，但其尚無限制各州市場參與能力的本意。各州仍得單獨與地區商行進行貨品的購買及勞務的提供等各種商務行為。由是，對於州政府所為州營水泥廠僅出售水泥產品予本州州民的決定，聯邦最高法院認為並非違憲❾❽。當各州經營產品生產或勞務輸出等商務活動時，州政府亦得向外州

---

❾❺　Fulton Corp. v. Faulkner, 516 U.S. 325 (1996).

❾❻　Oklahoma Tax Commission v. Jefferson Lines, 514 U.S. 175 (1995); Complete Auto Transit, Inc. v. Brady, 430 U.S. 274 (1977).

❾❼　International Shoe v. Washington, 326 U.S. 310 (1945).

❾❽　Reeves, Inc. v. State, 447 U.S. 429 (1980).

購買者索取較本州州民為高的價格。

　　各州利用市場參與者身分脫免憲法潛伏商務條款的桎梏，確可有效解決許多在扮演規範者角色時所不易處理的難題。對於各州所面臨類如前述廢棄物處理不得行使差別對待的困境，州及地方政府逐漸認知其得藉由購買廢棄物掩埋場或處理場等方式轉換跑道成為商務市場的參與者，如此，其所為僅處理州民廢棄物的決定，即無憲法潛伏商務條款法理適用的餘地。是以，在西元一九八九年以前有百分之八十一以上的廢棄物掩埋場是由州或地方政府所經營與擁有，其結果並不令人感到意外❾❾。

　　然而，在某些場合，州應被視為是市場規範者或是市場參與者不易確定，或是二者兼具時，憲法潛伏商務條款法理仍有適用的可能，例如州政府雖以參與者身分進入市場，但藉由其規範權限干涉自由市場均勢者即是❿。惟如介入規範僅是從事商務的偶發結果，而非其主要目的，則州政府所擁有市場參與者的身分仍應不受影響，是應注意⓫。

第三款　公民特權與豁免

　　美國憲法第四條第二項第一款規定：「每州公民應享有各州公民的一切特權與豁免。」美國憲法增修條文第十四條第一項後段並規定：「各州不得制定或執行任何限制合眾國公民特權或豁免的法律。」上揭特權與豁免條款（Privileges and Immunities Clause），是為美國憲法關於公民基本權利保障的特別規定。多數關於憲法特權與豁免條款的案件均涉及州或地方法令對於外州人民的生計能力行使差別對待的爭議⓬。美國聯邦最高法院表示，只

---

❾❾　David Pomper, *Recycling Philadelphia v. New Jersey: The Dormant Commerce Clause, Postindustrial 'Natural' Resources, and the Solid Waste Crisis*, 137 U. PA. L. REV. 1309 (1989).

❿　South-Central Timber Development, Inc. v. Wunnicke, 467 U.S. 82 (1984).

⓫　Karl Manheim, *Mew-Age Federalism and the Market Participant Doctrine*, 22 ARIZ. ST. L. J. 559 (1990).

⓬　Jonathan Varat, *State 'Citizenship' and Interstate Equality*, 48 U. CHI. L. REV.

有在系爭法令與達成重要政府利益之間確實存在實質關連時，聯邦法院始可同意州或地方政府所行使的差別對待行為並非違憲❿。

在此，所謂的公民基本權利，應是指為避免聯邦國家體制回復至邦聯盟邦型態所必需，以及對於國家經濟和州際和諧關係具有基本重要性的各種公民權利而言，例如擁有、使用及處分財產的權利，以及關於聘雇、營業、旅行、遷徙、醫療及司法救濟等事項，均屬公民基本權利的意涵。依據前揭憲法特權與豁免條款的規定，各州應平等對待他州公民，並應給予他州公民與本州公民相同的公民基本權利。至於對於不屬於公民基本權利意涵範疇內的其他權利，各州僅須證明其行為非屬獨斷 (arbitrarily)，則其所為侵犯他州公民基本權利以外權利的差別對待行為，即非當然違反憲法特權與豁免條款的本旨❿。

然而，在公民基本權利和非公民基本權利之間，其界限並不明顯。執行律師業務的權利是為公民基本權利，各州法令如有限制該項權利的情事，該項系爭法令即屬違憲❿。與之類似者，人民以捕魚為業，亦應屬為憲法特權與豁免條款所周延保障的公民基本權利❿。但以獵殺麋鹿為運動，則非屬公民基本權利之一，故其自不屬憲法特權與豁免條款所特別保障的事項，自屬當然❿。

解釋上，憲法特權與豁免條款是為永續維繫合眾國體制而設置，由於其內容在憲政秩序的維護上確屬不可或缺，故其所揭示公民權利保障的法理不僅優位於包括商務條款在內的憲法其他規定，同時更上位於國會和各

---

487 (1981).

❿ United Building and Construction Trades Council v. Mayor and Council of Camden, 465 U.S. 208 (1984).

❿ Baldwin v. Fish & Game Commn. of Montana, 436 U.S. 371 (1978).

❿ Supreme Court of Virginia v. Friedman, 487 U.S. 59 (1988); Supreme Court of New Hampshire v. Kathryn A. Piper, 470 U.S. 274 (1985).

❿ Toomer v. Witsell, 334 U.S. 385 (1948).

❿ Hicklin v. Orbeck, 437 U.S. 518 (1978); Lester Baldwin v. Fish & Game Commn. of Montana, 436 U.S. 371 (1978).

州所制定的一切法令。是以，在州際商務的規範場域內，除有重大事由以外，各州所制定特惠本州州民的法令縱經國會認可，其仍為憲法特權與豁免條款所不許，應屬可期。

第三項　府際豁免

基於府際豁免理論 (intergovernmental immunity doctrine)，聯邦政府不受各州法令規範的拘束。國會雖得認可州法令在聯邦事務上的效力，但卻甚少為之。是故，各州不得將其所制定有關最低工資或職場安全等法令，適用於受雇於聯邦政府的員工。甚且，美國聯邦最高法院亦曾於西元一八一九年即在 McCulloch v. Maryland 一案中明確宣示，各州不得對於聯邦政府或其附屬單位課徵稅則⑩。然而，聯邦豁免於各州政府法令規範管轄的法理基礎，是否亦延用於各州豁免於聯邦政府所定法令規範管轄的相反方向方面，則仍有疑義，尚待聯邦最高法院再作進一步的釐清。

在稍早時期，一般論述均認為，基於美國憲法增修條文第十條剩餘權保留予各州或人民的規定意旨以觀，各州在解釋上亦得豁免於聯邦政府法令規範的管轄，與聯邦豁免於各州政府法令規範管轄的情形並無不同。然而，美國聯邦最高法院自西元一九七六年以後，於解釋有關各州豁免於聯邦政府法令規範管轄的爭點時，其態度漸趨保守，致使各州在今日對於聯邦法令所得享有的豁免權限乃極為有限。

美國聯邦最高法院於西元一九七六年在 National League of Cities v. Usery 一案中，對於公平勞動基準法 (Fair Labor Standards Act) 有關醫院、研究機構及學校等州政府員工應適用該法所定最低工資及最高工時的規定，以其不當干涉州政府行使基本政府職能及威脅各州個別且獨立的實存價值為理由，宣告該一規定為無效。聯邦最高法院表示，自主決定遂行政府職能員工薪資的權力，乃為州主權存在的具體表現。美國憲法增修條文第十條的規定，即在防止國會藉由商務權，直接限制各州對於類如醫院、

---

⑩　McCulloch v. Maryland, 17 U.S. 316 (1819).

學校及火災或警力救護等基本政府職能行為作成自主決定的選擇⑩。

　　此一見解，充分肯定各州豁免於聯邦法令管轄的憲法地位，尤其是在各州對於基本或傳統政府職能行為 (conduct of integral or traditional governmental function) 作成決定時，國會更應予以尊重，不得藉由聯邦法令而強制其就範或遵循。茲此，由於經營鐵路不屬各州的基本或傳統政府職能行為之一，故而，聯邦鐵路勞工法 (Railway Labor Act) 有關其適用於各州所擁有經營州際商務之鐵路事業的規定，與憲法增修條文第十條所定的限制並無牴觸⑩。

　　然而，美國聯邦最高法院卻因布拉克蒙大法官 (Justice Harry A. Blackmun) 解釋基本或傳統政府職能意涵的明顯轉向，而於西元一九八五年在 Garcia v. San Antonio Metropolitan Transit Authority 一案中，以一票之些微差距，推翻了聯邦最高法院先前在 Usery 一案中所作成的判決意見，其造成各州在主權行使上相當程度的衝擊，應是一不爭的事實。聯邦最高法院進一步表示，只有在為避免嚴重侵害 (horrible encroachment) 州權力的情形下，聯邦政府依據憲法商務條款規範各州的權限始須加以限制。換言之，基於憲法商務條款的本旨，決定各州應否豁免於聯邦法令的標準並不在於系爭州政府行為是否確屬傳統州府職能之一，而是在於欲適用於州政府行為的聯邦法令是否將破壞州主權的完整性或有違反任何憲法規定的情事。

　　聯邦最高法院認為，依據憲法結構，各州雖得保留尺度相當完整的自主主權，但其行使仍須以未經憲法限制或移轉予聯邦政府的權力為範圍。縱使在憲法第四條第四項有關保證各州領土完整的規定，憲法亦未明定有關不得藉由國會權力所取代之州主權的成立要件。是以，在 Usery 一案中為劃分各州豁免管轄事項所適用的基本或傳統政府職能標準，不僅欠缺實益，且與業經建立的若干聯邦制原則不符⑩。惟歐康諾大法官 (Justice

---

⑩　National League of Cities v. Usery, 426 U.S. 833 (1976).

⑩　United Transportation Union v. Long Island Rail Road Co., 455 U.S. 678 (1982).

⑩　Garcia v. San Antonio Metropolitan Transit Authority, 469 U.S. 528 (1985).

Sandra Day O'Connor) 在本案的不同意見書中則表示，捨棄劃分州主權與國會權力的基本政府職能標準，將阻礙日後國會制約能力的發展。此一看法，值得重視。

至於何類聯邦規範將對各州權力造成嚴重侵害，亦須一併釐清。美國聯邦最高法院於西元一九九二年在 New York v. United States 一案中表示，修正低輻射廢棄物政策法 (Low-Level Radioactive Waste Policy Amendments Act) 有關未於西元一九九六年以前提供低輻射廢棄物處理場之州應取得該類私人廢棄物所有權，並承擔處理該類廢棄物及因該州未即時收受該類廢棄物所引致一切損害賠償責任的規定，由於國會未真正給予各州選擇的自由，且其亦無命令各州制定法律或要求各州補助私營事業的權力，是故，此一規定已非屬鼓勵性質的經濟誘因，而是一項僭越各州立法權分際的強制性命令。此一規定不僅逾越憲法所明示授予國會的列舉權力，抑且侵犯憲法增修條文第十條所保留州主權的核心。由於其明顯牴觸憲法所建立的聯邦政府架構，該一規定應宣告為無效 ❷。

茲此，依據美國聯邦最高法院在 Garcia 一案所表示的判決意見，聯邦政府有規範各州行為的權力；但依據聯邦最高法院在 New York 一案所宣示的判決意見，國會則不得直接迫使各州行使其規範權限。基於上述意見，國會為遂行聯邦既定政策，對於各州發布有關經濟上或財政上的誘因，且鼓勵各州行使其規範權限以達成聯邦目標，惟仍保留各州選擇是否因循國會誘因的自主空間，應可符合聯邦最高法院所闡述憲法聯邦制規定的意旨。

此外，美國聯邦最高法院亦曾對於聯邦法令有關文義採取較為限縮的解釋取向，用以緩和其在 Garcia 一案所形成限制各州豁免於聯邦法令管轄的效力。例如對於聯邦雇用年齡歧視法 (Age Discrimination in Employment Act) 有關州法官應予納入規範的規定，聯邦最高法院即以國會並未表達規範類如州法官等政策制定官員的明顯意圖為理由，認定州法官不應受該一法律的拘束是 ❸。然而，有關國會得否直接規範各州政策制定官員的問題，

---

❷ New York v. United States, 505 U.S. 144 (1992).

❸ Gregory v. Ashcroft, 501 U.S. 452 (1991).

聯邦最高法院在此未敢正面遭遇，由是，各州政府對於聯邦法令僅在限定範圍內享有豁免權限，應仍是目前法院所肯認的主流意見。

第四項　州際互信

美國憲法第四條第一項規定：「各州對於他州公共法律、紀錄及司法程序，應給予完整之信任與承認；國會並得以法律規定關於此類法律、紀錄及司法程序之證明方式及其效力。」此為美國憲法要求各州對於相對州的公共法律、紀錄和司法程序應彼此信任與相互承認的完整信任與承認條款 (Full Faith and Credit Clause)。

基於上揭憲法條款的規定，各州法院所作成的司法確定判決，其效力應可獲致他州完整的承認與執行。但如判決作成的法院無管轄權者，則不在此限。此外，契約當事人如言明以某州法律為準據法，則縱使爭議發生於他州，發生地繫屬法院仍應依據該準據州法律進行審判。然而，各州相互間的完整信任與承認，僅得在民事案件方面始有適用的價值。至於各州對於他州刑事法律的相互承認，則應經由憲法及有關法律所定州際遞解機制為之。

由是，美國憲法第四條第二項第二款進一步規定：「經任何一州指控犯有叛國、重罪或其他犯罪而逃亡遭他州尋獲者，應依逃出州行政官署之請求，遞解移送至對於所控犯罪有管轄權之州。」基於憲法所定上揭州際遞解條款 (Interstate Rendition Clause)，各州對於應受他州法院管轄的犯罪行為人，應有遞解及移送該犯罪行為人至該他州審判的義務。

美國聯邦最高法院於西元一九八七年在 Puerto Rico v. Branstad 一案中表示，憲法州際遞解條款對於各州有絕對的拘束力。只要請求之州遞解請求文件確屬適當，以及被留置之人確為經指控犯有罪名之人，則被請求之州即應依請求解送逃亡者至該一請求之州。被請求之州不得檢驗被指控罪名的本質，或自行作成有關逃亡者是否將會受到請求之州公平審理的決定❶❹。一般而言，各州有關怠於或拒絕遞解逃亡者的案件，可由聯邦法院

進行司法審查，必要時，聯邦法院並得作成履行遞解義務的命令。

第五項　共和保證

美國憲法第四條第四項規定：「合眾國應保證本國各州共和形式政府及保護各州不受侵犯；並應依各州立法部門或行政部門（於立法部門無法集會時）之請求，平定內部動亂。」此為憲法要求聯邦政府維護各州共和體制及轄境安全的保證條款 (Guarantee Clause)。南北戰爭之後，聯邦政府致力於南方各州的戰後重建工作，國會即依據上揭憲法保證條款，要求南部各州制定關於共和形式政府的憲法。國會對於申請加入聯邦成為一州的領地行使同意權時，亦將審查其憲法是否符合保證條款有關共和形式政府的規定。理論上，國會對於任何試圖轉變為非共和形式政府的州，亦應有取消其聯邦結盟資格的權力。所幸此項非常權力，時至目前尚無適用的機會。

在前揭憲法保證條款中所特別強調的共和形式政府 (republican form of government)，應是指尊重個人及財產權利的政府形式而言。此外，民主選舉程序亦應為共和形式政府的另一項重要構成要件。由是，如任何一州官員的職位可經由世襲制度而取得，則該州所建立的政府，即非共和形式政府。

然而，依據美國憲法的聯邦制本意，各州所建立的共和形式政府，其型態無須與聯邦政府所建立者完全一致。只要在維持共和本質的前提下，各州均得依其意願，以任何方式自由建構其政府，例如內布拉斯加州 (Nebraska) 州議會採行一院制，與美國國會採行二院制有別者即是。大體而言，國會依據憲法保證條款所作成的有關決定，應屬不受司法審查的政治問題，故而聯邦法院對於國會的類此行為，均保持不予介入的態度。

此外，憲法保證條款亦授予聯邦政府保護各州免於侵犯及平定內部動亂的權力。然而，聯邦政府行使此項緊急權力，應待有關州的請求，始得為之。至於各州請求的方式為何，憲法並無明文規定。解釋上，縱使未經

---

⑭　　Puerto Rico v. Branstad, 483 U.S. 219 (1987).

關係州的請求，總統基於國會授權緊急出兵平息內部動亂的行為，由於亦屬國家緊急權行使的範疇，故而似非憲法所不許⑮。

---

⑮　CHESTER ANTIEAU, 2 MODERN CONSTITUTIONAL LAW §14: 6 (Lawyers Cooperative Publishing 1969).

第四章

行政權

❖ 第一節 總 統 ❖

第一項 產 生

美國憲法第二條第一項第一款前段規定:「行政權 (Executive Powers)
應歸屬於美利堅合眾國總統。」如前所述,邦聯條款並未設置獨立的行政部
門 (Executive Branch),亦未賦與邦聯總統廣泛的行政權能。總統充其量僅
是國家的政治領袖,邦聯國會將之束諸高閣虛位以待,實際行政權則掌握
在國會常設的各個委員會之中,由於權力行使分歧不一,故而造就了一個
跛腳而無能的邦聯政府。在費城會議上,各州代表一致認為國家應有一個
單一且較具實力的行政部門。經過冗長的辯論與表決,前揭關於總統權力
的憲法條款於焉制定。

第一款 資 格

關於美國總統的候選資格,美國憲法規定其應為自然出生的美國公民,
除應年滿三十五歲以外,且應定居美國境內十四年(美國憲法第二條第一
項第五款)。所謂自然出生,在解釋上,應僅排除外國人經歸化成為美國公
民者。至於在非美國土地出生的美國公民,例如父或母一方或雙方為美國
公民而出生於他國土地者,則仍為自然出生的美國公民,應予注意。

第二款 選 舉

美國總統如何產生及其程序為何,則是一個於費城會議中不易達成共
識的議題。有些代表對於一個擁有眾多權力的總統憂心忡忡,認為將重蹈
英王濫權侵害人民自由權利的覆轍,故建議將總統職務定位為國會制定法
律的執行者,並藉由國會選任總統的方式,確保國家法律的忠實履行。但
部分與會代表如詹姆士麥迪遜 (James Madison)、詹姆士威爾森 (James

Wilson) 及蓋瓦那莫里斯 (Gouverneur Morris) 等人，則表示不同的看法，認為如由國會選出總統，不僅將使得國會權力過於擴大，亦將使得總統權力過於仰賴國會，獨立行政部門的政府分權制度乃無法落實。此外，更有部分代表堅持各州在總統選舉上的主導地位，認為應由各州議會選出國家最高行政首長。

值得注意者，在美國憲法制定當時，人民教育程度及智識水準普遍低落，費城會議代表耽憂人民面對總統選舉如此重大的問題時，將因欠缺充分認知而無法作成正確的判斷，故對於人民直接選舉產生總統的方式，反而著墨甚少，未曾受到會議代表的重視。最後，在各方意見激烈的折衝與妥協之下，制憲代表終於勉強達成共識，亦即由各州選出全知的選舉人，再由選舉人選出合眾國總統；總統、副總統選舉人依各州議會所訂方式選舉產生，但應是為總統、副總統選舉的目的而選出的傑出公民❶。此種顧全聯邦、各州與全國人民三方面選舉利益以及維持兩黨政治均勢的總統選舉制度，即是費城會議代表所發明前無古人後無來者，時至今日仍然存在的選舉人團 (electoral college) 制度。選舉人團制度縱然是一個典型的政治妥協產物，或是一件制憲者的即興之作❷，甚至是一項制憲者冗長會議疲憊勞頓下的倉促結論❸，但該一制度對於統合各州，鞏固中央，以及穩定政局等方面，其貢獻有目共睹，實不容忽視❹。

美國憲法規定，總統、副總統應依憲法所定選舉人團的方式選舉之（美

---

❶ ALICE O'CONNOR, MARY C., HENZE, THE SIMPLE BUSINESS OF PRESIDENTIAL ELECTION AND THE REPUBLICAN PRINCIPLE, (Jefferson Foundation, Washington, D.C. (1984)).

❷ John P. Roche, *The Founding Fathers: A Reform Caucus in Action*, 55 AM POL SCI REV 811 (Dec. 1961).

❸ Letter of James Madison to George Hay, Aug. 23, 1823, cited in MAX FARRAND, THE RECORDS OF THE FEDERAL CONSTITUTIONAL CONVENTION OF 1787, 458, (New Haven 1937) (1911).

❹ 史慶璞，〈美國選舉人團制度之研究〉，《美國憲法與政府權力》，第 261 頁，三民書局，臺北 (2001)。

國憲法第二條第一項第一款後段)。各州應依其立法部門所定方式,任命總統、副總統選舉人若干人,其人數與該州所得擁有國會參、眾議員席次總數相同。於西元一八三二年以後,美國各州均已明定總統、副總統選舉人應以公民直接選舉的方式產生之。但曾宣誓擁護美國憲法充任國會議員、合眾國官員、各州立法部門議員或各州行政、司法官員,對於合眾國曾從事叛亂或內亂或對於合眾國敵人提供資助或慰藉者,不得成為總統、副總統選舉人。惟國會得經各院三分之二以上之投票,決議解除此項消極資格的限制 (美國憲法增修條文第十四條第三項)。此外,為確保國會議員及政府官員於總統大選期間維持客觀中立立場,美國憲法進一步規定,國會參、眾議員或於合眾國充任職位或受有俸給的人員,各州不得將其任命為總統、副總統選舉人 (美國憲法第二條第一項第二款)。

　　華盛頓哥倫比亞特區 (Washington District of Columbia) 雖不具州的地位,但因合眾國政府坐落於此,為國家政治及領導的中心,於總統選舉的重要性並不亞於各州,故美國憲法特別給予該特區若干總統、副總統選舉人席次,其人數應與人口數最少州總統、副總統選舉人總數相同,但不列入各州所應任命總統、副總統選舉人的總數計算❺。至於特區總統、副總統選舉人的任命程序,則依國會所定方式行之 (美國憲法增修條文第二十三條)。

　　至於各州公民選舉總統、副總統選舉人的時間,以及選舉人投票選舉總統、副總統的日期,則由國會統一決定之 (美國憲法第二條第一項第四款)。各州總統、副總統選舉人選出之後,應於各該州分別集會,投票選舉總統及副總統。選舉人應於其選票內載明被選為總統之人的姓名,並於另一張選票內載明被選為副總統之人的姓名。各州應分別造具被選為總統之人及被選為副總統之人的名冊及其所得票數,經全體選舉人簽署及證明後,彌封遞送合眾國政府所在地,逕交參議院議長。參議院議長應在參、眾議

---

❺ 總統選舉人依國會參、眾議員總數計算,合計五百三十五席,再加上華盛頓哥倫比亞特區目前所擁有的三名選舉人,美國選舉人團選舉人總數共計五百三十八席。

員之前公開拆封所有證明文件，並隨即計算選票。

　　獲得選舉人在總統選舉上最高票數之人，如其票數達到所任命選舉人總額的過半數以上，應即當選為總統❻。如無人獲得選舉人總額過半數的選票，眾議院應隨即自前述總統候選人名冊內獲得最高選舉人票數的前三名之中，投票選出一人為總統。選舉總統時，由各州投票，每州代表合投一票，且應有三分之二以上州一名或二名以上眾議員之出席始得投票，候選人以獲得所有州過半數的選票為當選。

　　與之相對者，獲得選舉人在副總統選舉上最高票數之人，如其票數達到所任命選舉人總額的過半數以上，應即當選為副總統。如無人獲得選舉人總額過半數的選票，參議院應隨即自前述副總統候選人名冊內獲得最高選舉人票數的前二名之中，投票選出一人為副總統。選舉副總統時，由參議員投票，每位參議員各投一票，且應有三分之二以上參議員之出席始得投票，候選人以獲得參議員總額的過半數選票為當選。憲法上無資格擔任總統職位之人，亦無資格擔任合眾國副總統之職位（美國憲法增修條文第十二條❼）。

　　於十九世紀初期，各州開始要求選舉人應於選舉人團集會前，宣誓將選票投予其所屬政黨的總統、副總統候選人。而選舉人團投票時所適用的合一法則 (unit rule)，亦於西元一八三六年以後，為美國大多數州所採行。合一法則形成勝選者全得 (winner-take-all) 的制度，亦即不計候選人在公民普選上所獲得的選票，各州所有選舉人票應全部投予該州獲得公民普選最高票數的候選人。在此一制度之下，美國任何一州或特定區域，無論其擁有選舉人席次為何，均無法個別左右總統大選。候選人須獲得若干州及數個區域在結盟關係上的共同支持，始可贏得勝選。同時，美國幅員遼闊，族群複雜，候選人欲在公民普選上取得壓倒性絕對優勢實屬不易，縱使獲得若干過半數選票或以相對多數險勝，對於日後領導國家亦有隱憂。故而，

---

❻　選舉人團的過半數為二百七十張選票。

❼　本憲法增修條文取代美國憲法第二條第一項第三款關於副總統選舉的相關規定。

經由選舉人團的間接性投票，乃創造了總統當選人統領聯邦恢宏磅礴的氣勢，對於未來主導國政，其正當性已毋庸置疑。

誠然，選舉人團制度雖曾造就在公民普選上僅獲得相對多數，甚至選票總數少於競選對手的總統❽，但美國總統不僅在政治上是全國人民選出的領袖，更是合眾國各個盟邦所共推的首腦，與州長僅為各州最高行政首長的地位究竟有別，故其在公民普選上是否累積獲得全國最高數額的選票，已非決定選舉結果的唯一標準。配合選舉人宣誓及合一法則的實施，以及依參、眾議員總數分配各州選舉人團席次的方式，選舉人團在形式上雖以間接選舉方式分別選出美國總統及副總統，但各州在選舉人團選舉上的重要性，乃取決於定居於該州的人口總數，故而各州選民的選舉取向實已適度表達於選舉人團的投票上，其兼具公民直接選舉的實質意涵，應無疑義。

總統當選人如於總統任期開始時已經死亡，副總統當選人應成為總統。於總統任期開始之前如總統尚未選出或總統當選人未符合資格，則副總統當選人應代行總統職權，至一位總統符合資格時為止。於總統當選人及副總統當選人均未符合資格時，國會得依法宣布應代行總統職權之人，或公告代行總統職權之人的選舉方式，其代行總統職權至一位總統或副總統符合資格時為止（美國憲法增修條文第二十條第三項❾）。此外，對於任何得經眾議院選為總統或得經參議院選為副總統之人死亡時的處理方式，國會亦得另以法律規定之（美國憲法增修條文第二十條第四項）。

第二項　職　位

總統為國家元首，並為聯邦政府最高行政首長，行使關於釐定國家政策，指揮行政官員，締結對外協約，管理聯邦財產，受理人民申訴，提出政府預算，以及發布行政命令與頒布行政法規等內政、外交事務之權限。

---

❽　在美國憲政上，曾出現十六位普選票數未過半及四位普選票數少於主要競選對手的總統。

❾　本憲法增修條文取代美國憲法增修條文第十二條後段關於總統死亡或其他憲法上原因致無能力就職時，副總統代行總統職權的相關規定。

除部分事項得授權下級官員處理外，總統綜攬全國政務，地位崇隆，為國家維繫民主憲政於不墜最重要的中央官員。為期許總統能於其任期內恪遵憲法，美國憲法明定總統應於就職前，宣誓忠誠執行合眾國總統職務，並竭盡所能維護、保障及守護合眾國憲法（美國憲法第二條第一項第八款）。

為開誠布公維持與國會良好互動關係及推動國家重要政策，總統應隨時向國會提送國情咨文 (Information of the State of the Union)，並提請國會考量其所認為必要且適宜的方案（美國憲法第二條第三項前段）。總統亦得於非常情況咨請國會兩院或任何一院召開特別會期 (special session)，會商討論重要事項。甚且，如遇國會兩院對於休會期間意見不一致時，總統為安定社稷，亦得跳脫行政首長侷限，而以國家領導人立場要求國會休會，至其所認為適當的期間為止（美國憲法第二條第三項中段）。此外，總統處理國政，日理萬機，為確保其領導能力的全知與完整，總統應隨時諮詢有關意見，並得要求各部會行政首長針對所轄職務事項，提出具體書面意見，以供參酌（美國憲法第二條第二項中段）。

第一款　任　期

美國憲法第二條第一項第一款後段規定：「總統任期為四年，與選擇的副總統任期相同。」美國憲法增修條文第二十條第一項前段並規定：「總統及副總統的任期應於本任期屆滿之年的一月二十日中午終止；其繼任者的任期應於此時開始。」此為美國憲法關於總統、副總統任期終止的相關規定。

美國憲法本無關於總統任期限制的規定，自第三任總統湯瑪士傑佛遜開始，即恪守第一任總統喬治華盛頓所建立連續二個任期屆滿即不再尋求連任的原則，在美國第三十一任總統任期屆滿以前，均無人違背此一不成文的憲政上慣例。然而，由於帶領美國渡過經濟大蕭條及第二次世界大戰等一連串變局得宜，美國第三十二任總統富蘭克林羅斯福 (Franklin Delano Roosevelt) 於西元一九三三年就任美國總統以後，廣受人民的擁戴，其尋求三次連任均成功獲得蟬連，而於西元一九四五年在其第四任總統的任期內

去世，成為美國歷史上在位最久的總統。

　　為維持開國初始即形成的憲政慣例，國會於西元一九四七年三月四日提出憲法修正案，明定於本憲法修正案生效後，被選為總統之人的任期不得超過兩任。該修正案於西元一九五一年經各州認可而生效，成為美國憲法增修條文第二十二條。該修正案並規定，於本憲法修正案生效後，在其他被選為總統之人的任期內就任總統職位或代行總統職權而期間超過二年者，其被選為總統的任期僅為一任（美國憲法增修條文第二十二條第一項❿）。

第二款　　缺　　位

　　美國憲法增修條文第二十五條明定總統、副總統缺位時，其繼任及代行職權等相關事宜⓫。總統免職⓬、死亡或辭職時，副總統應成為總統（美國憲法增修條文第二十五條第一項）。副總統缺位時，總統應提名一位副總統，經國會兩院過半數可決後就職（美國憲法增修條文第二十五條第二項）⓭。於總統本人親自向參議院臨時議長及眾議院議長遞送其不能視事的書面聲明時，副總統應代行總統職權，至總統遞送相反書面聲明時為止（美國憲法增修條文第二十五條第三項）。於副總統和過半數行政部門或國

---

❿　本憲法增修條文第一項後段對於生效時現任或已繼任為總統者雖有不予適用的規定，但美國第三十三任總統哈利杜魯門 (Harry S. Truman) 仍尊重本憲法增修條文所規定的內容，於西元一九五三年第一任被選為總統的任期屆滿後，即未再尋求連任。

⓫　本憲法增修條文取代美國憲法第二條第一項第六款關於總統繼任的相關規定。

⓬　美國憲法第二條第四項規定：「總統、副總統因叛國、賄賂或其他嚴重犯罪或輕罪，經彈劾確定者，應予免職。」關於國會彈劾權，參閱本書第三章。

⓭　憲法增修條文第二十五條於西元一九六七年經各州認可而生效。西元一九七三年尼克森總統即依據本憲法增修條文第二項的規定，於原任副總統安格紐 (Spiro T. Agnew) 辭職後，提名福特 (Gerald R. Ford) 為副總統。西元一九七四年尼克森總統辭職，福特副總統繼任之，成為美國歷史上唯一未曾經歷總統、副總統大選的總統。

會所定其他單位首長向參議院臨時議長及眾議院議長遞送總統不能視事的書面聲明時，副總統應立即代行總統職權（美國憲法增修條文第二十五條第四項第一款）。

於上述二種情形之一而由副總統代行總統職權後，如總統向參議院臨時議長及眾議院議長遞送其不能視事事由已不存在的書面聲明，則總統應即復行視事。但如副總統和過半數行政部門或國會所定其他單位首長於四日內向參議院臨時議長及眾議院議長遞送總統仍不能視事的書面聲明，則不在此限。此項總統與副總統及其內閣官員間關於應否復行視事的爭執，應由國會決議決定之。如於國會休會期間，則其應於四十八小時內集會，以迅速平息此一紛爭。國會如於收受上述聲明後二十一日內，或於休會期間依請求集會二十一日內，經兩院三分之二以上決議認為總統確屬不能視事時，副總統應繼續代行總統職權。惟國會如未能於前述期間內作成決議，則總統應即復行視事（美國憲法增修條文第二十五條第四項第二款）。由於此類爭執顯屬政治問題，應由行政、立法二大政治部門自行釐清，不宜貿然移由法院解決。

總統、副總統均缺位時，總統繼任人選依法律定之。在副總統之後，其任命順位為：眾議院議長、參議院臨時議長、國務卿、財政部部長、國防部部長、司法部部長、內政部部長、農業部部長、商務部部長、勞工部部長、健康及人力服務部部長、能源部部長、教育部部長、退伍軍人事務部部長❹。惟繼任總統的人選，仍應符合美國憲法所定被選為總統的資格，例如應年滿三十五歲，為自然出生的美國公民，以及定居於美國境內達十四年等，是應注意。

第三款　報　酬

總統應按期支領報酬，該報酬於其被選任的期間內不得為增加或減少的改變；甚且，總統亦不得於上述期間內支領聯邦或任何一州所支給的其

---

❹　3 U.S.C. §19.

他薪資（美國憲法第二條第一項第七款）。

第四款　特權與豁免

美國憲法雖無關於總統與其職屬間保密特權 (confidentiality privileges) 的規定，但一般論述均肯定此類特權乃固有存在於權力分立理論之中，毋庸憲法之明文❺。一般而言，此項特權得阻止法院以命令強制行政官員公開其內部的通信或文件。但首席大法官約翰馬歇爾於西元一八〇七年在 States v. Burr 一案中表示❻，法院有命令總統提示其與叛國罪被告愛倫伯耳 (Aaron Burr) 副總統間書信往來之權力，本案關係人湯瑪士傑佛遜總統有服從法院命令的義務❼。此一爭點沉寂多年，直到西元一九七四年尼克森總統水門事件爆發，總統保密特權問題才又引起各界廣泛的討論與關注。

在 United States v. Nixon 一案，李察尼克森 (Richard M. Nixon) 總統曾主張其所持有涉及水門案調查的橢圓形辦公室談話錄音帶及有關文件，有拒絕向大陪審團公開的特權。美國聯邦最高法院則表示，總統在交流或溝通的過程中所傳遞的內容如屬在白宮內坦然且公開的對話，其內容應推定為具有保密特權的性質。總統如欲主張此一行政特權，應逐一證明該項通信內容該當於資訊不予公開的各種要件。然而，如因刑事訴訟案件當事人有取得證據明顯且特定的需要，前項推定則有被推翻的可能。是故，總統

---

❺　保密特權起源於普通法 (Common Law) 概念，是為維繫特定人相互間的誠信關係所發展，亦為形成公開與自由溝通的氛圍而建立。基於此項特權，關係人有權拒絕向政府、法院或公眾公開其於職務上所知悉關於相對人的資訊。律師與委託人間、醫師與病人間及神職人員與信徒間等，均為法律所肯認關係人應享有保密特權的著例。

❻　States v. Burr, 25 F . Cas. 30, 35 (C.C.D. Va. 1807). 聯邦最高法院首席大法官馬歇爾擔任本案審判法官。

❼　伯耳於寫給傑佛遜的信函中提到，他有意前往西南方（墨西哥）建立一個新的政府。於本案中，政府以判國罪起訴伯耳，其後雖獲判無罪，但其政治前途乃告終結。

的保密特權並非漫無限制，仍應受到法律上相當程度的拘束，尤其在有政治因素介入及新聞、輿論強力關切的場合，為確保實現正義，總統的行政特權更應有所限縮。惟聯邦最高法院亦同時強調，聯邦法院對於前述檔案應先進行祕密檢查 (in camera inspection)，以考量並決定資訊的公開是否適當。如相關檔案的部分內容對於水門案的調查非屬重要，法院即應作成維持該部分內容保密性質的裁決⓲。

在尼克森總統辭職以後，其與聯邦總務總署 (General Service Administration, GSA) 簽署協議，封存與總統職務有關約二百餘萬文件及八百八十卷錄音帶。國會依據前項協議，通過法案明定總務總署得篩選該筆資料，保留其中具有歷史價值的部分，並提供法院於司法程序中使用；屬於總統私人的部分，則應歸還尼克森總統。此外，國會亦授權總務總署訂定關於公眾接近此筆保留資料的法規。其繼任者傑洛德福特 (Gerald R. Ford) 總統簽署此一法案，並獲得新任總統吉米卡特 (Jimmy Carter) 的支持。

尼克森總統質疑本法違反憲法權力分立原則及總統的行政特權。美國聯邦最高法院於西元一九七七年在 Nixon v. Administrator of General Services Administration 一案中表示，卸任總統雖得主張其行政特權，但仍受到在 United States v. Nixon 一案所建立各項原則的拘束。是以，卸任總統保密特權的推定，自得被保存及重建歷史的公益上需要所推翻。就本案而言，由於福特總統與卡特總統明顯支持本法的施行，故對於尼克森總統行政特權的主張的確有所不利。同時，行政部門官員對於行政上的利害關係最為熟稔，國會將保留、篩選及決定資料是否提供公眾使用等權力授予總務總署行使，與憲法權力分立原則並無不合。國會既已授權行政部門審查總統封存資料，United States v. Nixon 一案所揭示總統通信應由法院祕密檢查的原則，於本案應無適用的餘地⓳。

對於國家安全、軍事或外交檔案的保密特權，聯邦最高法院在此未曾

⓲   United States v. Nixon, 418 U.S. 683 (1974).

⓳   Nixon v. Administrator of General Services Administration, 433 U.S. 425 (1977).

直接表示過有關意見，但可得預見者，法院將認定國家安全檔案應屬行政特權的範圍。甚且，聯邦最高法院亦未曾討論保密特權在民事訴訟案件中的定位。一般而言，由於在刑事訴訟案件裡，公眾及刑事被告對於繫屬案件的利害關係顯然大於民事訴訟案件，故對於資訊的需求較為殷切，行政特權的推定極易被公益的理由所推翻。然而，在民事訴訟案件裡，因公益因素較不明顯，故行政特權的推定似不易被公開資訊的需求所推翻。惟行政特權的存在應否肯認，仍須就民、刑事案件的性質與事實，依個案分別決定之。

　　綜言之，總統對於法律強制其公開職責內所建檔案或其他資料的義務，僅享有限的行政特權。美國聯邦最高法院於西元一八〇三年在 Marbury v. Madison 一案中即已表示，關於總統特權的爭點，得由法院裁決之❷。總統特權所衍生資訊不予公開的推定，唯有尋求資訊的當事人始得推翻之。如所尋求的資訊類如外交及國家安全等純粹屬於行政權內涵的事務，則總統的行政特權應具絕對性，該行政特權被推翻的可能性幾乎微乎其微。然而，如事務性質非屬敏感，且僅具表面證據 (prima facie case) 的行政特權主張，則其很可能會在特定的刑事甚而民事案件中，被資訊公開的公益上需求所推翻。

　　除了行政資料免於公開的特權以外，總統亦得豁免於因職務上行為所致生在民事上的任何相關責任。豁免權概念起源於權力分立理論及普通法歷史，其目的乃在期使總統專心國政，不致因訴訟繫屬而分散其注意力。一般而言，總統就其職務上及任何與職務有關的行為，享有在民事審判程序上及損害賠償責任上絕對的豁免地位❷。至於在總統任職前即已開始進行的民事訴訟案件，或總統在任職期間所為任何與履行總統職務無關的行為，基於憲法權力分立理論的本意，則應不受豁免於民事訴訟案件的任何保障。同時，在不影響總統職務行使的前提下，現任總統仍應就其職務以外行為所引起的任何民事訴訟案件親自出庭應訊❷。

---

❷　Marbury v. Madison, 5 U.S. (1 Cranch.) 137 (1803).

❷　Nixon v. Fitzgerald, 457 U.S. 800 (1982).

　　其次，總統以下各級行政官員所應享有的民事豁免範圍，則應視其行使職務的性質，依個案認定之。易言之，當行政官員基於總統的直接授權，行使近似總統的職權，或其所履行的職能屬於固有的行政事務且與總統本人緊密連結時，該行政官員即應享有絕對的豁免地位。一般而言，關於軍事、國家安全及外交等方面的職務行為，即屬此類事務的範疇。

　　然而，在大多數場合，行政官員僅受限定豁免 (qualified immunity) 相對的保障。基於限定豁免概念，對於職務上違反明確制定法律 (clearly established law) 的行為，行政官員仍須負民事損害賠償之責；惟如法律制定非屬明確，則對於職務上行為所致生之損失，行政官員毋須負責。而法律的制定是否確屬明確，乃依合理知能官員標準 (a reasonably competent official test)，客觀認定之。質言之，如一位合理知能官員在類同情況下將知悉該項系爭法律，則該法律應屬明確；如不能知悉，則其非屬明確❷❸。至於被告行政官員對於系爭法律在主觀上的認知為何，則在所不問。

　　與總統不同者，一般行政官員僅得享有關於民事損害賠償責任上的豁免地位，對於案件所繫屬的民事審判程序，則無受豁免保障的餘地。然而，為避免被告行政官員陷入訟累糾葛，影響國家行政事務的推動及執行，對於法律制定非屬明確的案件，法院通常將會儘先考量系爭法律的狀況，並在案件的前審程序 (pretrial proceedings) 中即予以駁回。惟總統及其部屬所享有關於民事訴訟案件的豁免權，均未包括關於衡平救濟 (equitable relief) 的訴訟及責任在內。是故，行政部門所為任何違反憲法的行為，其縱屬豁免保障的事務，仍應受法院所頒禁止令 (Injunction) 的拘束，是應注意。

---

❷　William Jefferson Clinton v. Paula Corbin Jones, 520 U.S. 681 (1997).

❸　Harlow v. Fitzgerald, 457 U.S. 800 (1982).

❖ 第二節　總統權力 ❖

第一項　概　說

　　由於制憲者在行政和立法二大部門間架構一套完整的制衡制度，使得總統除專屬權力以外，並常與國會分享憲法上所擁有的權力。至於總統和國會行使分享權力的分際究竟為何，則需藉由實證經驗累積憲政慣例及雙方共識逐次界定之。基於對於二大兄弟部門的尊重及本部門權力行使的制約，司法部門將依政治問題理論 (political question doctrine) 拒絕審理此類案件，以避免過度介入行政和立法間的權力衝突。但如系爭問題非屬政治問題且以移由司法部門裁決為適當時，則法院多以職能分立 (separations of functions) 及權力制衡 (check-and-balances of powers) 二種取向，解決政治部門間的權力衝突爭執。

　　經由職能分立取向，法院將依據憲法之文義，嚴謹解釋行政和立法二大部門所應具有的職能。依此，法院應儘先釐清「憲法究竟將系爭職能授予何一部門」的疑義。然而，在大多數場合，法院有透過權力制衡取向解決此類爭執的趨勢。由於總統和國會共同分享若干權力，創造二部門間競合與磨蹭的模糊空間，依此，法院考量的問題，乃轉而為「系爭職能是否形成憲法上的權力制衡關係」。然而，由於總統職位為首長制，富機動性，且具應變能力，故不論在憲政實務上或在法律規定上，為因應速率與效率的需要，總統和國會所分享的權力多傾向於由總統所主導，此一情形在關於外交、軍事的事務上尤甚，應予注意。

　　由於美國兩百年來領土及人口的擴增，與制憲當時不可同日而語，面對眾多繁瑣且具延續性的事務，國會雖為憲法上制定法律的權責部門，但仍無法事必躬親，面面俱到。是故，自上一世紀初始，國會往往基於專業及專責的考量，對於特定事務僅制定概括性或準則性的法律，至於實施法律所需細部性或專門性的規定，則授權行政部門及其所轄行政機關自訂法

令補充之，稱為授權立法或委任立法。例如國會於第一、二次世界大戰期間，授權總統訂頒多項法令，管制食品運銷，平準物價，核准生活必需品之進口、出口、製造、儲藏及銷售，經營鐵路，核發護照，管理電纜及電話線路，宣布船隻出入禁令，決定物流優先順序，貸放款項予外國政府，執行禁酒令，以及重組或調整行政機構等即是❷。總統為踐履行政職能，基於國會所定法律的授權，訂頒相關行政命令 (executive orders) 及總統令 (presidential proclamation)，並將其發布於《聯邦公報》(*Federal Register*) 之中，成為國家法令重要的一環❷。

由於國會授權立法的運用，使得總統成為事實上的立法者，其所擁有的行政權似較憲法所明示授予者更形擴大。總統及其行政部門擁有廣泛授權立法權 (delegated legislative power) 的事實，是否危及權力分立理論所架構的憲政秩序，則有正反兩面不同的看法。美國聯邦最高法院於西元一九三五年在 Panama Refining Co. v. Ryan 一案中，即曾以違反立法權不得授予原理、未釐定明確準則指導行政行為、立法怠惰及會促立法等理由，宣告國會所定授權法律為無效❷。

然而，隨著聯邦權力的擴展，以及政府面臨的問題日益複雜，司法部門限制國會授權立法策略發展的情形，自西元一九四〇年代以後乃逐漸減少❷。甚且，於西元一九七〇年代初期，國會制定法律授權總統發布其認為適當的命令及法規，以安定及維持物價、租金、工資、薪俸至少在西元一九七〇年五月二十五日當日的水平，並得針對總體不公平現象，作出若干必要的制止與調節。此一凍結物價及工資的經濟安定計劃 (Economic Stabilization Program)，於西元一九七四年始由總統宣布終止，圓滿結束❷。

---

❷ Yakus v. U.S., 321 U.S. 414 (1944).

❷ 行政部門訂頒的法規，收錄及刊載於《聯邦法規彙編》(*Code of Federal Regulations*)，具有法的效力。

❷ Panama Refining Co. v. Ryan, 293 U.S. 388 (1935).

❷ Hood & Sons v. U.S., 307 U.S. 588 (1939).

❷ 84 Stat. 799 (1970); 36 Fed Reg. 20139 (1971); 39 Fed Reg. 22113 (1974).

國會授權立法的決定，似已獲得司法部門相當的尊重。

　　惟應注意者，國會授予行政機關立法權的職能，應不及於擴大憲法所賦予行政部門行政權的情形在內。由是，美國聯邦最高法院於西元一九九八年在 William J. Clinton, President of the United States v. City of New York 一案中表示，國會一九九六年逐項否決法 (Line Item Veto Act of 1996) 有關賦予總統取消 (cancel) 業經簽署生效的一九九七年平衡預算法 (Balanced Budget Act of 1997) 部分條文的規定，因其違反憲法權力分立理論有關自由權保障的設計，故應歸於無效。至於廢止法律的權限，自應依循憲法有關規定而由國會單獨行使之，始屬適當。同時，憲法所賦予總統的各種行政權能，非經憲法修憲程序，國會亦不得僅僅經由立法程序而任意變更之❷❾。

　　此外，總統行政權除由憲法及國會所定法律明確授予者外，是否尚擁有其他固有權力 (inherent powers)，則不無疑義。美國聯邦最高法院於西元一九五二年在 Youngstown Sheet & Tube Co. v. Sawer 一案中，即以較嚴謹的職能分立取向，認為總統應無處理內政方面事務的固有權力，故杜魯門總統所頒接管鋼鐵工廠資產及營運的行政命令，因欠缺憲法或國會所定法律之明確授權而無效。憲法賦與總統維護法律忠實執行之權力，不得解釋為總統得取代國會而成為法律之制定者。總統在法律制定的過程中，僅得藉由政黨政治間接推介法律的制定及修正，或直接依據憲法規定行使其否決權。由於系爭行政命令不僅於事前未經國會明示或默示之授權，抑且於事後亦未獲致國會任何形式的追認，總統逾越憲法規定行使賦予國會的立法職能，乃甚為明顯。同時，不論在承平時期或在非常時期，憲法僅將立法權授予國會，總統在憲法上雖為國家元首及合眾國陸海軍統帥，但仍不足以證明制憲者有賦與總統非常時期立法職能的本意。

　　誠然，基於總統與國會在憲法權力制衡下的角力關係，使得總統所擁有權力行使的張力頗具浮動性。美國聯邦最高法院大法官傑克遜 (Robert H. Jackson) 在前述 Youngstown 一案協同意見書中所為總統權力三階段分

---

❷❾　William J. Clinton, President of the United States v. City of New York, 524 U.S. 417 (1998).

析模式，頗值參考。在第一階段當總統依據國會明示或默示的授權而行使權力時，其所擁有權力行使的張力最為廣泛。總統權力行使的範疇除其所擁有者外，尚包括國會所授予者。如總統在此一階段所行使權力經法院宣告為違憲，通常即意謂著聯邦政府整體在此一系爭事務上並無管轄權限。惟為尊重國會立法授予總統特定權限的決定，司法部門首應推定該系爭權力的合憲性地位，而舉證責任則應移由主張違憲者負責。在第二階段當總統欠缺國會授權或拒絕授權而行使權力時，總統僅得依據其所單獨擁有的權力行事。在類此灰暗地帶中，由於總統與國會或是分享權力，或是權力分配不明，故而在實務上，國會的不作為、不關切，或是單純的默認，均足以使總統在此一系爭事務上的權力行使受到肯認。在第三階段當總統違反國會明示或默示的意思而行使權力時，其所擁有權力行使的張力最為衰微。總統權力行使的範疇，僅及於扣除國會任何憲法權力以後，其所單獨擁有的憲法權力。

另外應予一併述明者，在 Youngstown 一案的不同意見書中，美國聯邦最高法院少數意見大法官則是以權力制衡取向，認為美國憲法第二條賦與總統一年三百六十五日守護國家的職責，故不論是否經過授權，如憲法或國會所定法律並無明文限制，總統在應付國家緊急情況時，自得以行政首長及陸海軍統帥身分，於國會開議得為決議前，為遂行立法計劃，而以類如本案之行政命令暫為急速的處置❸。此揭不同意見書，亦值得重視。

美國憲法第二條第三項後段規定：「總統應維護法律的忠實執行。」惟總統行政權是否包括不執行法律 (nonenforcement of laws) 的權力在內，則非毫無疑義。誠然，首就文義解釋而言，前揭憲法內容乃在強制行政部門執行一切合法有效的法令。次就反面解釋而言，法律如經法院宣告為違憲或無效，行政部門即有拒絕執行該項法律的義務；同樣地，法律如在外觀上明顯違憲或顯然無效，行政部門亦應拒絕執行該項法律。是故，在國會不顧聯邦最高法院所為焚燒國旗應受憲法言論自由保障的裁判，而仍執意制定焚燒國旗為犯罪行為的法律時，總統即可不待法院宣告其為違憲或無

---

❸　Youngstown Sheet & Tube Co. v. Sawer, 343 U.S. 579 (1952).

效，逕予發布行政命令，指示聯邦檢察官不予執行該項法律❸。

另外，預算為國會經立法議決程序所通過的國政支用經費，其審議方式縱與法律有所不同，但其表徵主權者意志的性質則與法律相似，且其公布程序在形成上又與法律相當，是故，總統是否擁有不執行預算 (impoundment) 的權力，在此亦應一併釐清。一般論述均認為，憲法第二條第三項後段文字乃課予總統執行一切法律的明確義務，故其缺乏拒絕執行個別法律的權力。甚且，總統對於國會通過的經費預算，亦無行使逐項否決 (line-item veto) 的權限❸。總統或許得為如對抗通貨膨脹、穩定金融市場等經濟上事由，調整或凍結國會所通過的部分預算，但仍需經過國會的授權或追認❸。憲法既已明確授予國會財務權及制定國家法律的權力，總統不執行法定預算，即是僭越立法權的表現。

西元一九七四年國會預算不執行管制法 (Congressional Budget and Impoundment Control Act) 第十章建立參、眾兩院審查行政部門不執行預算的程序機制，國會加強其對國家荷包影響力的決心，由此可見一斑。聯邦法院雖曾表達不支持總統享有不執行預算蘊涵權 (implied impoundment power) 的立場，惟國會與總統間類此權力膠著局面，由於涉及複雜的政治角力問題，故仍不宜委由法院簡便解決之。

第二項　任官權

美國憲法第二條第二項第二款中段規定:「總統應經參議院的諮詢及同意，提名及任命大使、其他公使及領事、最高法院法官及所有其他合眾國官員，其任命在本憲法未特別規定者，應以法律定之。」美國憲法第二條第三項後段並規定:「總統應任命合眾國的所有官員。」上述規定，明定總統的任官權 (power of appointment of officials)。基於憲法權力制衡的設計，總

---

❸　United States v. Eichman, 496 U.S. 310 (1990); Texas v. Johnson, 491 U.S. 397 (1989).

❸　美國多數州憲法賦與州長對於預算案的特定經費款項，享有逐項否決之權。

❸　Trian v. New York City, 420 U.S. 35 (1975).

統對於聯邦官員 (federal officers) 享有專屬及絕對的提名權限，但其正式任命則仍須提經參議院的諮詢及同意❸。在提名程序中，總統得以任何自認妥當的理由，選擇或排除任何可能的任官人選；相對地，在任命程序中，參議院亦得以任何自認適當的理由，否決總統所提名的任何任官人選。參議院否決提名人選，無須附具不予同意的理由。

美國憲法第二條第二項第二款後段進一步規定：「國會對於其所認適當下級官員的任命，得以法律授與總統個人、法院或部會首長行使之。」依此規定，總統任命國會所指稱的下級官員時，即無須再經參議院之諮詢及同意。至於何者歸屬為下級官員 (inferior officers)，則應就官員的職務性質與責任層次，以及其上下隸屬關係分別決定之。一般而言，內閣官員如國務卿、司法部長或衛生署長等，屬於前述須經參議院確認始可任命的聯邦官員；至於內閣官員以下各個層級的職務部屬，則為可逕由總統任命的下級官員，例如助理部長或副助理國務卿等是。

然而，國會雖不得對於行政官員行使直接任命權限，但非不得議定任官人選的資格或條件。惟其所設定的資格條件應與所任命官員的職位有所關連，故國會恣意獨斷的資格限制應屬無效，例如不得要求任官人選隸屬於某一特定政黨者是。但如明定衛生署署長被提名人至少應具備醫師資格，則其限制即屬合理，非當然無效。此外，對於聯邦及下級官員以外其他政府人員的任命，國會認有必要時，亦得附加任何與職務有關的資格或條件，但該類限制不得違反憲法正當程序保障及平等保護原則，應予注意。

於國會休會期間如遇官員缺位，參議院在事實上對於任官人選已無法再行使諮詢及同意的職權，政府職能亦將因人員長期懸缺而大受影響。是故，為維持政府正常運作，美國憲法賦與總統在此一期間任命行政官員的權宜權力，其第二條第二項第三款規定：「總統有補足參議院休會期間所發生所有缺額之權力，其任命應於參議院下次會期結束時終止。」茲此，為補足參議院休會期間所發生任何政府官員的缺額，總統可於該休會期間內暫時任命其所得提名的所有政府職位，但應於參議院下次會期中獲得參議院

---

❸　Buckley v. Valeo, 424 U.S. 1 (1976).

的確認，否則該類任命將於參議院會期結束時自動失效。

　　美國憲法對於總統或行政首長所任命政府官員的免職程序雖無明文規定，但一般而言，官員應服從行政長官的指揮與監督，除接受所屬長官的考核與派遣外，並向行政首長負責。基於最高行政首長職權，總統為監督經由提名及確認程序所任命行政官員忠實執行法律，對其自應享有由任命權所衍生的免職權 (power of removal)。更有甚者，總統對於其所任命純粹行政性質官員的免職，享有完整、自主與不受國會拘束的權限❸，例如總統對於國務卿及內閣閣員的免職是。

　　至於任職如聯邦貿易委員會 (Federal Trade Commission)、全國勞工關係委員會 (National Labor Relations Board) 等獨立機關 (Independent Agencies) 的行政官員，由於其掌理法律所授予準立法 (quasi-legislative) 或準司法 (quasi-judicial) 的職能，其獨立性與自主性應予保障。是以，總統對於此類行政官員雖享有提名權，但國會得於特殊情況下，明定其任期及法定免職事由，用以避免行政首長運用免職權而干涉其職務的行使❸，是為總統完整免職權的例外。至於獨立律師或特別檢察官因屬聯邦下級官員的性質，故依一九七八年政府倫理法 (Ethics in Government Act of 1978) 的規定，其任免分別由特別司 (Special Division) 及檢察總長為之，並未妨礙憲法任命條款所賦與總統任官權的行使，是應注意❸。

　　此外，所有文職官員亦得依美國憲法第二條第四項規定，經由國會彈劾程序予以免職，前已述及，不再贅敘。

第三項　赦免權

　　美國憲法第二條第二項後段規定:「除彈劾案件外，總統對於違反合眾國的犯罪，有給予緩刑及赦免之權力。」本規定明定總統的赦免權 (pardon

---

❸　Myers v. United States, 272 U.S. 52 (1926).

❸　Humphrey's Executor v. United States, 295 U.S. 602 (1935).

❸　Alexia Morrison, Independent Counsel v. Theodore B. Olson, 487 U.S. 654 (1988).

power). 依此規定, 除彈劾及經國會免職的案件以外, 任何違反合眾國的犯罪行為, 均可獲得總統的赦免。基於權力分立理論的設計, 憲法所賦予總統的赦免權, 國會不得限制之❸。

　　赦免權概念起源於英國, 制憲者考量法官依據嚴謹法律及嚴苛證據判斷是非曲直, 對於人性關懷不免會有冷漠與疏離的遺憾, 故為濟法律面對問題欠缺法、理、情兼顧思維之窮, 乃冀望總統挾其民意向背優勢, 透過政治途徑妥適反映社會現實, 並實現在法律層面所不易獲致的社會正義。茲此, 總統應單獨享有赦免法院所定犯罪及緩減法院所定刑罰的絕對權力。惟赦免權在憲法上為專屬於總統的列舉權力, 故不得委由國會或法院代為行使之。任何限制總統赦免權的法令均屬違憲, 且由於赦免之妥當與否究屬政治問題, 故有關總統赦免的決定, 亦不宜留由法院進行合憲性審查。總統赦免權的決定如確有思慮欠周及濫用權限的情形, 新聞媒體、社會輿論、民意調查, 以及國會彈劾權的運用等, 均足以令總統本人對於其所為不當的決定, 付出相當龐大的政治聲望與代價。

　　赦免得完全免除法院對於特定犯罪行為人或犯特定罪名行為人所定之所有罪名及刑罰。犯罪行為人經總統赦免後, 在法律上即視同未曾犯有該項罪名, 其所擁有公私合法權利亦應一併回復, 法院亦不得再基於該項罪行加重被赦免者日後犯罪的處罰。例如不得基於所赦免的犯罪, 拒絕被告執行律師業務的權利者即是❹。

　　甚且, 對於未經法院審判定讞的犯罪行為, 總統亦得予以赦免, 例如福特總統於西元一九七四年九月八日在尼克森總統尚未被檢察官提起公訴前, 赦免總統在職期間所涉及之一切犯罪行為者是❹。總統並得基於赦免權, 對於特定團體或種類人員所為之犯罪行為實施大赦 (amnesty), 例如卡特總統於西元一九七七年一月二十一日頒布四四八三號總統令, 大赦在西元一九六四年八月四日至一九七三年三月二十八日越戰持續期間所有逃避

---

❸　United States v. Klein, 80 U.S. 128 (1871).

❸　Ex parte Garland, 71 U.S. 333 (1867).

❹　Murphy v. Ford, 390 F. Supp. 1372 (W.D. Mich. 1975).

兵役徵召的役男是 ❹。

　　赦免亦得僅減輕法院所定的刑罰，或直接以較輕的刑罰取代法院所定較重的刑罰，例如以終身監禁取代死刑的執行是。總統給予赦免得附加若干條件，但其所附加的條件必須合理，且不得侵害被赦免人在憲法上所保障的權利。因之，赦免令的生效，如是以被赦免人應回復被害人原狀或被赦免外國人應遞解出境為條件，則該類條件應屬合理。但如赦免令是以被赦免人不得出入教堂或不得參與合法政治活動為條件，則該類條件即為不合理，應非法之所許。至於所附加的條件是否自始不能成就，則在所不問，只要赦免令本身在整體上足資減輕法院所定刑罰的類別或刑度即可 ❹。被赦免人如違反任何條件，總統自得隨時撤回其赦免令，應無疑義。

　　應予注意者，除了免除及減輕法院所定被赦免人的罪名及刑罰以外，總統尚得基於憲法所賦與的赦免權，對於被赦免人的犯罪行為頒布緩刑令 (reprieves)，以暫緩或延後法院所定刑罰的執行。犯罪行為人一旦獲得赦免，其憲法保障不自證罪行的特權亦告喪失，政府得強制被赦免人就其犯罪行為出庭作證。然而，政府對於被赦免人因逮捕、審判、定罪或服刑所致生的任何損失，並無給予補償的義務。相對而言，被赦免人對於赦免前經政府扣押或出售的財產，亦無接受補償的權利。惟赦免時為政府所持有的財產，則應歸還予被赦免人，自不待言。

第四項　緊急權

　　美國憲法第一條第八項第十五款、第十六款及同條第九項第二款，分別賦予國會關於處理國家緊急內部事務的緊急權 ❹。美國憲法雖無賦與總

---

❹　本大赦令共計約一萬三千餘人受惠，其中包括七位依逃避兵役罪名定罪服刑及二千五百位依同一罪名起訴尚未定讞的人員，但不包括四千五百位未逮捕到案的逃兵，八萬八千七百位因逃亡或擅離職守而退役或遭不名譽除役的人員，以及曾經使用武力或暴力者。

❹　Schick v. Reed, 419 U.S. 256 (1974).

❹　關於國會緊急權，參閱本書第三章。

統緊急權的特別規定，但基於憲法賦與其國家最高行政首長的地位，以及憲法第二條第二項前段所定其為合眾國陸海軍及各州民兵統帥的身分，總統與國會分享緊急權，分進合擊共同應付國家緊急情況，並個別採取適當的緊急應變措施，應非憲法所不容，例如在歷史上林肯總統對於發生內亂的各州宣布戒嚴者是。

甚且，總統緊急應變措施如未經國會事前同意或事後追認，且明顯僭越行政權分際而有凌駕國會遂行立法權職能的情事時，國會自得依據憲法緊急權賦予國會的明示規定，主張其在緊急權行使上的主導地位，並得進一步否決總統關於應付國家緊急事務的不當舉措。是以，總統緊急權的行使如經國會充分授權，其正當性毋庸置疑，例如國會於西元一九四二年立法授權羅斯福總統限制戰區及接戰地域居民遷徙自由者是；但其行使如與國會意見不一致或有衝突時，總統則應謙抑退讓，留由國會作成最後的決定。

惟總統得於何時宣布戒嚴，除端視國會是否充分授權以外，美國聯邦最高法院曾於西元一八六六年在 Ex parte Milligan 一案中表示，唯有真實的外患致使法院關閉及公務機關陷入危險，且確有實際及當下的必要時，總統始得宣布戒嚴；僅屬單純的外患威脅，則不足以動用戒嚴法❹❹。於戒嚴時期，軍隊得在美國境內任何地域進行調度，人民亦得接受軍法審判。至於宣布戒嚴之合憲性爭議，美國聯邦最高法院認為應屬司法問題 (justiciable questions)，故可由法院進行司法審查❹❺。

遇內亂或外患等緊急情況而為公共安全所需要時，國會得依美國憲法第一條第九項第二款規定，停止人身保護令特權 (privilege of the writ of Habeas Corpus) 的保障。人身保護令起源於普通法，經制憲者沿用而明定於美國憲法之中，其目的乃在使人身免於不法監禁並即時提送法院審判，是保證初始定罪遵循合憲性法令或程序以進行的主要手段。關於國會得否授權總統行使停止人身保護令保障的權限，美國憲法雖無明文規定，但依據

---

❹❹　Ex parte Milligan, 71 U.S. (4 Wall.) 2 (1866).

❹❺　Sterling v. Constantin, 287 U.S. 378 (1932).

憲法將緊急權單獨賦予國會的意旨，國會如遇休會或不克即時集會時，總統經國會授權行使上述權限，似應予以肯認；但遇國會得以集會行使職權時，其在憲法上所擁有停止人身保護令保障的權力，則不得授權或假手總統或其他部門人員代為行使，自屬當然。

茲應注意者，人身保護令特權的保障，只有在全國或特定地域處於內亂或外患的威脅狀態時，始可暫予停止之。如前所述，美國聯邦最高法院在 Milligan 一案中強調，內亂或外患的威脅必須是現在且屬真正，甚且，政府亦必須已因此而不能再行使其職權，始足當之。戒嚴法的作用僅在於當文人政府無法正常運作時，以較具速效性的軍事法律及審判程序，即時恢復及維護受影響地域的安寧與秩序。是故，在非戒嚴地域居住的人民，縱使經政府指控犯有共謀叛亂的罪行，如其缺乏威脅實據，且如普通法管轄法院運作正常，則其毋庸依戒嚴法移由軍事法庭審判，有關人身保護令的各項保障亦不得停止。

此外，境外戰事縱使在實際上尚未波及本國土地，該一戰爭仍可增加總統與國會在內政上的緊急權行使權限。於西元一九四一年日本偷襲珍珠港之後，美國西海岸遂成為日軍下一個預備進攻及搶灘的目標。為防止日裔美籍人士對於日本天皇效忠與輸誠致損害國家軍事利益，羅斯福總統迅即於西元一九四二年發布行政命令，授權西區軍事長官撤離居住於西海岸戰區的所有日裔美籍人士，除將其遣送至集中營留置看管以外，並限制其活動區域及實施夜間宵禁。美國聯邦最高法院於西元一九四四年在 Korematsu v. United States 一案中表示，二次大戰期間，防止飽受軍事攻擊威脅的西海岸戰區遭受日本入侵、監視及破壞之急迫性，遠勝過居住西海岸日裔美籍人士的自由權利。是以，西元一九四二年五月三日西區總司令所發布第三十四號撤離令，在國家非常緊急與危險的情況下，非無其必要性與正當性[46]。

值得一提者，聯邦最高法院雖曾表示，系爭撤離令經法院採取最嚴格檢驗基準審查，確與種族歧視及偏見的情事無涉，但由於社會輿論及日裔

---

[46]　Korematsu v. United States, 323 U.S. 214 (1944).

美籍意見領袖的多方奔走與敦請，國會終於在西元一九八八年通過立法，除要求美國政府對於此一歷史事件道歉以外，並給予被拘留的生還者每人二萬美元之補償金。

第五項　外交權

美國獨立建國初始，不論是基於邦聯條款或是聯邦憲法的規定，各州均同意包括外事、戰爭等處理國家外部事務的權限，應歸屬於中央，由中央政府專屬管轄。美國憲法第二條第二項第二款前段規定：「總統經參議院的諮詢及同意，並獲出席參議員三分之二以上之可決時，有締結條約之權力。」美國憲法第二條第三項後段並規定：「總統應接見大使及其他公使。」

總統為國家元首，對外代表國家，享有締結條約、簽署協議、承認外國政府、治理邦誼、派遣使官及接見外國使節等關於國家對外關係事務的權力，是為總統的外交權 (foreign affairs powers)。由於美國憲法對於總統外交權事項欠缺完整規定，其與國會外事權行使的分際究應為何，美國聯邦最高法院基於政治問題理論甚少介入，故須藉由政治部門實證運作經驗形成憲政慣例而予以釐清之。

美國聯邦最高法院於西元一九三六年在 United States v. Curtiss-Wright Export Corp. 一案中強調，聯邦政府享有關於國家對外事務的固有權力。由於各州自建國以來未曾自行擁有外交權限，且考察制憲者本意，亦無在新憲法中改變此一安排的意圖。是以，聯邦政府享有外交權，乃是直接承受於英王對北美殖民地所擁有的主權，故無須憲法的移轉、賦與及確認。茲此，宣戰、交戰、終戰、締約及邦交等權力，雖有未明定於憲法之中者，但均應歸屬於聯邦政府，為一主權國家所責無旁貸的必要附屬事務。

聯邦最高法院進一步認為，總統個人代表國家發言及傾聽，不僅為處理國家外部關係事務的唯一機關，亦為國家與外國進行交涉的唯一代表。是以，總統發布禁售武器予南美反抗部隊的命令，無須經由國會的授權或同意。只有在國會對於總統所為決定明確表達反對意見或不予同意時，總

統的作為始有是否逾越立法權或國會授權的問題❹。

　　此外，美國聯邦最高法院亦肯定承認外國政府亦屬總統外交權的範疇。總統所為有關外交承認的決定，由於應屬政治問題，故不宜交由法院進行司法審查❹。基於此項職權，總統除得決定外交承認的國家以外，並得依其所認為適當的方式建立外交關係及釐定關於外交承認的政策。同樣地，總統亦得作成與他國終止外交關係的決定，並撤回駐外使官。基於美國聯邦制體制及國會與法院對於總統外交權行使的尊重，總統在憲政上具有處理國家對外事務的主導地位，應屬毋庸置疑。

第一款　締結條約

　　如前所述，締結條約 (treaties) 之權力專屬於聯邦政府，由總統與國會分享之，惟有關與外國締約的協商事宜，則應由總統單獨負責之。總統應決定協商的國家、事務與代表。總統任命協商代表，無須經過國會的諮詢及同意。除聯邦政府處理外交事務的專業團隊以外，任何人如國會議員、傑出商人或卸任總統等，均可代表國家充任協商人員，例如卡特總統積極參與外交事務是。

　　美國憲法第六條最高條款 (Supremacy Clause) 前段明白宣示：本憲法，依據本憲法所制定的合眾國法律，以及基於合眾國權限所締結的所有條約，為本國最高的法律（美國憲法第六條第二項前段）。解釋上，由於合眾國本身即為美國憲法所創造，故其法律及權限的形成乃植基於本憲法之規定，是以，條約應與法律相當，均受本憲法的拘束。美國聯邦最高法院於西元一九五七年在 Reid v. Covert 一案中表示，政府與外國所締結的協議，不僅

---

❹　United States v. Curtiss-Wright Export Corp., 299 U.S. 304 (1936). 但亦有論者認為總統所擁有關於外交政策的廣泛權限，實非本於聯邦政府所享有的固有權力而來，而是蘊涵於憲法行政權之中，為總統行政蘊涵權的一部分。Charles A. Lofgren, *United States v. Curtiss-Wright Export Corp.: A Historical Reassessment*, 83 YALE L. J. 1 (1973).

❹　United States v. Pink, 315 U.S. 203 (1942).

無授權國會或其他部門行使任何職能之權力，亦無不受憲法拘束的地位。茲此，總統不得於行使其締約權時，與外國協商排除美國人民在憲法上所應享有的任何自由或權利❹。

條約與合眾國法律均為本國最高法律，在適用上具有相同的位階及效力。但二者關於同一事務的規範內容如發生衝突時，何者應優先適用，則不無疑義。法院在試圖解釋二者規範確屬一致但無結果時，將依法律後法優於前法的適用原則，肯認較新近制定的法律或締結的條約具有較優先的地位。是以，國會得藉由條約以修正或廢止相關法律，亦得藉由法律以修正或廢止相關條約。由於修正或廢止條約均將影響國家在國際關係上的利益，茲事體大，故而，除非國會確有改變現存條約之明顯意圖，否則法院不得僅以推論方式逕自解釋國會的本意❺。

此外，條約如與各州法律發生衝突時，其在適用上應如何取捨，以及美國憲法增修條文第十條有關剩餘權 (residue powers) 保留予各州的規定是否涵括限制聯邦政府締約權的意旨等問題，均有待進一步釐清。依據前揭憲法最高條款的規定，各州法官應受本憲法、合眾國法律及所有條約等本國最高法律 (the supreme law of the land) 的拘束。任何州憲法或法律所定事物如與本國最高法律牴觸時，各州法官應不受其拘束（美國憲法第六條第二項後段）。

茲此，條約為本國最高法律之一，在適用上取得優位於各州法律的地位，至為明確。條約不僅在聯邦事務上，有排除各州法律適用的餘地，同時，聯邦政府更得經由締約權的行使，擴大規範原屬各州管轄權限範圍內的事務，例如州法律有關禁止外國人繼承財產的規定將為內容與之衝突的條約所推翻者是❺。

關於美國憲法增修條文第十條是否限制聯邦政府締約權的問題，美國聯邦最高法院於西元一九二〇年在 Missouri v. Holland 一案中表示，設置

---

❹　Reid v. Covert, 354 U.S. 1 (1957).

❺　Cook v. United States, 288 U.S. 102 (1933).

❺　Hauenstein v. Lynham, 100 U.S. 483 (1879).

美國憲法增修條文第十條的宗旨，乃在使未賦予聯邦政府的權力保留予各州行使，其究非以創設特定州權為目的。締約權既為憲法直接創設並明示賦予聯邦政府的權力，增修條文第十條自無限制聯邦政府行使該項權限的餘地。甚且，在必要時，聯邦政府的權力並得藉由締約權而適當擴張之。故而，在不侵犯人民經憲法保障任何自由權利的前提下，聯邦政府與外國締結有關類如候鳥保護等在本質上屬於全國性事務的條約，應無涉及逾越聯邦權限及侵犯各州保留權力的問題❷。

第二款　行政協定

除了締結條約以外，總統亦得與外國訂定行政協定 (executive agreements)。行政協定與條約在本質上雖頗為類似，但其議定程序則有極大的差異。條約須經參議院的諮詢及同意始可生效，而行政協定則僅須總統單方面的簽署即告完成。行政協定的形式較為分歧，各種備忘錄及技術協定等，均屬行政協定的類型。美國憲法雖無關於行政協定的明文規定，但基於總統行使國家元首及最高行政首長職務的權責，其與外國訂定行政協定、契約及合意等，應屬憲法所認許的總統固有權力之一，要無疑義。事實上，由於行政協定較富彈性及機動性，總統與外國所議定的協議，約逾九成是以此一形式呈現。只有在所議定協議具有全國性影響力、具有全國一致性質、實施期限較長、國會有介入意願，以及憲法明定應經國會同意時，國務院始行建議以條約形式遂行國際協議❸。

行政協定依其訂定權源之不同，約可分為條約授權行政協定 (treaty-authorized executive agreement)、國會授權行政協定 (congressionally-authorized executive agreement) 及單純行政協定 (solely executive agreement) 等三種類型。參議院於同意條約之同時，授權總統單方面與締約國訂定執行該一條約的細部行政協定，是為條約授權行政協定。由於此類

---

❷　Missouri v. Holland, 252 U.S. 416 (1920).

❸　Kenneth Randall, *The Treaty Power*, 51 OHIO ST. L.J. 1089 (1990).

行政協定乃基於憲法第二條第二項第二款的規定而訂定，且經參議院出席議員三分之二以上的同意與授權，是故，其合法性毋庸置疑。然而，如總統所訂定的此類行政協定逾越國會的授權，法院仍將考察其是否屬於其他二種行政協定的類型，並非當然宣告其為無效。

總統得基於固有權力及憲政慣例，與外國協商訂定行政協定，行政協定簽署後，送請國會參、眾兩院確認，是為國會授權行政協定。在此，國會的確認與制衡乃是依據憲政慣例及部門間的權力尊重所形成，故其確認僅需過半數國會議員以共同決議案決議通過即可成立。對於以上二種類型的行政協定，國會均得經由同意或確認程序而逕予變更、修正或廢止，是應注意。

此外，總統亦得依固有權力及憲政慣例，獨自與外國訂定行政協定，無須國會任何形式的同意、確認或授權，是為單純行政協定。一般而言，此類行政協定如僅涉及專屬行政權行使的事項，法院將較傾向於肯認其之合法性。美國聯邦最高法院於西元一九八一年在 Dames & Moore v. Regan 一案中表示，卡特總統與伊朗所訂終止兩國政府或人民任何訴訟及釋放美國人質的行政協定，應屬單純行政協定的類型。由於國會怠於制定相關法律或以任何決議案明示否決總統所簽署的系爭協議，以及通稱為人質法 (Hostage Act) 的國際緊急經濟權力法 (International Emergency Economic Powers Act) 亦廣泛授權總統遇國家緊急情況即時處置外國財產的權力，聯邦最高法院因而認定，國會已默示同意系爭行政協定的內容。甚且，系爭行政協定明文設置美伊仲裁法庭，用以處理訂約後六個月內未獲適當舒解的任何請求，其對於人民權益的保障業已顧及。是故，該一行政協定應予認可❺❹。由於單純行政協定欠缺國會的分享及參與，其最具爭議性自屬自然。在所有行政協定中，約有百分之七是屬於此種類型，例如承認外國政權及終止戰爭的行政協定是❺❺。

---

❺❹ Dames & Moore v. Regan, 453 U.S. 654 (1981).

❺❺ Richard Erikson, *The Making of Executive Agreements by the United States Department of Defense: An Agenda for Progress*, 13 B.U. INT'l L.J. 45 (1995).

　　行政協定與條約相同，均受美國憲法的拘束。同時，行政協定亦屬美
國憲法第六條第二項所指稱的本國最高法律之一，是以，行政協定如與各
州法律發生衝突時，行政協定自應取得優先適用的地位。但由於行政協定
的訂定，未經參議院的諮詢及同意，其在法律上的位階及效力，究與條約
有所區別。解釋上，行政協定的內容如與法律規定顯然不一致時，該一行
政協定應屬無效；只有在行政協定單純涉及專屬行政權行使的事項時，該
一行政協定始有改變現行法令的餘地[56]。

第三款　終止協定

　　關於與外國所締結條約和所訂定行政協定的終止及權責歸屬問題，美
國憲法亦付諸闕如。論者有謂，條約既經參議院三分之二以上出席議員的
同意通過，其終止亦須經由相同程序為之，始屬恰當。反對論者則認為，
條約及行政協定的終止，應屬總統的固有權力之一，故無須國會的介入或
干涉。由於美國聯邦最高法院曾於西元一九七九年在 Goldwater v. Carter 一
案中表示，條約終止的權責歸屬問題應屬政治問題，聯邦最高法院不宜對
於此一爭點驟下結論，甚且，對於總統未經參議院同意單方面終止與臺灣
協防條約的決定，法院不宜受理審查[57]。是以，關於此項問題的規範法則，
仍屬不甚明確。

　　惟縱使如此，一般論述均認為，如參議院與總統的意見一致時，其終
止無所爭議；終止條約或行政協定業經國會兩院過半數議員的同意確認，
其有效性亦應予以肯定。但如遇總統單方面終止任何國際協議的情形時，
其有效性則應考察總統對於協議規範事項是否具有主導地位，以及國會對
於協議終止所表現明示或默示的態度等因素，綜合判斷之。

---

[56]　United States v. Capps, Inc., 204 F.2d 655 (4th Cir. 1953).

[57]　Goldwater v. Carter, 444 U.S. 996 (1979).

第六項　統帥權

　　美國憲法第二條第二項前段規定:「總統為合眾國陸軍及海軍統帥,以及為各州經實際徵召服役於合眾國的民兵統帥。」此一規定明定總統之統帥權 (commander-in-chief power)。海軍、陸軍為本憲法制定當時美國軍隊所擁有軍種的總合,為使文人領袖得以有效統整國家一切國防力量,制憲者應無限制總統僅為海、陸二軍統帥之本意。解釋上,總統應為國家軍隊統帥,且為所有軍種的最高指揮官,始符合憲法前揭條款的現代意義。至於涉入軍隊日常運作的程度為何,則留由總統依其自由裁量權責自行決行之。

　　惟應注意者,依據憲法權力制衡的設計,美國憲法賦予國會軍事權以制定軍隊規則 (美國憲法第一條第八項第十四款)。是以,總統基於軍隊最高統帥身分頒布軍事命令及規則時,仍須與國會所定相關法令意旨一致,始屬有效。此外,總統並得基於最高行政首長職務,授予國防部長及各個軍種行政長官發布軍事相關規則的權限,自不待言。

　　總統行使統帥權最具爭議性者,莫過於發動戰爭及出兵境外等二種行為。美國憲法明定宣戰權歸屬於國會 (美國憲法第一條第八項第十一款),國會遂行宣戰權,僅須國會兩院過半數的投票決議即可。縱使制憲者斷然否決總統應享有宣戰之權,惟歷史上未經國會同意而由總統直接行使事實上 (de facto) 宣戰權的情形亦所在多有 ❺❽,同時,部分總統更公開表明國會不應在國家訴諸武力時參與軍隊事務的態度 ❺❾。實際上,在美國所經歷的大小戰爭之中,即有逾二百餘次戰役未經國會的宣戰或授權,較久遠者例如於西元一七八九年所發生的美法戰爭,以及較近代者例如韓戰及越戰等均是。更有甚者,總統向戰爭國宣布中立或不使用武力,不僅在憲政上未

---

❺❽　THOMAS & THAMAS, THE WAR-MAKING POWERS OF THE PRESIDENT 7 (SMU Press 1982).

❺❾　老布希總統 (George Bush) 曾表示,其將胡珊踢出科威特的決定,無需國會幾隻老山羊的許可。Jane Stromseth, *Rethinking War Powers: Congress, The President, and the United States*, 81 GEO L. J. 597 (1993).

引致僭越國會權力的非議，論者更肯認其為統帥權行使的範疇，例如華盛頓總統於西元一七八九年宣布美國在英法戰爭保持中立是。

　　此外，總統與他國交戰的權限亦源自於統帥權。雖然總統與他國交戰毋庸國會的授權，但關於續戰或停戰的軍事行動如於國會本意不一致時，總統應予謙抑退讓，始符合憲法課予總統忠實執行國家法律的義務（美國憲法第二條第三項後段）。一般而言，總統只有在為保護國家海外經濟利益、保護美國海外公民、協助外國人民免受迫害或踐履條約義務所必要時，始有正當化其單方面所為有關交戰決定的餘地。茲此，如遇美國土地遭受侵犯，總統迅速展開軍事行動以為因應，其決定的正當性更應無所置疑，始屬合理。

　　有鑒於總統交戰權欠缺制衡機制，國會兩院於西元一九七三年通過戰事權決議案 (War Powers Resolution of 1973)，明定總統所為任何動用軍隊於敵對狀態或即將面臨敵對狀態情況的決定，應於四十八小時內告知國會。國會應於接獲總統告知後六十日內集會，並作成宣戰、追認、授權、停戰或終止敵對狀態之決議。如國會未能於六十日內集會，總統得繼續進行其軍事行動，至國會集會為決議時為止。如國會未於六十日內作成決議，總統應即終止其軍事行動。對於國會上述決議，總統並無否決權❻⓪。

　　惟戰事權決議案是否符合憲法權力分立本旨，乃備受各界質疑。部分總統曾表示，戰事權決議案干涉總統的固有權力。對於此決議案持反對意見者亦認為，總統對於國會決議無否決權，違反憲法政治部門間良性制衡的設計。甚且，立法否決權業經聯邦最高法院宣告為無效，國會依據戰事權決議案卻得改變總統基於統帥權所為動用軍隊的決定，其違背聯邦最高法院憲法解釋意旨，乃昭然若揭。同時，總統交戰權乃基於其統帥權而取得，實毋庸國會的授權。戰事權決議案關於國會授權總統與他國交戰的規定，不僅畫蛇添足，且其授權更屬不法。

　　儘管如此，國會與總統在戰爭權力領域內的明確制衡關係，確屬不易界定。法院在此亦表現較為消極的立場，認為其應屬不受司法部門管轄的

---

❻⓪　50 U.S.C. §1541 et seq.

政治問題，故不願貿然介入此類紛爭。是以，關於此一領域的規範法則，
只得藉由歷史演進、二大政治部門間的合作關係以及公意取向等實證經驗
逐漸形成之。

　　戰爭發動以後，總統既為國家軍隊的最高統帥及各個軍種的最高指揮
官，自應負起在戰爭期間決定軍事策略及軍事戰術的全部責任。遇有必要
時，總統並得徵召各州民兵服役境外，無須州長的同意。對於總統徵調民
兵加入軍隊服役的決定，國會自不宜再予介入。同時，有關總統對於戰俘
的監管與拘留是否應享有較廣泛權限的問題雖尚未形成定論，但為避免一
造當事人在聽證程序中所陳述的主觀意見造成審判法院在認事用法上的錯
誤，戰俘具有美國公民身分者於後續審判程序中，仍應享有憲法正當程序
權利的保障❻。總統為指揮及監督作戰所發布的各種命令，亦應受到國會
所定相關軍事規則的拘束，自不待言。

◆ 第三節　行政制約 ◆

第一項　概　說

　　總統為行政部門首長，應指揮監督所屬行政機關 (administrative
agencies) 忠實執行所有國家法律。美國憲法並未創設任何行政機關，亦無
關於行政機關組織架構或權限職掌等相關規定。除少數例外者外，大多數
行政機關均由國會透過設權立法 (enabling legislation) 所創設。行政機關一
旦創設之後，即歸屬於行政部門，承總統之命依法遂行國家日常行政事
務❻。行政機關在憲法上雖非權力分立體系下的第四部門，但卻實際履行
行政、立法、司法三大政府部門的若干重要職能，其運作因而產生諸多權
力分立疑義，自屬無可避免。美國聯邦最高法院在行政權行使爭點方面所

---

❻　Hamdi v. Rumsfeld, 542 U.S. 507 (2004).

❻　史慶璞，〈行政行為與美國行政爭訟制度之研究〉，《美國憲法與政府權力》，第
　　89 頁，三民書局，臺北 (2001)。

為有關權力分立法理的論述，乃闡明了行政部門在憲法上所應持守的適當分際，總統領導行政機關實施行政權時自應受其拘束。

第二項　免職限制

如前所述，美國憲法明定聯邦官員的任命應由總統提名，經參議院的諮詢及同意而任命之，或授權總統個人、法院或部會首長任命下級聯邦官員，無須參議院的確認（美國憲法第二條第二項第二款）。然而，美國憲法對於聯邦各級官員的免職程序，則除經國會彈劾者外，並無相對應的明文規定。是以，一般論述均認為，總統對於所屬聯邦行政官員所享有的免職權力，在憲法上乃屬專屬且不受國會拘束的完整權限。茲此，國會所定任何有關總統免除聯邦官員職務須經參議院同意的規定，均應歸於違憲及無效 [63]。

惟近世紀以來，為使行政首長不受過度政治考量所影響及提昇行政機關事務性質官員的服務品質，以及為強化具特殊職掌行政機關的公正性及專業化程度，國會逐漸認知適當限制總統對於部分聯邦行政官員的免職權限，乃確有其必要。是故，國會除尊重總統對於在傳統上得依其主觀意志決定去留的行政機關首長的有關任免權限以外，並同時經由立法程序創設若干行使準立法 (quasi-legislative) 或準司法 (quasi-judicial) 職能的獨立行政機關 (independent agency)，明定總統非依正當理由 (good cause)，不得任意將其行政首長予以免職，例如西元一八八七年國會所設立全國第一個獨立機關州際商務委員會 (Interstate Commerce Commission) 是。依國會本意，行政首長除有貪污瀆職、行為不檢、職務過失或其他不適任情事，否則僅單純在政策上或政治上表示不同意見，將不足以構成總統除去其職務的正當理由。

國會經由立法解釋方式，列舉免除獨立機關首長職務的正當理由，是否過度干涉或限制總統行使憲法賦與任免官員之權，則非無疑問。美國聯

---

[63]　Myers v. United States, 272 U.S. 52 (1926).

邦最高法院於西元一九三五年在 Humphrey's Executor v. United States 一案中表示，聯邦貿易委員會為政黨中立的獨立機關，其職責具有準立法及準司法的性質，且以執行法律政策而非政治或行政政策為要務，故應超然公正行使職權。類如聯邦貿易委員會的獨立機關僅向美國人民負責，不受政府任何部門人員的拘束。其應獨立於政治指導及監督或其他類似可能性之外，且應分立於任何現有政府部門之外，不受總統命令的拘束。總統在憲法上並未享有對於類此獨立性質官員無所限制的免職權限，乃至為明顯。國會既有創設免於行政監督行使準立法或準司法職權獨立機關的權限，其自得基於相同權限而在適當場合明定上述性質機關官員的任期及特定免職事由❻❹。

綜上，總統免職權應否受到國會立法權的干涉或限制，乃端視系爭官員職位的屬性及其職責的性質論斷之。如系爭官員職位純粹屬於行政性質，則其去留應可完全取決於總統單方面的自由意志，國會不得介入干預之。一般而言，由於行政部門內閣閣員及各部會官員非屬政府暫時聘用的人員，且其擁有特定行政權限及具有履行純粹行政性質職能的作用，並可依法作成政策上的決定或判斷，故其職位應屬純粹行政性質，總統對其所享有的任免權限，應屬最為完整。但如有關官員是以履行準立法或準司法等獨立職權為主要，則國會乃有經立法程序規範該類官員職位去留的餘地。惟基於憲法權力分立之原則，國會僅得在不影響總統忠實執行國家法律權能的前提下，規範類如獨立機關職位任期及免職事由等相關事宜，切不可直接控制及監管該類職位，是應注意。是以，由於授權國會免除純粹行政性質官員審計長 (Comptroller General) 職務的法律確有僭越行政權分際之虞，故其應屬違憲而歸於無效❻❺。

美國聯邦最高法院於西元一九八八年在 Morrison v. Olson 一案中再次強調，一九七八年政府倫理法 (Ethics in Government of 1978) 有關獨立律師 (independent counsel) 或特別檢察官 (special prosecutor) 僅得依正當理由始

---

❻❹　Humphrey's Executor v. United States, 295 U.S. 602 (1935).

❻❺　Bowsher v. Synar, 478 U.S. 714 (1986).

可免職的規定，是為防止獨立律師受到政治壓力及儘予提昇其獨立性之目的而審慎設置，與憲法權力分立原則並無牴觸。獨立律師所行使追訴犯罪職能雖亦屬純粹行政性質，但其因屬政府暫時任命的下級聯邦官員，其不僅無任何政策決定權能，且在政府各部門之中亦未享有任何重大的行政上權限。國會為確保獨立律師獨立行使職權及不受任何干涉，乃經由立法程序限定獨立律師的免職事由，其手段應屬適當。由於國會並未介入獨立律師的選任及免職程序，其無控管獨立律師職位的意圖，乃頗為明顯。甚且，國會雖依憲法第二條第二項第二款後段任命條款，將獨立律師的選任權限，委由三位聯邦法官合議行使，但該合議法官仍不得審查檢察總長所為有關任命獨立律師的決定，亦不得過問獨立律師所為有關系爭案件的調查或追訴。由是，其不僅未侵犯司法權或行政權領域，亦未危及司法部門的完整性。更進一步言，由於任命獨立律師的決定及免除獨立律師職務的權力仍留由行政部門檢察總長行使，總統在憲法上行使任免聯邦官員的權限，並未實際受到國會立法的不當干預❻❻。

依據上述，系爭官員職位的屬性及其職責的性質，以及總統在憲法上行使任免聯邦官員的權力有無受到貶損等因素，均為聯邦最高法院審查國會限制總統免職權是否違反憲法權力分立原則的重要判斷依據，應予注意。

第三項　法律授權

行政機關除履行行政職能外，並得基於國會立法的授權，行使法令制定 (Rulemaking) 及案件裁決 (Adjudication) 的權限。法令制定權限具抽象立法功能，與立法部門立法權類似，故稱其為準立法權 (quasi-legislative powers)；而案件裁決權限則具個案裁判功能，與司法部門審判權類似，故亦稱其為準司法權 (quasi-judicial powers)。行政機關依國會立法所授予的特定權限遂行其法定職掌，並協助分擔各個憲法部門日益繁重的業務負荷。

國會依據授權理論 (delegation doctrine)，審慎授予行政機關原屬立法

---

❻❻　Alexia Morrison, Independent Counsel v. Theodore B. Olson, 487 U.S. 654 (1988).

部門或司法部門行使的權限。一般論述均認為，國會移轉其或司法部門所擁有的部分權力予行政機關，與憲法權力分立原則並無違背。但相對而言，國會行使其授予權，仍應受到授權理論若干反制原則，亦即不得授權理論 (nondelegation doctrine) 的拘束，自不待言。

為維護憲法權力分立制度的完整性，美國聯邦最高法院經由判決發展形成非授權理論，明確宣示國會如在量的方面過度授權，或在質的方面使某一部門控制另一部門的基本職能，則其授權應屬違憲與不法。要言之，國會如授予過多司法權予行政機關，或移轉某一部門基本職能予另一部門，則其授權即屬過度 (excessive)，例如國會不得捨棄立法權而委由另設機關行使，亦不得將其某些類如彈劾的基本職能授予其他機關行使者是。此外，國會如使某一部門控制另一部門的基本職能，則其授權亦屬違憲，例如使行政機關行使最終決定憲法爭點的權限將侵犯司法部門的基本職能者是。

第一款　準立法權

西元一九三四年以前，美國聯邦最高法院對於國會授予行政機關準立法權的決定多予以肯認，至羅斯福總統推行新政期間，聯邦最高法院曾一改其尊重態度，而以聯邦權力逾越憲法商務條款或國會過度授予立法權等理由，宣告二件授權法律失其效力。美國聯邦最高法院於西元一九三五年在 Schechter Poultry Corp. v. United States 一案中表示，國會授予總統核定家禽業公平競業規則的權限，由於欠缺充分政策說明以指導制定規則的行政機關，其授權即屬不法，該系爭規則因而失其效力❻。另外，聯邦最高法院於同年在 Panama Refining Co. v. Ryan 一案中亦表示，國會授權總統決定何種石油產品應行禁止傳輸於州際商務之中，由於涉及過度授予立法權限情事，其授權亦屬不法，總統僅得執行而不得作成有關某項產品應否進入州際商務的決定❻。

---

❻　Schechter Poultry Corp. v. United States, 295 U.S. 495 (1935).
❻　Panama Refining Co. v. Ryan, 293 U.S. 388 (1935).

　　自西元一九三〇年代末期開始，美國聯邦最高法院再度改弦易轍，對於授權立法違憲性及商務條款逾越性的審查，均採取較為包容的態度。依據聯邦最高法院的意見，只要國會給予被授權機關若干標準 (standards) 或明確原則 (intelligible principles) 以指導其履行所授予的權責，則國會所為的授權應屬有效❻。為通過明確原則基準的檢驗，國會應將明確的政策說明詳載於授權事項之上，並提供被授權機關有關授予權限應如何履行的基本準則。

　　基於上述，美國聯邦最高法院所採取的檢驗基準非屬嚴峻，只要國會在授權同時亦概括敘明有關政策及標準，其授權即為適當。明確原則的要求除可確保憲法權力分立體系的完整建構以外，並可監督行政機關運作於民選代表所建立的各種限制之內。其不僅有助於國會監督被授權機關履行所授予的權限，亦可提供法院若干審查標準以判斷行政機關行使相關行政行為的合法性及合憲性地位。聯邦最高法院更進一步表示，國會授權應附隨若干辨識標準 (discernible standards)，如此，被授權者行為始可藉由其對立法意志的忠實履行程度而予以適切收放之❼。

　　由於美國聯邦最高法院對於可理解原則一詞並未作成精確定義,是故,為掌握其完整意涵，似應藉由聯邦最高法院歷年重要判例逐案釐清之。聯邦最高法院於西元一九四八年在 Lichter v. United States 一案中表示，國會授予行政官員回復戰爭物資再協商契約過多利潤的權限,由於「過多利潤」一詞足資提供被授權官員充分指導以行使所授予權限，國會授權並未涉及模糊及過於廣泛的情事，是故，其在此所為之授權不僅應予以肯認，同時亦屬國會行使憲法戰事權的適當表現❼。聯邦最高法院於西元一九六三年在 Arizona v. California 一案中亦表示，國會透過包德峽谷工程計劃法 (Boulder Canyon Project Act)，授予內政部長分配科羅拉多河河水的權限，由於該法指示內政部長於決定用水優先順位時，應考量河水管制、洪水防

---

❻　J. W. Hampton, Jr. & Co. v. United States, 276 U.S. 394 (1928).

❼　Eastlake v. Forest City Enterprises, 426 U.S. 668 (1976).

❼　Lichter v. United States, 334 U.S. 546 (1948).

治、灌溉、家庭用水需求及電力生產需要等因素，其已提供被授權部長行使授予權限的充分標準，故國會在此所為之授權亦應予以維持⓻。

　　此外，聯邦最高法院於西元一九八九年在 Mistretta v. United States 一案中宣稱，國會設立美國量刑委員會 (United States Sentencing Commission) 研究聯邦法院量刑情形與研訂量刑準則以提供聯邦法官參考運用，由於國會並未授予該委員會決定何種犯罪應科處何種制裁的權限，其未涉及不法授予立法職能的情事，是故，國會在此所為之授權應屬有效。聯邦最高法院強調，由於該委員會是以現有量刑平均數值作為研究憑據，且有關量刑的目的和宗旨，均是依據國會所建立的內容行事，甚且，該委員會僅得在國會所定法定刑上下限之範圍內研議量刑準則，故而，國會已充分提供被授權委員會有關履行其職責的可理解原則，其授權自應予以肯認⓽。

　　自實證經驗觀察，可理解原則標準似已無法有效監督國會所為廣泛授權的情形。美國聯邦最高法院大法官布拉克蒙 (Harry A. Blackmun) 在前述 Mistretta 一案中表示，聯邦最高法院在審查國會授權行為時，已充分認識到，值此日趨複雜充滿變革及較多技術性問題的社會，國會如不能以廣泛概括的指示進行授權，則根本無法履行其職分。事實上，聯邦最高法院自前述 Schetcher Poultry 一案以後，即未曾再以非授權理論宣告國會所為授權立法失其效力。更有甚者，美國聯邦最高法院更進一步肯定，國會在法令制定上賦予行政機關某種程度的裁量權限，非屬違憲⓾。針對聯邦法院對於國會授權立法所抱持日益寬容的態度，許多論者乃寄予高度的關切，咸認為對於國會所定恐有過度授予立法權限之虞的法令，聯邦法院應行使較目前所為更具實質意義的司法審查。

⓻　Arizona v. California, 373 U.S. 546 (1963).

⓽　Mistretta v. United States, 488 U.S. 361 (1989).

⓾　Whitman v. American Trucking Association, Inc., 531 U.S. 457 (2001).

第二款　準司法權

　　國會除得授予行政機關準立法權之外，亦得授予行政機關行使準司法性質的職能，例如行政機關審議單位懲處證照持有人，處罰違規行為人，或是解決公司和消費者之間的紛爭是。在某些情形下，行政機關更可行使傳統上多由法院履行的權力。近年來，自法院移轉於行政機關審議的案件與日俱增，亦是不爭的事實。當國會將美國憲法第三條法院所擁有的案件裁判權力移轉予行政機構行使時，有關權力分立的爭點則更為突顯。概括言之，美國憲法第三條設立憲法上法院 (constitutional courts)，具有兩點重要的意涵，其一是為確保司法部門在憲法體制上的獨立完整，其二則是保證人民權利可由法官審判不受政府政治部門的干預。惟如此意涵，是否意謂著所有請求均須交付憲法第三條所設法院的法官審理，則不無疑義。

　　美國聯邦最高法院於西元一九三二年在 Crowell v. Benson 一案中表示，與工作有關的海事傷害損害賠償請求，可由行政官員審理。然而，聯邦最高法院亦強調,只有特定案件始得移由國會所授權的行政機構審議❼❺。國會授予行政機關司法權限是否合憲，乃取決於系爭授權威脅司法部門制度獨立完整的程度而定。聯邦最高法院於西元一九八六年在 Commodity Futures Trading Commission v. Schor 一案中表示，為釐清此一模糊爭點，下列四點因素應予一併考量：第一，保留予憲法第三條法院法官之司法權基本特質；第二，憲法第三條以外審議機構行使何種通常屬於憲法第三條所賦予之權力；第三，提請裁決權利之來源及其重要性；以及第四，國會選擇授予行政官員或審議機構裁決權限之理由。在上述四點考量因素之中，又以第三點內容最為重要❼❻。

　　同時，聯邦最高法院亦以公權利理論 (public rights doctrine)，解決國會授予司法權是否適當的問題。依據公權利理論，系爭請求如屬公共而非私

---

❼❺　Crowell v. Benson, 285 U.S. 22 (1932).

❼❻　Commodity Futures Trading Commission v. Schor, 478 U.S. 833 (1986).

人性質，則對於系爭請求的裁決，國會得授權憲法第三條所設法院以外的裁決機構行使之。茲此，聯邦最高法院將權利區分為公共及私人性質，並認為公權利案件得移由行政官員裁決，而私權利案件則仍應留由憲法第三條法院法官審判，無移轉或授權行政機關行使的餘地。一般而言，案件如涉及二個以上私人之間的責任歸屬爭執，即應屬私權利案件。但系爭私權利如於普通法中不存在，則某些明顯屬於私人性質的權利，則仍有授予行政機關進行裁決的可能。是故，所謂公權利案件，應是指政府為一造當事人，或系爭私權利存在於國會所設法規體系內的案件。然而，刑事案件雖均以政府為一造當事人，但仍不屬前述公權利案件類型，其不得解釋為得移由行政機關審理，自屬當然❼❼。

美國聯邦最高法院於西元一九七七年在 Atlas Roofing Co. v. Occupational Safety & Health Review Commission 一案中表示，職業安全及健康法 (Occupational Safety and Health Act) 授予被告審議委員會對於未改善不安全及不健康工作環境的雇主課予行政罰鍰的權限，由於原告雇主的請求涵括於前揭法律之內，且有關救濟於普通法中並不存在，故其主張雖具私人性質，但仍屬公權利事項而可留由行政機關予以裁決。然而，被授權行政機構所為的裁決，應有受憲法第三條法院法官審查的可能，否則國會類此授權，仍有經法院宣告為無效的餘地❼❽。此外，訴訟當事人接受憲法第三條法院法官審判的權利，通常亦包含接受陪審團審判的權利。是以，如系爭請求移由行政機關裁決，當事人將同時失去系爭案件交由陪審團審議的權利，是應注意。

對於不屬於憲法第三條所設憲法上法院的法官，亦不屬於憲法第二條被授權機關的裁決官員，而是經由國會立法所創設屬於憲法第一條法律上法院 (legislative courts) 的法官，例如破產法院法官及治安法院法官等，其行使準司法裁判權限的範圍為何，亦成為有關案件的爭執重點。美國聯邦

---

❼❼　Northern Pipeline Construction Co. v. Marathon Pipeline Co., 458 U.S. 50 (1982).

❼❽　Atlas Roofing Co. v. Occupational Safety & Health Review Commission, 430 U.S. 442 (1977).

最高法院於西元一九八二年在 Northern Pipeline Construction Co. v. Marathon Pipeline Co. 一案中表示，破產法 (Bankruptcy Act) 授權破產法官 (bankruptcy judges) 審理契約請求部分，由於此類請求具私權利性質，故其授權應屬無效❼❾。聯邦最高法院於西元一九八九年在 Granfinanciera, S.A. v. Nordberg 一案中亦宣示，由於破產管理人所為回復因詐騙所移轉財產的行為是屬私權利而非公權利性質，故破產法授權破產法官對於此類案件得自行作成事實認定決定的部分，亦應歸於無效❽⓿。惟屬於憲法第一條法律上法院的破產法官，是否可審理在破產程序中所引起應交付陪審團審判的案件，則仍有疑義，尚待法院釐清之。

　　治安法官 (magistrate judges) 是依據聯邦治安法官法 (Federal Magistrates Act) 而任命，亦屬憲法第一條經由國會立法所設置的職位。該法除直接授予治安法官若干權限外，並允許憲法第三條法院法官在符合美國憲法及其他法律規定的前提下，授權治安法官履行其他職責。由於治安法官究非憲法第三條所設法院的法官，故其所授予的權限自應明確界定。美國聯邦最高法院於西元一九八九年在 Gomez v. United States 一案中表示，在重罪刑事案件中非經當事人同意，憲法第三條法院的法官，不得授權治安法官主持審定陪審員陪審資格的程序。由於陪審員資格的審定程序與刑事被告權益息息相關，故應由憲法授權的法官監督行使之❽❶。

　　聯邦最高法院於西元一九九一年在 Peretz v. United States 一案中更進一步表示，如經當事人同意，治安法官確可逕予審理刑事案件。但任何一造當事人如有不同意見時，憲法第三條所設地區法院法官至少應在案件進入關鍵階段時，親自坐鎮指揮訴訟程序的進行。對於是否授權治安法官協助主持陪審員的資格審定程序，除當事人得加以否決外，地區法院法官尚擁有最終決定之權。是以，由於所有訴訟程序的進行，均完全受地區法院法官的控制及管轄，國會允許使用治安法官協助審理刑事案件，並無為削

---

❼❾　Northern Pipeline Construction Co. v. Marathon Pipeline Co., 458 U.S. 50 (1982).

❽⓿　Granfinanciera, S.A. v. Nordberg, 492 U.S. 33 (1989).

❽❶　Gomez v. United States, 490 U.S. 858 (1989).

弱憲法上法院權力而移轉司法管轄權予其他裁決機構的意圖。甚且，由於此類授權並未涉及違反權力分立原則的情事，當事人如同意放棄接受憲法第三條法官審判的權利，法院自應予以尊重❷。

基於上述，被授權機關的責任歸屬，應是聯邦最高法院對於國會授予準司法權行為進行合憲性審查所考量的重要爭點。由是，聯邦最高法院將檢視類如治安法官等官員是否應向憲法上法官負責，以及其所行使特定職能是否應受憲法上法官審查的拘束等項目。以上述治安法官法為例，基於該法有關被授權治安法官應向憲法第三條所設法院的法官而非向國會或總統負責，治安法官所為任何決定均可再由憲法第三條所設地區法院法官更新審查，憲法第三條所設法院的法官得免除治安法官的職務，以及治安法官不得於任期中受有任何減俸處分等規定觀察，國會經由該法所為之授權應予肯認。

第三款　刑罰權

國會授予有關機關兼具準立法和準司法職能的刑罰權 (penal power)，以行使決定犯罪行為、量刑及審理刑事控訴案件的權限。由於實施刑罰權極易損及民權，被授權機關在此行使所授予權限，應受特定法則嚴謹的拘束與限制。

美國聯邦最高法院於西元一九九一年在 Touby v. United States 一案中表示，為填補法律在增修與施行間的斷層，管制毒品法 (Controlled Substances Act) 授權檢察總長在該法完成修正前，得暫行增列、移除或調整管制毒品的分級及品項，由於該法明定持有、散布或使用管制毒品是為犯罪行為，國會此項授權在實質上亦產生授權檢察總長公布刑事罰則的效果。惟該法規定檢察總長僅得在避免公共安全遭受緊急危難所必要時，始可依所授予權限暫行分級公告管制毒品品項及界定犯罪行為。甚且，該法更要求檢察總長在作成上述決定前，除應考量毒品的歷史及目前被濫用的型態，

---

❷　Peretz v. United States, 501 U.S. 923 (1991).

其被濫用的範圍、期間及嚴重性，以及其對於公眾健康所可能造成的危險等三項因素外，亦應注意該毒品實際被濫用的情況，其合法掩護管道是否存在，以及其祕密輸入、製造或散布的情形等。是以，國會在此所為之授權應屬適當，並無過度授權及授予刑罰權欠缺可理解標準的情事❽。

美國聯邦最高法院強調，憲法權力分立原則僅著重於政府三大對等部門間的權力分配問題，究未言明權力應包裹在某個單一部門之內。是以，國會得授予有關機關界定犯罪行為及適用罰則的權限。但為避免過度授予立法權損害人民權利，國會尚不得授予有關機關制定刑事罰則之權力。惟如國會立法提供刑罰上下限範圍，作為被授權機關依所授予權限界定犯罪行為及適用罰則時的具體參據，則應非憲法權力分立原則所不容。

被授權機關在某些特殊場合，尚得對於刑事案件行使準司法裁決的權限，但應受到有關法令相當程度的限制，例如前述治安法官僅得在雙方當事人均無不同意見時，始可審理重罪刑事案件及主持陪審員選任程序者是。相較於治安法官，由於行政法裁決官 (administrative law judge) 屬行政部門官員，其職位是由行政首長所任命，且未區隔於政治部門之外，故國會授予行政法裁決官行使準司法裁決權限時，解釋上，其授權範圍自不得較治安法官為廣泛，始屬合理。惟美國行政程序法規定，行政法裁決官應受有關法令及所屬機關的拘束，於聽證程序中行使主持宣誓與具結、簽發傳票、指揮證據調查、取得及作成證言、主持聽證程序、調處當事人爭議、處理程序請求事項、建議或作成裁決，以及行使行政法令所授予的其他權限等❽，事實上與治安法官的權限幾無明顯差距。

第四項　立法否決

立法否決 (legislative veto) 向為國會用以監督行政機關履行所授予權限的主要手段。國會運用立法否決機制，得以在實質上審查甚至推翻行政

---

❽　Touby v. United States, 500 U.S. 160 (1991).

❽　Administrative Procedure Act §556 (c).

機關所為的任何決定。自西元一九三二年開始，立法否決機制即廣受國會青睞，約有三百餘種否決程序經國會採納，並散見於包括戰事權決議案在內的二百餘種法令之中。其中最普遍者，當推國會得以任何一院否決行政決定的類型。一般而言，立法否決如涉及過度妨礙總統執行國會授予權限的情事，則其將因違反憲法權力分立原則而遭法院宣告為違憲。換句話說，多數論述均認為，國會一旦授予總統特定權力，其事後即不應再行任意干涉總統對於該項權力的實際履行。

　　美國聯邦最高法院於西元一九八三年在 Immigration & Naturalization Service v. Chadha 一案所表示的意見，堪稱為近年來聯邦最高法院審理立法否決爭點主要的立論基礎。在 Chadha 一案中，國會眾議院依據移民與國籍法 (Immigration and Nationality Act) 第 244 (c)(2) 條的規定，否決檢察總長對於被上訴人所為暫緩驅逐的決定。聯邦最高法院強調，一院否決 (one-house veto) 為政治上一項有效的設計及發明雖毋庸置疑，但仍應受憲法限定權力及各部門應如何行使其權力等規定的拘束。

　　依據美國憲法第一條第一項及第七項第二款國會兩院制 (bicameralism) 及提送條款 (Presentment Clause) 的規定，法律縱經國會兩院過半數議員同意通過，仍須在全國性選任官員亦即總統作成嚴密和完整的考量之後，始可正式生效。是以，藉由總統參與立法程序的設計，似足以避免國會制定荒腔走板的法律，人民權利進而可以獲得確保。因此，兩院制及提送條款，應是保證政治部門行使憲法基本職能及不逾越其權力分際的不二法門，二者缺一不可。

　　基於制憲者本意，國會應在單一、嚴謹琢磨及竭盡考量的程序下，行使憲法賦予聯邦政府的立法權。至於任何一院所為行為是否在法律上或在事實上足資堪稱為國會立法權行使的作用，則應視系爭行為所涉及事物的屬性和效力是否可被視為具有立法權的內涵而定。在 Chadha 一案中，由於系爭立法否決行為是以制定全國統一歸化法規為目的，且具有變更檢察總長、行政部門官員及被上訴人等立法部門以外人民權利、義務及法律關係的效力，該行為在實質上具有立法權的內涵，應可視為國會立法權行使的

一部分，故應受到美國憲法所定相關程序規定的限制。

考察美國憲法相關規定，其僅在參議院審議彈劾案、同意任命案、確認條約案，以及眾議院提出彈劾案等四種情形下，始明定國會得以單一院單獨行使立法權，不受總統否決權的拘束。除此之外，美國憲法尚無任何單一院得獨立行使立法權的明確規定。眾議院基於前揭法律條文所為的一院否決行為，顯然不屬憲法所定四種例外情形之一。是故，在 Chadha 一案中，系爭法律有關一院否決的規定，由於欠缺憲法明確授權及違背憲法權力分立原則，故其應歸於無效❽。

此外，美國聯邦最高法院基於上述論據，又於同年在 Process Gas Consumers Group v. Consumers Energy Council 一案中，以欠缺憲法提送條款所定提送總統表示意見的程序為理由，宣告國會所為二院否決 (both-house veto) 行為應屬違憲並歸於無效❻。針對國會對於獨立機關決定所為立法否決行為，聯邦最高法院亦表達了相同的審理立場。至於立法否決如兼括兩院制決議及提請總統表示意見等程序，是否即不存在合憲性疑義問題，則仍不可一概而論。其是否因逾越憲法分際行使司法裁決權限而仍有違反憲法權力分立原則之虞，亦須再予評估，凡此，均有待聯邦最高法院作成進一步的確認。但可得確定者，國會如欲基於民選代表身分運用立法否決機制以監督行政機關行使其所授予的權限，其至少應藉由憲法所定二院決議及總統簽署或覆議等立法程序予以實現，始可保證國會行為不逾分際。

然而，國會以聽證或其他類如電話關切等非正式程序，即時參與有關機關行政決定的作成，除可防患不當行政行為於未然以外，並可在事實上獲致與立法否決效果極為類似的監督及制衡結果。此類非正式接觸於近年來廣受國會議員及總統等當代政治部門人士的青睞，自有其存在的理由。

---

❽　Immigration & Naturalization Service v. Chadha, 462 U.S. 919 (1983).

❻　Process Gas Consumers Group v. Consumers Energy Council, 463 U.S. 1216 (1983).

第五章

司法權

❖ 第一節　法　院 ❖

第一項　組　織

　　美國憲法第三條第一項前段規定：「合眾國司法權 (Judicial Power) 應歸屬於單一最高法院，以及國會得隨時設置之下級法院。」依據前揭憲法規定，聯邦司法權應歸屬於由聯邦最高法院 (U.S. Supreme Court) 及其下級法院 (inferior courts) 所架構而成的國家司法部門 (Judicial Branch)。美國憲法僅直接創設一所聯邦最高法院，至於聯邦下級法院的層級與數量，則委由國會依需要隨時設置之。由於制憲者認為司法部門對於自由權利及各州主權的威脅遠不如立法部門和行政部門來得嚴峻，故於撰擬憲法第三條有關司法權範圍的文字時，其嚴謹程度顯然不及前二章所闡述關於憲法第一條和第二條的文字。

　　美國憲法簽署人亞歷山大漢彌爾頓 (Alexander Hamilton) 曾於聯邦黨第七十八號文件 (The Federalist Papers No. 78) 中慨嘆，「行政部門擁有公眾的寶劍，立法部門擁有公眾的荷包及制定法律的權力，但司法部門不僅對於寶劍或荷包均不具影響力，甚且對於社會的實力或財富亦不具監督和管理的權能。事實上，司法部門不僅無所力量，且無所意志，其所僅有的判決尚須仰賴行政之手始得見效。毋庸比較，司法部門顯然就是三權部門中最羸弱的一環」。司法部門欠缺與立法、行政二大部門抗衡的實力，是否盡符制憲者本意，乃確有疑義，尚須聯邦政府在憲政發展進程中再作進一步的釐清。

第一款　聯邦最高法院

　　制憲者除明確創設聯邦最高法院以外，對於聯邦最高法院大法官的人數，則留由國會決定。國會於西元一七八九年通過司法組織法 (Judiciary Act of 1789)，明定聯邦最高法院由首席大法官 (Chief Justice) 一人及陪席大法官 (Associate Justices) 六人組成之。於西元一八〇一年至一八〇七年之間，聯邦最高法院大法官人數曾一度縮減為五人。於西元一八〇七年，聯邦最高法院大法官人數再調增為九人。此後，美國聯邦最高法院除於西元一八三七年擴增為十人及於西元一八六六年回溯至七人以外，該最高法院自西元一八六九年以後即維持由九位大法官組成的規模，沿用迄今未曾再作重大的調整。

羅斯福總統推行新政期間，對於聯邦最高法院數度宣告新政法令無效深感不滿，曾提議修法增加聯邦最高法院大法官的任命與人數，以徹底改變最高法院的審判結構。依其立法規劃，聯邦最高法院大法官如有年逾七十歲者，總統得另行任命大法官一人。由於在當時有六名聯邦最高法院大法官已年逾七旬，羅斯福總統得再任命大法官六人，如此將可使聯邦最高法院大法官的總人數擴增為十五人。此一提議最後雖未獲得國會的青睞，但政治部門嘗試經由政治途徑左右聯邦最高法院理念取向的意圖，卻已昭然若揭。

聯邦最高法院位居聯邦司法部門的頂端，為國家最高司法機關，除對於少數案件享有初審管轄權以外❶，以行使上訴審管轄權 (appellate jurisdiction) 為主軸，審理來自聯邦上訴法院和地區法院合議庭的上訴案件，以及各州終審法院有關聯邦爭點的司法審查案件❷。聯邦最高法院於每年十月的第一個星期一首次開庭，庭期按年月命名（如西元二〇〇五年十月庭期），並連續實施至下一個日曆年的六月底為止。每週除星期四和星期五分別保留予大法官充作研究案卷及審議案件之用途以外，聯邦最高法院於星期一至星期三開庭聽審，以公開法庭及言詞辯論程序為之，每週平均約計審理十二宗大小案件。每年五月和六月的庭期多用以宣讀判決，並於夏季七月至九月休庭。

裁判的審議，由聯邦最高法院大法官組成全體合議庭 (en banc) 決定

---

❶　28 U.S.C. §1251.

❷　28 U.S.C. §§1253, 1254 & 1257.

之。九位大法官之中，應有六位大法官的出席始得開庭❸。自西元一八〇〇年起，聯邦最高法院大法官開庭審理案件應穿著黑色法袍，但無須配戴假髮。首席大法官位於合議庭的中央，最資深的陪席大法官位於首席大法官的右邊，次資深的大法官位於首席大法官的左邊，以下按資歷順位由右至左排列，遞至最資淺的陪席大法官為止。大法官審議案件時，首由首席大法官就其對於本案的態度及其所期許的評決方向進行陳述，次由最資深的陪席大法官陳述意見，再由次資深的陪席大法官陳述意見，遞至最資淺的陪席大法官陳述意見為終。

案件的裁判，以全體大法官過半數的意見決定之。案件評決之後，如首席大法官屬於過半數意見的一方，應由首席大法官指定陪席大法官一人撰寫法院判決意見書 (opinion)；如首席大法官非屬過半數意見的一方，則由過半數意見一方最資深的陪席大法官指定之❹。判決意見書應送請過半數意見一方的大法官閱覽並提供意見，過半數意見一方的大法官如對於判決所附理由不贊同時，得自行或聯名撰寫協同意見書 (concurring opinion)。如案件經全體大法官無異議決定者，其判決意見書得送請全體大法官提供修正意見修改之。法院判決意見書作成之後，屬於少數意見一方的大法官，得自行或聯名撰寫不同意見書 (dissenting opinion)，隨同法院判決意見書一併對外公布，成為附帶意見 (dictum)。

此外，聯邦最高法院並定期召開審查庭，以決定是否發布調卷令 (writ of certiorari)，審理聯邦上訴法院的上訴案件及各州最高法院有關聯邦爭點的司法審查案件。對於調卷令，僅需四位大法官的可決即可發布。調卷令發布之後，有關法院應依該項命令速將待審案卷提送聯邦最高法院審議。由於聯邦最高法院除對於少數直接上訴案件 (direct appeal) 是採行權利上訴制度以外，對於其他上訴案件及司法審查案件均採行裁量上訴制度，故在每年平均約計五千宗上訴案件和司法審查案件之中，僅有一百五十餘宗

---

❸　28 U.S.C. §1.

❹　William H. Rehnquist, *Sunshine in the Third Branch*, 16 WASHBURN L. J. 559 (1977).

涉及聯邦問題或全國性利益的案件進入聯邦最高法院的實體審理程序❺。

第二款　聯邦下級法院

　　國會除於司法組織法明定聯邦最高法院大法官的人數以外，並依據憲法第三條第一項前段的規定設置若干聯邦下級法院。於西元一七八九年時，國會設置三所巡迴區上訴法院 (court of appeals) 及十三所地區法院 (district court)，上訴法院不設法官編制，由二位聯邦最高法院大法官及一位地區法院法官組成合議庭 (panel) 審理上訴案件。兩百餘年來，聯邦下級法院的組織系統歷經數次的變動，目前已擴展至十二所司法巡迴區 (judicial circuit) 上訴法院及一所聯邦巡迴區 (federal circuit) 上訴法院，以及九十四所地區法院。每州至少設有一所地區法院，人口數較多的州得分區設置地區法院，例如加州分為北、東、南、中等四區，各區分設一所地區法院者即是。

　　聯邦法院採行三級制，聯邦上訴法院位居中層，折衝於最高法院與地區法院之間，除審理來自地區法院的上訴案件以外，並受理不服稅務法院的上訴案件及針對行政機關所為決定而提起的行政訴訟案件。國會於西元一九八二年設置聯邦巡迴區上訴法院，特業受理來自國際貿易法院、關稅及專利上訴法院、聯邦請求法院及退伍軍人上訴法院等特別法院的上訴案件，以及針對國際貿易委員會、合同訴願委員會、專利商標局、文官功績保障委員會所為裁決及其他行政機關所為決定而提起的行政訴訟案件。聯邦地區法院則掌理民刑事訴訟案件初審及事實審的審判，並受理來自破產法院及治安法院的上訴案件，以及針對行政機關所為逾越裁量範圍或涉及聯邦問題的決定而提起的行政訴訟案件❻。

　　聯邦上訴法院由首席法官一人及陪席法官至少六人組成之。裁判的審議，以法官三人組成合議庭行使為原則。在上訴法院資歷最深且年齡未逾

---

❺　史慶璞，〈美國聯邦最高法院司法審查權之研究〉，《美國憲法與政府權力》，第1頁，三民書局，臺北 (2001)。

❻　Mandamus and Venue Act, 28 U.S.C. §§1331 & 1361.

六十五歲的法官，得被推派為首席法官，綜理該所上訴法院的行政事務。至於各個地區法院法官的人數，則因業務需求而有所不同。在地區法院資歷最深且年齡未逾六十五歲的法官，得被推派為該所地區法院的首席法官，綜理該所地區法院的行政事務。地區法院審判案件，以法官一人獨任行使為原則，如基於法律規定由法官三人合議行使審判時，則應指定其中一名法官為審判長。對於地區法院合議庭法官所為的裁判，得逕向最高法院提起直接上訴。

第二項　法　官

第一款　任　命

關於聯邦法官如何任命的問題，制憲者曾就若干方案進行討論。第一個方案建議聯邦法官由總統選任，無須國會的介入；第二個方案建議聯邦法官由國會選任，無須總統的介入；第三個方案建議聯邦法官由國會選任，但須經總統的諮詢及同意；第四個方案則建議聯邦法官由總統選任，但須經國會尤其是參議院的諮詢及同意。最後，基於憲法權力制衡的設計，制憲者決議採取第四個方案，並將其要旨明定於美國憲法第二條有關總統權力的內容之中。

美國憲法第二條第二項第二款中段規定：「總統應經參議院的諮詢及同意，提名及任命最高法院法官及所有其他合眾國官員，其任命在本憲法未特別規定者，應以法律定之。」美國憲法第二條第三項後段並規定：「總統應任命合眾國的所有官員。」由是，除聯邦最高法院大法官以外，所有聯邦法院法官，亦應依循上述程序，由總統提名，經參議院的諮詢及同意而任命之。

觀察憲法前揭諮詢及同意條款 (advise and consent clause) 的文義，解釋上，參議院僅得以諮詢的形式參與聯邦法官的選任，切不得假借制衡的名義僭越專屬於總統的任官權。但提名人選送請參議院同意時，參議院除可

確認該項提名之外，亦非不得以其認為適當的理由否決總統的提名。近年來，參議院審查聯邦法官提名人選，多置重於政治理念及意識形態的考量，對於候選人的專業能力及勝任資格則反而未予重視，其確認過程過於政治化，已為部分論述所詬病。

第二款　任　期

美國憲法第三條第一項中段規定:「最高法院及下級法院法官維繫良好行為者，應保持其職位。」除美國領地法院法官及部分由國會依法律所設置的特別法院法官有任期限制以外，其餘聯邦法院法官的任期均為終身制❼。法官非因犯有叛國、賄賂或其他重罪及輕罪而受彈劾（美國憲法第二條第四項），或因辭職或死亡，不得免職。美國憲法明定聯邦法官終身職的目的，乃在確保司法部門的獨立性，使其不受政治部門的任何干涉或要脅。從而，法官應清廉自持，維護名器，如其行為損及司法部門的公正性與公信力，自不應再受憲法前揭條文有關終身職規定的保障❽。

然而，終身制法官行使職權，是否將使聯邦法院成為違反民主原理的反多數決機構 (counter-majoritarian institution)，則不無疑問。就表面上觀察，聯邦法院的法官非由人民選舉產生，且其一旦經由參議院所代表的部分民

---

❼　一般而言，聯邦法官是直接依據美國憲法第三條的授權行使職權，則其所任職的法院應屬憲法上的法院 (constitutional courts)，該類聯邦法官亦被稱為憲法第三條法官，例如最高法院、上訴法院及地區法院的法官等均是；但如聯邦法官是間接依據國會基於憲法第一條規定所制定法律的授權行使職權，則其所任職的法院應屬法律上的法院 (legislative courts)，該類聯邦法官亦被稱為憲法第一條法官，例如聯邦請求法院法官、國際貿易法院法官、稅務法院法官、治安法院法官、破產法院法官，以及行政裁決機構的行政法裁決官等均是。

❽　美國聯邦最高法院首席大法官約翰馬歇爾 (John Marshall) 早在維吉尼亞州憲法會議上即語重心長的指出，「憤怒的天庭對於不知感恩及罪惡的子民所曾定奪最嚴厲的天譴，就是給予他們一個無知、腐敗或不獨立的司法。」美國人民對於司法及法官的殷切期許，似已深化至歷史、文化及宗教的層面。ROBERT KATZMAN, JUDGES AND LEGISLATORS, 32 (Brookings 1988).

意確認之後，即無須再行定期接受任何民意的淬煉，由是，聯邦法院在憲政結構上確具反多數決機構的性質，應屬毋庸置疑。惟制憲者為何決議甘冒背離民主潮流大不諱，而仍執意建立此一反多數決取向的司法帝國，其動機確值研酌。

　　基本上，所有制憲者均堅信法院應獨立於政治部門之外，並認為建立一個獨立公正的司法部門，乃是保障人民自由權利不可或缺的要件。但是，制憲者雖有締造一個共和體制政府的完整意圖，但仍冀望經由政治過程所展現的多數決意志，尚可在某些場合受到適當程度的監督與牽制。例如在遇國家緊急情況期間，民眾意志或有牴觸民主、共和原則的可能，司法部門在此即應負起維持社會冷靜、周延與合理思維的責任。司法部門不應屈從民粹意向隨波逐流，而應子然一身，成為體現國家民主良知的最終機構。司法部門如過於仰賴人民或立法、行政二大政治部門的支持，上述中流砥柱角色即無法圓滿實現。

　　漢彌爾頓於聯邦黨第七十八號文件探討法官獨立與職位終身二者關聯的論述，頗值參考。漢彌爾頓表示，「如司法可被視為是憲法限制立法侵害的堡壘，則此項考量將可成為司法官員應享終身職保障的最有力論辯，因為其他方法均無法提供對於法官忠實履行其艱鉅職責而言應屬基本的獨立精神。法官的獨立性，對於捍衛憲法及保障人民權利而言，均屬同等重要。從職位僅為暫時任命的法官身上，顯然無以期待吾人認為應附隨於憲法及個人權利且於司法應屬不可或缺的穩定性及同一性。定期性的任命，無論其是基於法規或是基於任何人的決定，終將透過某些方式對於法官所必要的獨立性造成致命的傷害」。

　　漢彌爾頓進一步闡釋，「任命法官的權力如授予立法或行政任何一個部門，則有令法官不當迎合任一任命部門的危險。任命法官的權力如同時授予立法及行政部門，則將使法官不情願地陷入任一部門不滿意的泥淖之中。任命法官的權力如授予人民或為此一特定目的而選出的人民，又將使法官有過分顧全民眾意見的傾向，如此，法官唯憲法及法律是賴的信念亦將大打折扣。此外，司法職位終身尚有一個應進一步權重的理由。短暫持續的

職位，將很自然地使人打斷辭去高報酬職務而接受法庭席位的念頭，如此，將使司法有落入較無能力及勝任資格且其行事欠缺實效及尊嚴者之手的可能」。

事實上，聯邦終身制法官雖身處反多數決機構的廟堂之上，但其所為裁決不僅非如預期般地不食人間煙火，相反的，其意見尚經常與公意或輿論向背相互輝映。甚且，自西元一九五六年以後，民眾理念與聯邦最高法院裁判理念間的良性互動關係業已儼然成形。縱使在聯邦最高法院並未改組或國會及總統未曾有意介入的場合，公意仍可扮演影響聯邦最高法院裁判舉足輕重的角色。聯邦最高法院的裁判，不僅與美國民眾的整體政策意見緊密結合，同時更因此而強化及促進多數決所關切新進事務的適法化。然而，自西元一九八一年開始，公眾意見與聯邦最高法院裁判間的緊密互動關係似有逐漸鬆動的現象，其在憲政發展上所呈現的不確定性，確實令人擔憂❾。

由於在雷根及老布希兩位共和黨總統主政期間，威廉芮恩奎斯特 (Chief Justice William H. Rehnquist) 接掌聯邦最高法院首席大法官，四位陪席大法官席次亦相繼更替，導致聯邦最高法院的保守態勢更趨穩固。然而，隨著一九八〇年代所興起電子資訊的快速流通與無國界國際社會的密切聯繫，公意取向漸趨自由化的腳步，經常使人感到聯邦最高法院似有望塵莫及之憾，尤其在類如同性婚姻等傳統家庭價值理念方面，聯邦最高法院與民眾意見的鴻溝確有逐漸擴大的趨勢。美國聯邦最高法院是否如制憲者所期待是一盞離經叛道者繙然反正的璀璨明燈，還是早已淪為一個食古不化反多數決的冬烘機構，縱使在約翰羅伯斯 (Chief Justice John G. Roberts, Jr.) 於西元二〇〇五年接掌美國聯邦最高法院首席大法官以後，仍值得各界關切。

---

❾ William Mishler and Reginald S. Sheehan, *The Supreme Court as a Countermajoritarian Institution? The Impact of Public Opinion on Supreme Court Decisions*, 87 AM. POL. SCI. REV. 87 (Mar. 1993).

第三款　報　酬

美國憲法第三條第一項後段規定：「最高法院及下級法院法官應就其職務按時支領報酬，該報酬於其任職期間不得減少。」為維護司法獨立，避免政治部門過度影響法官職權的正當行使，美國憲法除明定法官應享有終身職保障以外，並規定法官的報酬在其任職期間不得削減。然而，類如通貨膨脹等因素所造成法官薪俸在實質價值上的嚴重貶損，因屬非直接及全面性的經濟負擔，且未涉及危害法官獨立的情事，故應無享受憲法前揭條文保障的餘地❿。

◆ 第二節　法院權力 ◆

第一項　概　說

在費城會議上，制憲者雖曾數度表達保留各州司法體系的意願，但仍肯定國家司法機關應是確保聯邦政府領導地位及避免政府過度侵害人民所不可缺少的堅固磐石。歷經兩百餘年的實證觀察，美國聯邦最高法院及其下級法院在監督各州及保障人民自由權利等方面，經常扮演力挽狂瀾匡正時亂的重要角色，其不負制憲者的厚望，應屬毋庸置疑。然而，司法部門縱使擁有憲法所付託的尚方寶劍，且其管轄權範圍在近百餘年來確有逐漸擴增的趨勢，但其所得行使的憲法上權力仍非毫無所限。事實上，除有許多制度性或非正式的限制用以監督聯邦司法部門的權力運作以外，全國約有百分之九十五以上的司法權仍掌握在各州的司法體系之內，是應注意。

目前，聯邦司法權的範疇，除包含對於一般民事、刑事及行政訴訟等案件的傳統審判權，以及對於憲法、法律及條約等國家最高法律的最終解釋權以外，尚兼括針對聯邦政府立法、行政二大對等政治部門及各州政府

---

❿　Atkins v. U.S., 556 F.2d. 1028 (1977).

行為之合憲性爭議所行使的司法審查權。

　　無可諱言者，司法部門在美國的法律文化之中，是一個非常重要且無以取代的憲法捍衛機構。民眾不僅期待法院能客觀地站在政府與人民之間，為其解決紛爭及撫平傷痛，同時更希望法院能扮演自由、正義及民權守護者的角色，適時挺身而出保障其免受政府或其他人民的迫害。尤其為補贖在民意政治之下所經常發生多數決議犧牲少數利益的缺憾，少數族裔及弱勢族群在近半世紀以來早已視法院為其在尋求社會平等對待與公平處遇保障時最信實的夥伴和最有力的代言人。由是，應可預期者，聯邦法院於未來仍將扮演守護憲法與保障人民權利的關鍵性角色，其所體現聯邦司法權的行使範疇勢必亦將隨之益形擴大。

第二項　司法審判權

　　不論是屬於聯邦或是屬於各州的司法體系，各個法院在傳統上對於社會大眾乃負有定紛止爭及處罰犯罪等二項主要的職責，是為法院的固有權。前者為個人、企業組織或政府單位對於其他個人或團體所提起關於民事請求案件的司法裁決程序，後者則為政府所提起關於刑事追訴案件的司法裁決程序，二者均歸屬在法院司法審判權 (power of judicial adjudication) 的範疇之內。在殖民地時期，上述審判權均責由各州及地區性法院行使。在邦聯時期，全國性法院仍付之闕如，各州法院所行使審判權的範疇，仍與殖民地時期不相上下。直至美國憲法制定以後，經由聯邦各級法院所架構而成的國家法院體系始告建立。

　　由於親眼目睹因國家欠缺整合所引致在經濟上和政治上的亂象及州與州之間和中央與地方政府之間的衝突，制憲者均同意應建立一個國家級的法院體系，俾使全國性觀點能充分注入於各級法院的裁判之中，尤其在有關合眾國本身即為一方當事人的案件，由聯邦法院以聯邦觀點予以審理乃確有其必要。然而，制憲者並無完全捐棄各州既存法院體系的想法。他們除肯定州法院體系在各州主權實現上的重要地位以外，並認為原屬於州法

院行使的傳統管轄權仍應繼續存在。由是，大部分的民事紛爭及刑事案件仍須留由州法院自行審理，聯邦法院不得越俎代庖。為避免聯邦法院僭越分際，侵犯州法院的審判權限，制憲者於美國憲法之中僅創設一所聯邦最高法院，至於其餘聯邦下級法院，則委由國會透過制衡機制隨時增減設置之。同時，聯邦法院審判案件的管轄權除經美國憲法所明定者外，其餘案件則仍應歸由各州法院管轄。

美國憲法第三條第二項第一款規定：「司法權應及於所有依據憲法、合眾國法律及基於合眾國權責所定條約而提起關於法律和衡平法則之事件；所有涉及大使、其他公使和領事之事件；所有屬於海商和海事管轄之事件；合眾國為一造當事人之爭執；二州或多州間之爭執；異州公民間之爭執；同州公民間請求他州所授予土地之爭執。」美國憲法第三條第二項第二款並規定：「關於所有涉及大使、其他公使和領事，以及一州為當事人之事件，最高法院享有初審管轄權。關於前述以外之所有其他事件，最高法院享有對於法律和事實之上訴審管轄權。但國會定有例外情形及規則時，從其規定。」基於主權豁免理論及英國古諺「國王不為過」(The king do no wrong)法理，美國憲法增修條文第十一條進一步規定：「合眾國司法權不得解釋為應及於任何由他州公民或外國公民或臣民對於合眾國各州之一所提起或所追訴關於法律和衡平法則之訴訟❶。」

上述憲法規定，明定聯邦法院所行使司法審判權的範疇，應僅以合眾國本身為一造當事人，或涉有聯邦問題管轄權或異籍公民管轄權的案件為限。是故，聯邦法院僅得對於特定訴訟案件享有特別管轄權 (special jurisdiction)，對於憲法規定以外的案件，解釋上，自應依美國憲法增修條文第十條規定意旨，保留予各州司法權，由各州法院完整管轄之。

---

❶　本憲法增修條文取代美國憲法第三條第二項第一款關於一州與他州或外國公民或臣民間爭執之管轄權歸屬的規定。

第一款 事件或爭執

　　美國憲法第三條第二項第一款規定，聯邦司法權僅及於其所指稱的所有事件或爭執 (cases or controversies)。要言之，聯邦法院如屬憲法第三條法院，則其僅得受理事件或爭執確實存在的案件。制憲者明定事件或爭執要求，乃在限制司法權行使的範疇，避免其權力因恣意擴張凌駕立法部門和行政部門之上，進而導致憲法權力分立理論的破毀。

　　所謂事件，是指對立當事人確實存在，且其中一造法定權益遭受對造的不法或不當侵害，而法院對於此項爭議享有審判權限的情形而言；所謂爭執，則是指真實當事人涉及現時存在之具體爭議的情形而言。易言之，所謂事件或爭執，應是指任何足資影響對立當事人法律上權利義務關係的現實爭議，其系爭標的應屬確定與具體，且以接受司法裁決為適當者而言❿。同時，系爭標的尤應以涉及對立當事人法律權益實際而現時之危險者為限。是故，當事人如基於通謀意圖所提起有關勾結性或友誼性之訴訟，聯邦法院則將以無實際與現時之危險為理由，拒絕受理該類案件❸。進一步言之，對於系爭爭點屬於假設性或預設性而非現實存在的案件，聯邦法院亦將以其欠缺管轄權為理由，駁回該項訴訟的聲請。

　　此外，自約翰傑伊 (John Jay) 擔任首任聯邦最高法院首席大法官伊始，聯邦法院即不曾主動或被動地基於立法、行政二大對等政府部門的請求，而以司法解釋的方式，對於因欠缺具體爭議而未盡符合事件或爭執要求的單純法律疑義，作成或提供任何形態的諮詢性意見 (advisory opinion)❹。例如因欠缺具體爭議或實際損害，國會不得為確保日後所制定法律的合憲性

---

❿　Aetna Life Insurance Co. v. Haworth, 300 U.S. 227 (1937).

❸　Chicago & Grand Trank Railway v. Wellman, 143 U.S. 339 (1892).

❹　G. GUNTHER, CONSTITUTIONAL LAW 1535 (West Publishing Co. 8th ed. 1985). 湯瑪士傑佛遜擔任喬治華盛頓總統國務卿期間，曾請求聯邦法院提供關於條約事務的諮詢性裁定，但聯邦最高法院首席大法官約翰傑伊以其不符合事件或爭執要求為理由，拒絕對於上述疑義作成任何形式的回應或意見。

地位，而於其完成立法程序之前，預行聲請聯邦法院判別該項法律是否違憲者是。然而，於法律制定且正式施行之後，受到該項法律拘束的人民如確信其確屬違憲或有違憲之虞，則聯邦法院將因政府與人民之間確有現實爭議的真正存在，而適當取得審判該一案件的特別管轄權限。

　　與之類似者，人民不僅不得在無真實爭議的情形下，自行同意或建立憲法第三條聯邦法院的管轄權，甚且，國會亦不得為脫免事件或爭執要求，而逕行創設一造當事人在特定訴訟上的利益。美國聯邦最高法院於西元一九一一年在 Muskrat v. United States 一案中表示，由於合眾國政府未曾對於關洛基部落財產主張過任何形式的所有權，且其於訴訟結果上亦未享有任何真實利益，國會在人民關於關洛基部落財產所有權及權利移轉的爭議中加入合眾國政府為一造當事人，不僅將使該類訴訟虛有其表，且因其未符合事件或爭執要求，進而使得國會立法涉及不當授予聯邦法院管轄權的情事。如兩造當事人對於土地所有權的歸屬確有紛爭，或政府因買賣或租賃契約違反權利移轉規定而宣告其為無效，則其所衍生的相關爭議即應已符合憲法所定事件或爭執的要求 ❸。

　　聯邦法院審理司法審查案件，亦應受到上述事件或爭執要求的拘束。法院對於某項政府行為進行合憲性審查時，應以確定且具體的憲法爭點 (constitutional issues) 為其標的，任何抽象性或假設性的議題，均不足以促請法院發動其司法審查權。同時，聯邦法院進一步強調，只有在一造當事人因政府行為而受到實際損害時，憲法爭點始可清楚浮現，惟當事人所受實際損害的有無和多寡，則仍有賴法院認定事實的機制予以釐定。由是，人民欲針對特定法令或行政行為聲請司法審查時，不得僅就系爭標的的違誤性為單純地表明，而應併隨具體原因事實依循通常訴訟程序提起訴訟。當實際損害遞經認定且所訴案件涉及憲法爭點時，法院始可進一步針對系爭標的的合憲性地位進行司法審查。

　　然而，如一造當事人針對其權利義務關係的存在與否聲請法院作成確認判決 (declaratory judgment) 時，上述事件或爭執要求應如何貫徹，則非無

---

❸　Muskrat v. United States, 219 U.S. 346 (1911).

疑義。美國聯邦最高法院於西元一九三七年在 Aetna Life Insurance Co. v.
Haworth 一案中表示，確認判決是以確認當事人權利義務關係之存在為目
的，故損害毋庸實際發生，只要兩造或兩造以上當事人確然處於對立的狀
態，且當事人間的系爭爭議具體而真實，則憲法第三條法院對於此類案件
仍享有適當的管轄權 ❶。至於人民依循衡平救濟 (equitable relief) 程序聲請
法院發布類如禁制令或執行令的情形，不論其是個別或是附帶於通常訴訟
程序而提起，前述事件或爭執要求對其仍有適用的餘地，要無問題 ❶。

　　茲應注意者，如前所述，事件或爭執要求乃為維繫憲法權力分立理論
於不墜而對於聯邦司法權所附加的限制，故推敲制憲者本意，只有依據憲
法權力分立理論所架構的憲法第三條法院始須受到上述事件或爭執要求的
拘束。基此，憲法第一條和第三條法院乃非不得依法作成若干諮詢性裁決，
國會更得基於憲法必要且適當條款設置提供國會及總統諮詢性意見的相關
特業法院。惟此類法院所作成的諮詢性裁決或意見，僅得充為聯邦政府諮
詢之用途，對於憲法第三條法院行使職權不具實質影響力，自不待言。

第二款　聯邦問題管轄權

　　為使涉及聯邦問題的訴訟案件可移由具有聯邦觀點的聯邦法院審理，
美國憲法第三條第二項第一款前段規定，聯邦司法管轄權應擴及於所有依
據憲法、合眾國法律及基於合眾國權責所定條約而提起關於法律和衡平法
則的事件，以及所有涉及大使、其他公使和領事的事件。聯邦法院依據上
述憲法規定，對於關於聯邦問題的訴訟案件享有適當司法審判權限，概稱
為聯邦問題管轄權 (federal question jurisdiction)。上述憲法規定，遞經國會
制定相關法律而予以落實 ❶。茲此，任何本於聯邦法律所提起的訴訟案件，
解釋上，均屬聯邦法院管轄。惟一般而言，除國會另有規定者外，本於聯

---

❶　Aetna Life Insurance Co. v. Haworth, 300 U.S. 227 (1937).

❶　Nashville, Cincinnati & St. Louis Railway v. Wallace, 288 U.S. 249 (1933).

❶　28 U.S.C. §1331.

邦法律所為的主張或爭議，亦得留由州法院審理，是故，在關於聯邦問題訴訟案件的管轄權歸屬不明確時，下述異籍公民管轄權有關當事人公民權設籍地的歧異情形亦得併予考量，是應注意。

依據上述規定，聯邦法院所應享有聯邦問題管轄權的範圍，除包括任何關於憲法的請求或主張以外，尚擴及於基於合眾國法律與條約所引致的所有爭議。在此所指稱的法律，應是指規範政府與人民之間甚而人民與人民之間的一切聯邦法律、行政法規、行政命令，以及其他性質相似的總統令等而言。從而，舉凡原告基於美國憲法增修條文第四條規定訴請被告警察合理履行系爭搜索拘捕及扣押等行為，原告基於公平勞動基準法訴請被告雇主補發系爭加班費，核能電廠訴請被告原子能規範委員會廢止系爭行政法規，或原告訴請被告美國政府履行系爭契約義務等各類案件，均屬聯邦法院管轄權行使的範疇，其案源及訟累數量不可謂不大。因此，聯邦問題管轄權在擴張聯邦法院管轄版圖的作用上，其重要性不容輕忽。

事實上，自聯邦憲法施行以後，聯邦法院無論在訴訟案件管轄權或在硬體規模等方面的明顯發展，均應歸功於聯邦問題管轄權的存在。由於聯邦政府藉由憲法必要且適當條款及商務條款等規定有效延伸其管轄領域，聯邦法院的聯邦問題管轄權自然隨之形成相對應的成長。尤其在美國憲法重建修正案（美國憲法增修條文第十三條、第十四條和第十五條）及若干民權法律陸續公布施行以後，聯邦法院為執行上述憲法及法律的規定所擴大擁有的聯邦問題管轄權範疇，似已超乎制憲者所想像的極限。此一結果，是否盡符制憲當時為適當整合中央與地方利益而創設憲法第三條聯邦法院體系的美意，則仍有待觀察。

第三款　異籍公民管轄權

美國憲法第三條第二項第一款後段規定，聯邦司法管轄權應包含二州或多州之間的爭執，異州公民之間的爭執，以及美國一州或美國公民與外國或外國公民之間的爭執。聯邦法院依據上述憲法規定，對於有關案件享

有適當司法審判權限，通稱為異籍公民管轄權 (diversity of citizenship jurisdiction)。上述憲法規定，亦經國會制定相關法律而予以落實❶。由是，任何訴訟案件，如其當事人公民權設籍地涉及二州或二州以上，解釋上，均屬聯邦法院管轄。例如佛羅里達州 (Florida) 人民在本州遭到赴該州渡假的紐約州 (New York) 人民撞傷，則設置於佛羅里達州的聯邦地區法院對於本件訴訟案件則享有異籍公民管轄權者即是。

　　制憲者明定聯邦法院享有異籍公民管轄權的目的，乃在避免州法院以較偏狹的地域性觀點審理涉及二州或二州以上政府或公民之間的訴訟案件。此一顧慮，就西元一七八九年制憲當時的時空環境背景而言，似屬合情合理。回顧美國在十八世紀結束以前，交通運輸甚為不便，人民僅得與其所生活的社區緊密結合，久而久之，自然形成較具侷限性的地域觀念，州法院以地區偏見審理涉及外州公民訴訟案件的可能性乃相對提高。職是之故，美國憲法因而創設異籍公民管轄權的概念，明定原屬州法院管轄的異州公民間訴訟案件移由聯邦法院審理，俾使外州公民在本州訴訟時得以獲得審理法院的公平對待。一般而言，由於聯邦法官由總統直接任命，其除支領聯邦政府薪俸外，法官職位亦屬終身，故應較可擺脫地區政治或情感的桎梏，地域偏見自不易夾帶滲入法院審理訴訟案件的程序或裁決之中。

　　然而，異籍公民管轄權的設計，在近代流通迅捷人民溝通無遠弗屆的社會裡是否仍舊合乎時宜，則非無疑義。美國聯邦最高法院早於西元一八〇六年，即在 Strawbridge v. Curtiss 一案中作成解釋，所謂異籍公民，應是指所有對立當事人公民權設籍地均屬完全歧異 (complete diversity) 的情形而言。換言之，只要一造當事人中任何一人與對造當事人中任何一人的公民權設籍州相同，則聯邦法院即將因此而喪失對於該件訴訟案件的異籍公民管轄權❷。

　　惟對於異籍公民管轄權作成較為限縮的解釋，並無法徹底解決其妥當與否的疑義，部分論者甚而更進一步提出廢除異籍公民管轄權的憲法修正

---

❶　28 U.S.C. §1332.

❷　Strawbridge v. Curtiss, 3 Cranch 267 (1806).

案，敦請國會優先重視此項議題。惟在廢除憲法異籍公民管轄權規定未臻成熟及尚未獲得各州立法部門普遍共識以前，國會為減少聯邦法院關於異籍公民管轄權訴訟案件的數量及負擔，乃暫以法律明定於聯邦法院提起此類訴訟案件最低爭執標的金額的規定。依據國會所制定相關法律的規定，目前關於此類訴訟案件的最低爭執標的金額為七萬五千美元，未來仍有遞增至十萬美元下限的趨勢**❷**。

　　茲此，當事人向聯邦法院提起關於異籍公民管轄權的訴訟案件時，如其雖已滿足事件或爭執要求，但仍應符合下列兩項要件，亦即第一，當事人公民權設籍州必須完全歧異；以及第二，當事人爭執標的金額應在現行法律所定下限以上。當事人如未符合上述要件之一，則其所提訴訟案件自應留由本州法院審理，要無疑義。

第四款　合併與移轉管轄

　　如前所述，制憲者雖決意創設聯邦法院體系，但仍基於美國憲法增修條文第十條剩餘權應保留予各州或人民規定的意旨，冀望州法院對於所有訴訟案件仍應保有其自始享有的概括管轄權 (general jurisdiction)。是以，除法律另有規定者外，無論是關於聯邦或是關於州的任何主張或爭議，州法院對於各類訴訟案件均應享有適當的審判管轄權限。由是，聯邦法院與州法院因對於同一訴訟案件俱有管轄權而形成管轄權競合的情形乃在所難免，對立當事人除應在此類訴訟案件進入實體審理之前，即須針對管轄法院選擇問題提前拉高火線展開攻防戰略以外，前述若干重要憲法議題亦應一併考量。

　　與州法院迥異者，一般而論，聯邦法院僅得對於憲法所定訴訟案件享有限制性的特別管轄權，至於關於州的任何主張或爭議，原則上，乃應留由州法院自行審理，聯邦法院對於該類訴訟案件並無適當的審判管轄權限。但如涉及合併管轄權 (pendent jurisdiction) 的案件，則不在此限，是為例外。

---

❷　28 U.S.C. §1332.

所謂合併管轄權，是指任何關於州的主張或爭議，如其與另一繫屬於聯邦法院關於聯邦主張或爭議的訴訟案件具有源自共同原因事實的牽連關係，則基於訴訟經濟及司法效率等公益的考量，聯邦法院對於關於州主張或爭議的該他訴訟案件亦得享有管轄權者而言。例如原告基於聯邦民權法律訴請聯邦法院排除被告警察對其所為的過當逮捕行為，並得依據合併管轄權法理，基於州有關民權及侵權行為法律，併向聯邦法院起訴的情形即是。美國憲法對於合併管轄權雖無明文規定，但若捨此不由，勢必迫使原告分就聯邦和州的主張或爭議分向聯邦法院和州法院分開起訴，其不僅致令訴訟當事人疲於奔命，為多重訴訟及龐大纏訟經費所苦，對於司法審判的效率及公信力亦有所影響。此一結果，究非美國憲法及制憲者所樂見。是故，聯邦法院享有合併管轄權，在學理及實務上均無甚爭議。

原告提起有關聯邦主張或爭議的訴訟，應向享有適當管轄權的聯邦法院為之，其管轄權如不存在，聯邦法院應以裁定駁回該項訴訟，要無問題。惟在聯邦法院和州法院對於同一訴訟案件俱有管轄權時，則原告起訴初始所為審理法院的選擇，被告是否應同受其拘束，則不無疑義。為此，美國聯邦最高法院明確表示，如聯邦法院管轄權確屬存在，則縱使在原告已選擇向州法院提起訴訟的場合，被告在憲法上仍有接受聯邦法院審判的權利。為實現上述憲法權利，被告得經由訴訟移轉 (removal) 程序，將原先繫屬於州法院管轄的案件，移轉於原告起訴時即具適當管轄權的聯邦法院審理。被告完成移轉管轄聲請、送達聲請狀予當事人及送達通知書予原繫屬州法院等程序，即發生移轉聯邦法院管轄的效力。移轉管轄程序如未完成或完成但不適當時，訴訟案件則仍應發回 (remand) 原繫屬州法院繼續審理，是應注意❷。

第三項　憲法解釋權

司法部門的另一項重要職能乃為解釋法律。當法院依據法律對於訴訟

---

❷　28 U.S.C. §1447.

案件進行裁決時，必須適用有關法律及確定所適用法律的含義。換言之，法院應經由解釋法律的專業化過程，適當地將外在實存的客觀法律，具體內化於特定案件的主觀情境之中。憲法為國家根本大法，亦為國內最高法律，法院解釋法律自應包括解釋憲法的職權在內，稱為憲法解釋權 (power of constitutional interpretation)。由於法院審級制度及普通法體系遵循判例原理 (doctrine of stare decisis) 的作用，美國聯邦最高法院對於憲法所作成的解釋，如與其他下級聯邦法院或州法院比較，其應具最高性與最終性，與憲法位階相同，自不待言。

回顧美國憲政推演進程，聯邦法院解釋憲法，約略分由歷史的、哲學的和社會學的等三個面向為其切入介面。首就歷史的面向觀察，聯邦法院解釋憲法著眼於制憲者之原意，其經由法院判例和立法部門與行政部門所形成的憲政慣例，揣摩制憲者在相同情形下應有如何因應的意圖，試圖以較接近制憲者本意的途徑，釐清目前所存在的憲法疑義。次就哲學的面向觀察，聯邦法院將自然法、自然權利和自然正義等若干抽象的哲學觀點注入憲法的精神與意涵之中，試圖參酌當代盛行的哲學論述，對於憲法有關正當程序、自由權利和平等保護等概括內容，作成較為明確且具體可行的憲法解釋。再就社會學的面向觀察，聯邦法院開誠布公地檢討司法裁決的社會效益，並基於當代社會所體現的價值取向，透過憲法解釋權衡及平衡社會上不一致或相互衝突的各種利益。目前，上述三個面向仍為聯邦法院所採用，但社會學的面向在司法裁決中異軍突起，逐漸成為聯邦法院行使憲法解釋權的主流思考模式，值得重視❷❸。

關於憲法解釋的方法論，一般可歸納為原意主義、工具主義、文義主義及民主共和主義等四個取向。原意主義堅持解釋憲法應依制憲者意圖，工具主義主張解釋憲法應適用當代用語，文義主義認為解釋憲法應著眼於其文句、語法及其他語言特徵，民主共和主義則強調解釋憲法應強化其所架構的民主共和原則。

---

❷❸　例如霍姆斯 (Oliver Wendell Holmes)、龐德 (Roscoe Pound) 及卡多佐 (Benjamin N. Cardozo) 等三位法學大家，均視社會學法學為憲法解釋的正統指南者是。

　　然而，甚少法官可被單獨歸類為上述任何一種解釋取向的遵循者。一位法官可能會在某一爭點上偏好採取原意主義取向，但又會在另一爭點上偏好採取工具主義取向。此一情形極為普遍，並不必然意味著此一法官有前後矛盾的性格。相反地，每位法官均試圖發展其在解釋取向上所特有的思維模式。例如法官解釋憲法首依文義主義取向闡明在外觀上已屬明白且清楚的憲法內容，但在憲法含義不甚明確時，法官可能就會依循自己的偏好而分別採取不同的解釋取向。為適當闡明憲法的含義，法官可依原意主義取向探求制憲者本意，亦可依工具主義取向結合當代需求。但當原意主義者考察制憲者本意發現其確有創設新進思維的意圖時，則原意主義者與工具主義者的差距實已相去不遠，二者在解釋憲法的目的論上似已殊途同歸，不謀而合。

第一款　原意主義

　　基於原意原理 (doctrine of original intent)，原意主義 (originalism) 主張憲法的含義，應依憲法文字及制憲者原本所意欲的含義而為解釋。當代有關文獻對於憲法所形成的認知，不得作為憲法解釋的基礎。由於其解釋憲法僅以制憲原意為依歸，故又稱為嚴格解釋主義 (strict constructionism)。為探求及釐清制憲者原意，憲法解釋者應考察制憲會議紀錄、制憲者書信、聯邦黨文件及其他刊物、各州認可憲法論辯紀錄，以及其他制憲相關文書或資料等，始足當之。原意主義者強調，經由原意主義取向解釋憲法，將可有效排除法官的信念、習性或偏見等個人意見或因素，而使得法院裁決更趨於客觀公正。同時，由於法院裁決不再是法官主觀意識形態作用下的產物，其較具穩定性及可預期性，對於司法公信力的提昇亦非無助益。為維護憲法解釋的最終性與最高性，制憲者原意一旦遞經法院確認以後，除非透過修憲程序修改憲法，否則不得任意變更之。

　　惟對於原意主義取向抱持懷疑態度的部分論者則認為，由於部分制憲者的意見不足以代表在制憲會議上所有制憲代表的分歧意見，且每位代表

可能會因為個別或不同的理由而支持某一特定的憲法條文，原意主義最核心的立論基礎制憲者原意不僅不易尋覓，甚且恐怕自始即不存在。同時，憲法乃基於人民全體意志而制定，原意主義者如何能從制憲者的意圖清楚認知人民的普遍信念與態度，則不得而知；而憲法文件須經各州認可始得生效，則全國各州憲法認可會議參與者的意圖是否亦須一併考量，亦不無疑問。尤其是在憲法文件未經各州認可不得生效的場合，制憲者原意在憲法解釋上不僅不具關聯性，各州認可會議的參與者才是體現目前憲法全貌的貢獻者，其原意如被刻意忽略，對於憲法解釋恐將不免造成諸多負面的影響，不可不注意。

再者，於制憲歷史上更有證據顯示，縱使身為制憲者之一，亦不樂見其主觀意欲被後人奉為無限上綱，永不抹滅。例如詹姆士麥迪遜即表示，制憲會議的論辯與附隨的決議雖可作為解釋與適用憲法條文的指南，但其尚不具任何權威性的特質；經由法院判例和人民與政府間共識所體現的憲法意涵，才是名符其實的公共意涵，其應優位於制憲者的個人意欲，自屬當然。換言之，憲法的公共意涵一旦建立，任何制憲者原意均毋庸再予重視❷。甚且，由於制憲兩百餘年來歷經工業革命、科技發展、後現代化、人口膨脹及在社會、政治和經濟層面上若干重大的變革，現今憲法所面臨的問題已非制憲者於制憲當時所能預期，其原始意欲對於當代時空背景而言，不僅不合時宜，抑且不切實際。由是，法院解釋憲法不應僅偏執於制憲者原意，否則誤入歧途，肇致憲法意涵食古不化，悖離現實。

第二款　工具主義

與原意主義相反，基於當代認可 (contemporary ratification) 或活的憲法 (living constitution) 理念，工具主義 (instrumentalism) 主張憲法應就當代含義而為解釋，如同其於今日被各州認可而生效一般。原意主義考察制憲者

---

❷　H. Jefferson Powell, *The Original Understanding of Original Intent*, 98 HARV. L. REV. 885 (1985).

意圖以釐清憲法意涵，工具主義則基於當代生活研考憲法文字以確認憲法意涵。由於其解釋憲法是以徵諸時代需求及考量社會、經濟和政治力量的改變與消長為手段，故又稱為現代主義 (modernism)。經由此一憲法解釋取向，法院乃不折不扣地成為主導社會演變和道德發展的舵手或幕後推手。由於聯邦法官職位終身毋須參與政治淬煉的特質，聯邦法院縱屬民主體制下的反多數決機構，其盡可發抒深藏於民眾共通善性卻不易突顯於政治過程之內的人類良知。聯邦最高法院九位大法官經由裁判的形式，履行保障所有人民——不論種族、膚色、性別、原籍等——不受政府干涉及確保裁判受到尊重和執行的職能。

推崇工具主義的法學大家不在少數，其已成為聯邦法官在憲法解釋方法論上的首選，應毋庸置疑。美國聯邦最高法院大法官班傑明卡多佐 (Justice Benjamin Cardozo) 於西元一九二〇年代即認為：憲法原則應含有與時俱進的內容及重要性❷⑤。工具主義者強調，憲法力量源自於其機動性與彈性，固守制憲者意圖的原意主義將迫使憲法與當代問題脫節。憲法雖明白建立諸多重大原則，但亦非不容許其在特定範圍內作成若干較和緩的改變。至於因特定範圍以外理由致使憲法應作劇烈調整時，其應屬憲法修改的問題，與憲法解釋不可混為一談。

美國聯邦最高法院大法官威廉布蘭寧 (Justice William J. Brennan, Jr.) 於西元一九八〇年代亦表示：吾等現任大法官僅得以二十世紀美國人的方式研讀美國憲法。吾等雖可查考制憲當時的歷史與不同時代司法解釋的軌跡，但亟待釐清的最終問題仍是在這個時代裡憲法的含義究竟是什麼。真正的憲法不應植基於過往世界所擁有任何靜止的意涵，而應隨時調整其大原則以順應現今的問題與需求❷⑥。

事實上，工具主義者並無捐棄制憲原意或忽視普通法遵循判例原則的意圖。相反地，工具主義者尚明確肯認上述事項應成為司法裁決的考量因

---

❷⑤　BENJAMIN CARDOZO, THE NATURE OF THE JUDICIAL PROCESS (1921).

❷⑥　William. J. Brennan, Jr., *The Constitution of the United States: Contemporary Ratification*, 27 S. TEX. L. REV. 433 (1986).

素。惟基於訴訟爭議的本質，法院對於社會需求亦應一併注意，始屬完整。工具主義者認為，由於制憲者對於現今所面臨的各項爭點，不僅無以預期，抑且無從爭訟，法院研讀及適用憲法，應給予國家歷史、憲政慣例、當代情況及民眾期待等同與高規格的尊重。

同時，科學研究的成果在司法裁決上亦可扮演極為重要的角色。一般而言，遵循工具主義解釋取向的法官，應較採取其他解釋取向的法官更容易接納及使用科學資料或信息。例如於西元一九五四年在 Brown v. Board of Education of Topeka 一案，美國聯邦最高法院即採納社會學家所提示有關隔離政策對於非裔人民確有傷害效果的證據，斷然推翻近百年來其所堅守的隔離但平等理論 (separate-but-equal doctrine) 者是 ❷。

此外，參考當代價值更是工具主義者進行現代分析所經常使用的步驟。例如對於美國憲法增修條文第八條有關禁止殘酷與不尋常制裁 (cruel and unusual punishment) 的規定，美國聯邦最高法院即兼採原意及工具等二種解釋取向闡明憲法的含義。首先，聯邦最高法院肯定，為制憲者所確信任何殘酷與不尋常的制裁，均應為憲法所禁止。其次，聯邦最高法院強調，解釋美國憲法增修條文第八條殘酷與不尋常制裁的含義，不應拘泥於前人所容認淺薄的人道主義思維之中，而應符合不斷進化且標記成熟社會成長的仁德標準。最後，聯邦最高法院表示，如其裁決有酌引當代價值的必要，則其將廣徵類如他州如何處罰系爭犯罪，系爭管轄法院如何處罰其他犯罪，以及陪審團在死刑案中選擇死刑的頻率為何等客觀因素，用以決定當代價值的內涵 ❷。

第三款　文義主義

解釋憲法的另一個方法取向是為文義主義 (literalism)，或稱為直譯主義 (textualism)。文義主義聚焦於憲法的用字遣詞，且堅信憲法應依其實際

---

❷　Brown v. Board of Education of Topeka, 347 U.S. 483 (1954).

❷　Ford v. Wainwright, 477 U.S. 399 (1986).

文字而為解釋。文義主義者認為，每一文字均具有其客觀意義，其不免將與制憲者意圖存在些許差異。但文字具有最高性，制憲者意圖對之仍應有所謙抑。尤其對於制憲者所刻意選擇的特定文字，憲法解釋者自應更加尊重才是。

基於明白意義原則 (plain meaning rule)，文義主義認為憲法文字所體現的意義如已非常清楚，則制憲者意圖乃不證自明，憲法解釋者自應接納及直接適用該一文字，無須再予考量其他因素。但遇憲法文義有所改變時，採取文義主義取向的憲法解釋者應如何因應，則不無疑義。例如前述美國憲法增修條文第八條有關殘酷與不尋常制裁條款所使用的文字，其文義自西元一七九一年起至二十一世紀的今日恐難未有任何改變者即是。

針對此一問題，文義主義又再分流為歷史文義主義與當代文義主義兩種憲法解釋取向。前者認為解釋憲法應適用憲法制定當時所體現的文義，後者則認為解釋憲法應適用當代文字使用所體現的文義。惟歷史文義主義謹守憲法文字於制定當時的含義，與原意主義跳開冰冷文字推敲制憲者原意的解釋取向仍有不同；而當代文義主義著眼憲法文字於現代的含義，故又與工具主義擺脫艱澀文字考察目前需求的解釋取向有所區別，是應注意。

然而，文義主義與原意主義和工具主義尚有若干類同的作用。歷史文義主義者認為其解釋取向可分散法官在司法裁決中加入個人意識形態的效果，對於法律的穩定性及可期待性亦有助益。此一作用，與原意主義者所宣稱者並無不同。當代文義主義者則認為其解釋取向雖因文義演變而可能造成法律的不穩定，但其在活化憲法與避免法官僭越分際參與政策制定等方面的貢獻，則應不容忽視。此一作用，亦與工具主義者所宣稱者極為類似。

第四款　民主共和主義

民主共和主義 (democratic-republicanism)，亦為憲法解釋的另一個重要思維取向，又稱為民意強化主義 (representation reinforcementism)。民主共

和主義者認為，制憲者並無在憲法上建立一整套實體性原則的意圖，相反地，他們在制憲會議上成功締定作為美國民主制度基石關於程序、架構及權力關係的憲法文件，例如美國憲法前三條明確訂定關於中央政府組織、職掌和人事，以及清楚界定關於決定政府要員所應履行程序等相關規定者即是。甚且，對於一般認為應純粹屬於實體性的人民權利，制憲者在憲法上亦兼容程序性或結構性的觀點，例如美國憲法增修條文第一條被認為是保障人民關於選擇和信仰宗教實體性權利的規定，但該規定亦建立政府與宗教機構分離的結構性制度者即是。

由於憲法對於實體性權利的保障為力求概括完整避免掛一漏萬，故而經常使用語意較為模糊或意涵較為廣泛，類如正當程序、平等保護或殘酷與不尋常制裁等文字，致使憲法有關實體性規定的部分，相較於其程序性規定的部分而言，更需仰賴司法解釋始得予以界定，是為一不爭的事實。由是，制憲者無意建立憲法為一細部性的實體法規範，乃至為明顯。基於上述事實推知，制憲者僅欲在憲法上界定實體性法則所關切的人、事、時、地等事項。是以，解釋憲法應拋開憲法實體性規定的內涵，而應以建構憲法基礎的一般民主共和原則為依歸，始屬允當。

惟分析憲法仍應配合當代情況，制憲者所建立的民主共和理念雖可作為憲法解釋的基礎，但解釋該類基本理念尚須結合當代社會的脈動與潮流，否則其解釋結果終將脫離民意，違反現今民主共和體制的常則。換句話說，憲法應真實反映人民的意志，聯邦最高法院在此不應被視為是一個反多數決取向的非民意機構，而應被視為是一個強化民主共和制度不可或缺的信實推手[29]。

第四項　司法審查權

如前所述，法院扮演另一個重要的角色，就是憲法的守護者及人民的

---

[29]　JOHN H. ELY, DEMOCRACY AND DISTRUST: A THEORY OF JUDICIAL REVIEW (Harvard University Press 1980).

保護者。換言之，法院不僅是維護自由、正義及人民權利的機構，亦是在政府內監督聯邦政府和州政府各司其職分遵守憲法權力分立理論及聯邦制理念的仲裁者。同時，法院更應站在政府和人民之間，適時檢驗政府的行為，確保其正當行使所授予的權力，以避免人民受到政府的任何侵害。基於司法審查理論 (doctrine of judicial review)，法院得對於所有政府行為的合憲性爭議進行違憲審查，並得對於其所認定違反憲法的政府行為，宣告其為無效或失其效力。此項權力，是為法院的司法審查權 (power of judicial review)。藉由上述司法審查權，法院得有效監督各級政府行使公權力，全國法令、官員亦均受其約束，如此，人民的自由權利始可獲得具體的保障。

第一款　制度形成

美國司法審查理論的形成，應追溯至英國自然法及自然權利等學說發展的歷史。英國於早期君主專政時期，只有國王才是國家主權的擁有者，人民僅為國王的屬民，自然缺少監督政府的權能。然而，隨著中世紀以後民智漸開，自然法及自然權利等學說撼動人心，終於迫使英王不得不承認某些基本法律及基本權利，具有優位於君王命令或人為法律的性質。

英王約翰於西元一二一五年在貴族們的催促之下，簽署基於自然權利說所擬定的英國大憲章，肯定若干特定自然權利的存在價值。大憲章最後雖未為英國王室所重視，但其所植基的自然法學說，卻陸續為後世例如英國的洛克及法國的孟德斯鳩等哲學大儒所引用，其不僅成為近代國民主權、民意政治、權力分立及司法獨立等學說的立論依據，同時亦成為法國權利宣言及美國獨立宣言的論述基礎，而其中有關經由司法保護人民免於政府濫權的觀點，更成為在美國憲法發展進程中建立司法審查制度的搖籃，其重要性不容忽視。

司法審查制度於美國憲法制定以前，早已深植於殖民地和邦聯時期政府的運作機制與一般人民的心目之中。制憲代表亦深受自然法及自然權利等學說的影響，認為某些事物應優位於政府的拘束之上，某些權力亦應具

有不可轉變的性質，而法院則應藉由司法審查權扮演自由守護者的角色。由於在殖民地時期,各州最高法院曾數度宣告違反州憲法的法令為無效❸，且在美國憲法制定當時，北美十三州之中即有八個州或多或少採行不同類型的司法審查制度，故而制憲代表於制憲會議上獲得前述結論，其結果並不令人意外❸。

　　部分制憲代表曾提案由總統和最高法院大法官組成委員會審查法令的合憲性疑義，但遭到多數制憲代表的反對。他們認為，法院已有宣告違憲法令無效之權力，故而該項提案自無討論的必要。此外，部分制憲代表提案賦予國會否決違憲州法的權力，亦為多數制憲代表所摒棄。他們主張，國家司法擁有否認牴觸聯邦憲法的州法律之權力，聯邦政府的利益自可由其適當保障之，故而該項提案亦無通過的必要。

　　詹姆士麥迪遜亦基於自然法學說而進一步指出,「法律違反人民所制定的憲法，法官將宣告其為無效」。亞歷山大漢彌爾頓亦於會後在聯邦黨第七十八號文件中寫道,「議會於其法令中所宣示的意志，如與人民於憲法中所宣示的意志相反，則法官應為後者所拘束，而非前者。法官應依據基本法律作成裁決，而宣告違憲立法行為無效的權力則應歸屬於司法」。

　　約翰馬歇爾亦強調,「如國會未基於任何列舉權力制定法律，法官將認定國會侵犯其所守護的憲法。他們將宣告該一法律為無效」。制憲代表例如

---

❸　例如於西元一七八〇年紐澤西州 (New Jersey) 最高法院在 Holmes v. Walton 一案,肯認法院有權宣告法令違反州憲法有關陪審團應由十二位陪審員組成的規定為無效者即是。Austin Scott, *Holmes v. Walton; The New Jersey Precedent*, 4 AM. HIST. REV. 456 (Apr. 1899).

❸　例如西元一七七六年賓州 (Pennsylvania) 憲法規定，各市、郡選出一名人民代表組成監察委員會 (council of censors)，除監督行政及立法部門確保其行為合憲以外，並擁有通過公開譴責、指揮彈劾、建議廢止違憲法律及召集憲法會議等權限者是。紐約州 (New York) 則由州長、衡平法院法官及最高法院大法官組成修正委員會 (council of revision)，除於法律制定前審查法律草案內容是否合憲以外，並得對於議會通過的法律行使否決權，但議會仍得經議員三分之二以上投票決議推翻該項否決。惟各州類似上述的司法審查制度目前均已廢止。

路德瑪汀、詹姆士威爾森 (James Wilson) 及其他與會人士等，在制憲會議上亦曾先後發表許多有關支持法院應對政府行為行使違憲審查權責的言論。凡此，在在顯示制憲代表對於美國建立司法審查制度的意向，似已於該次會議中達成若干程度的共識❸。綜觀上述制憲歷史，美國憲法制憲者欲大大揚棄前殖民地母國始終推崇的立法至上 (legislative supremacy) 概念，轉而朝向類似司法至上 (judicial supremacy) 的開創思維，其為體現新憲法三權分立精神而期許法院擁有完整司法審查權的用心，在此可見一斑❸。

嚴格而論，美國司法審查制度雖於制憲會議上廣為多數代表所認同，但由於將因此而捐棄數百餘年來沿襲英國議會至上的傳承，部分代表在情緒上仍有許多不捨之處，對於如此劇烈的轉變亦不免抱持相當觀望的態度，致使司法審查制度終究未能成功寫入憲法的明文之中，此一結果，實是制憲史上的一大憾事。但亦有論者主張，由於制憲者可能認為司法審查權是法院的固有權力之一，故應無明文規定的必要。但制憲者是否確有期使法院擁有司法審查權的原意，有關證據模稜兩可，尚待法院藉行使憲法解釋權作成進一步的釐清。此一憲法疑義，正是美國聯邦最高法院於西元一八〇三年巧妙確認法院擁有司法審查權的寶貴契機。

第二款　制度建立

如前所述，美國憲法並無關於政府行為違憲審查權歸屬的規定，聯邦最高法院肯認司法審查權的存在，究竟是基於其為法院的固有權力之一，或是基於其蘊涵於憲法的精神與結構之中，則非無疑義。但不論其為法院的固有權也好，或為法院的蘊涵權也罷，司法審查制度所由建立的理論依據，仍是正本清源，探討司法審查權歸屬取向及存在價值最根本的基礎。

司法審查理論的建立，應溯源於英國普通法內若干重要的基本原理原

---

❸ HAINES, THE AMERICAN DOCTRINE OF JUDICIAL SUPRRMACY, 136 (2ⁿᵈ ed. (1959).

❸ JERRE S. WILLIAMS, CONSTITUTIONAL ANALYSIS 1–2 (West Publishing Co. 3ʳᵈ ed. 1984)

則。首先，基於神法及自然法原理，宗教或道德體系所體現的基本規範應優位於人為法與世俗法，其牴觸神定上位法者應屬無效。其次，基於正當法律程序原則，政府應重視人性尊嚴與價值，人民在程序上及實體上所應享有的各種基本自由權利，政府均應給予平等的保護與尊重。第三，基於政府規範實定原則，人民所應享有的各種基本自由權利，政府應以明文規定嚴格保證之。

北美殖民地人民不僅遵循前述繼受於母國英國的普通法基本原理原則而於新大陸繼續發揚光大，同時更為因應其所居住人文及社經環境的特別需要，同步發展屬於殖民地人民的本土化普通法。或許是對於母國專制政府恣意濫權損害人民權利的唾棄，殖民地人民建構新大陸法制尤其重視上述第三項基本原則的價值，故而紛紛於各州制定成文化憲章，用以詳盡規範政府組織及周延保障人民權利。部分殖民地憲章不僅堪稱為美國獨立後採行成文憲法的啟蒙者以外，其所包含類如州議會應受司法審查的規定，對於日後聯邦最高法院司法審查權的建立，更有直接且正面的貢獻。

美國聯邦最高法院肯認司法審查權的判例，最早可追溯至其於西元一七九六年在 Hylton v. United States 一案所作成的判決意見 **❸❹**，但在憲政歷史上對於美國司法權發展具有里程碑效果的重要判例，仍非首席大法官約翰馬歇爾 (Chief Justice John Marshall) 於西元一八〇三年在 Marbury v. Madison 一案所作成肯定司法審查權得否決總統與國會所為行為的判決意見者莫屬 **❸❺**。

本判決的重要性，不僅在於其宣示法院得依解釋法律的固有權力闡明國家最高法律憲法的含義，且依憲法最高條款的規定，國家任何法律、命令或條約均不得牴觸憲法，故法院有拒絕適用違憲法令的職責，同時其更確認司法部門得依憲法權力分立精神，監督行政、立法二大兄弟部門所為聯邦政府行為的合憲性問題。其以憲法為後盾，肯定司法審查權的憲法意

---

❸❹　Hylton v. United States, 3 Dall. 171 (1796).

❸❺　Marbury v. Madison, 5 U.S. (1 Cranch) 137 (1803)；並參閱 James A. O'Fallon, *Marbury*, 44 STAN. L. Rev. 219 (1992).

義，且對憲法遺漏部分作成補充性解釋，不僅使得權力分立理論落實建構於美國憲法之中，同時更奠定聯邦最高法院在政府部門之間作為憲法守護者及最終闡釋者的崇隆地位。

本案緣於原告未獲總統傑佛遜正式任命為治安法官而以國務卿麥迪遜為被告，依據國會一七八九年司法組織法向聯邦最高法院聲請執行令，強制被告發布其人事命令。首席大法官馬歇爾雖認定總統未發布人事命令確有不當之處，對於原告基本權益亦有損害，但為避免頒發執行令造成行政與司法部門之間的衝突與緊張關係，馬歇爾乃決定採取較為緩和的手段，以國會一七八九年司法組織法第十三條有關授予聯邦最高法院執行令初審管轄權的規定，明顯牴觸憲法第三條第二項第二款前段有關聯邦最高法院初審管轄權的限制性規定為理由，宣告國會此項立法行為是為違憲，法院應拒絕適用此一違憲規定。由於系爭授權規定既無適用餘地，聯邦最高法院對於執行令聲請案件即欠缺適當管轄權限，本案應不予受理，要無疑義。

惟對於違憲法令，法院除應拒絕適用以外，是否有進一步宣告其無效或失其效力的職權，亦應一併釐清。首先，首席大法官馬歇爾指出，由於美國憲法第三條第二項明定「司法權應及於所有基於憲法而提起的事件」，該規定即蘊涵著司法權應成為憲法最終裁決者的含義。縱使司法部門尊重立法、行政二大對等部門對於憲法所作成的解釋，惟普天之下莫非王土，基於憲法以外規範所引致的爭議實難尋覓，故決定包括憲法在內所有法律的意涵，仍是司法權責無旁貸的基本職責。換言之，司法部門或法院在政府部門中，具有合憲性解釋最高權威機關的地位，要無疑問。

其次，馬歇爾大法官引用美國憲法第一條第九項有關禁止課徵州際出口稅、禁止頒布公權剝奪令及禁止制定溯及既往法律等規定，以及美國憲法第三條第三項第一款後段有關「任何人非於公開法庭經二名證人作證或自白不受叛國罪名」的規定，佐證制憲者有以憲法拘束司法、立法及行政等三大政府部門的明顯意圖。司法部門既為憲法的最終裁決者，即應獨立地解釋、遵守及執行憲法，不受立法或行政部門所為憲法解釋的拘束。

最後，馬歇爾大法官引述美國憲法第六條第二項最高條款有關憲法、

法律及命令的排列順序，闡釋憲法應位居本國最高法律之首。由是，憲法應優位於所有制定法、條約及其他任何法律或命令。法官既經宣示維護包括憲法在內的一切國家法律，為忠誠擁護憲法，法官應視憲法為最高位階法律。易言之，法官應支持憲法，而非任何劣位的法律。因之，對於任何違反憲法的較低位階法律，法官不僅應予以拒絕適用，同時，對於國會所為此項立法行為，法院亦應一併宣告其為無效或失其效力。

在判決主文中，馬歇爾大法官雖作成關於法院得對於立法部門所為行為行使司法審查的重大結論，但關於行政行為是否亦應受法院司法審查拘束的問題，由於聯邦最高法院業經宣告其欠缺執行令初審管轄權，馬歇爾大法官於本案判決中作成附帶意見 (dictum)，肯定法院在原則上亦得對於行政行為行使司法審查。

馬歇爾大法官指出，總統及其幕僚首長所為行政行為如涉及政治性質事務，或為憲法或法律明定屬於總統及其幕僚首長行政裁量範圍內的事務，則該項行政行為得不受司法審查的拘束。由於所有行政部門行為均應受聯邦憲法及國家法律的拘束，法院自得監督行政部門遵守在憲法及法律上所體現的各種原理原則。本附帶意見在實質上雖未具完整判例價值，對於法院審判亦不具法律拘束力效果，但為落實憲法權力分立理論的架構與精神，馬歇爾大法官有關司法審查權應及於行政部門所為行為的意見，仍為一般論述所推崇，至今尚未出現任何較為激烈的反對看法❸❻。

美國聯邦最高法院於西元一九七四年在 United States v. Nixon 水門事件一案中，除再次重申一百七十一年前馬歇爾大法官在 Marbury 一案所闡述有關說明法律為何是司法部門最基本職責的意旨以外，並表示前揭意旨並非意味著行政部門及立法部門均不得自行解釋法律，而是在強調對於法

---

❸❻　例如有反對論者認為國家目前已不再是由法律或民選代表所主導，而是由一個只採用自己意見，非民選不具代表性且未經民意淬煉的法律人委員會所統治，無怪乎最高法院宣告違憲與日俱增甚而有與真正憲法不具合理關聯者。ROBERT H. BORK, THE DANGERS OF POLITICAL LAW: THE TEMPTING OF AMERICA: THE POLITICAL SEDITION OF LAW 130, n. 1 (1989).

律解釋的事務，司法部門得行使最終闡明之權❸。

　　然而，對於聯邦法院有關法律解釋的裁決，非經行政部門配合執行恐無法竟其全功。是故，聯邦法院行使司法審查權應本於權力部門間尊重理論謙抑為之，切不可恣意擴權逾越分際，自陷手無寸鐵的司法部門於難堪和尷尬的境地，是應注意。美國聯邦最高法院在 Nixon 一案雖僅論述關於總統行政特權的憲法爭點，但對於尼克森總統及其幕僚拒絕提交白宮橢圓形辦公室文件及談話錄音帶的行政行為，仍在實質上作成其合憲與否的司法審查判斷。此一舉措，不啻再度宣示法院司法審查權應及於行政部門所為行政行為，其側面出擊避免與對口部門正面衝突的策略，與 Marbury 一案似有異曲同工之妙，值得觀察。

　　聯邦法院對於行政、立法二對等部門行使司法審查權，業經聯邦最高法院憲法解釋判決予以肯認，但其是否亦得對於享有自治地位的州政府行為行使違憲審查職權，則非無疑義。美國聯邦最高法院於西元一八一〇年在 Fletcher v. Peck 一案中，肯定聯邦法院得宣告喬治亞州 (Georgia) 州法令違憲並得使州議會立法行為無效或失其效力。換言之，各州議會所制定的法令，仍應受聯邦法院司法審查權的限制❸。在六年之後，美國聯邦最高法院又於西元一八一六年在 Martin v. Hunter's Lessee 一案中，更進一步肯定聯邦法院得對於各州終審法院裁決行使司法審查權❸。

　　至於有關州政府行政行為是否亦應受聯邦法院司法審查權拘束的疑義，美國聯邦最高法院於西元一九五八年在 Cooper v. Aaron 一案中，以無異議決議，裁決阿肯色州 (Arkansas) 州長違背聯邦法院關於廢除種族隔離制度裁判的行為是為違憲，應屬無效❹。由是，各州政府所為行政行為，亦納入聯邦法院司法審查權監督的範疇。至此，美國司法審查制度實已燦

❸　United States v. Nixon, 418 U.S. 683 (1974). 關於總統行政特權的憲法保障，參閱本書第四章第一節第二項第四款。

❸　Fletcher v. Peck, 10 U.S. (6 Cranch) 87 (1810).

❸　Martin v. Hunter's Lessee, 14 U.S. (1 Wheat) 304 (1816).

❹　Cooper v. Aaron, 358 U.S. 1 (1958).

然大備，聯邦和州的立法行為與行政行為，甚而各州的司法行為，均應遵守聯邦憲法並隨時接受聯邦法院違憲審查機制的檢驗。惟為避免司法部門剛愎自用，危及聯邦政府兄弟部門間權力制衡均勢及州政府憲法保障自治地位，聯邦法院應嚴守憲法守護者及人民保障者角色謹慎行事，方不失制憲者建立憲法權力分立理論與架構的美意。

第三款　審查效力

如前所述，司法審查權的行使，是以解釋憲法為手段，而以審查政府行為的合憲性地位為目的，由於其不屬單純法規範合憲性審查的性質，故應與符合事件或爭執要求的一般訴訟案件結合，成為憲法解釋權與司法審判權合一行使的特殊憲法審查機制。是以，一般訴訟案件終局裁判所應具有的各種效力，諸如確定力、拘束力、既判力及執行力等，對於司法審查案件的最終司法裁決而言，亦有相同適用的餘地，要無疑問。

甚且，基於普通法遵循判例原則的作用，法官得經由審判程序創造法律，其所作成的司法裁判具有法律上拘束力，不僅本案當事人應受其拘束，其於本案所創設的法律原則亦應為日後相似或類同案件所遵守。由是，司法審查案件裁判除因含有憲法解釋內容而與憲法享有相同位階以外，其更具有單純法規範合憲性解釋所不易擁有的既判力與執行力，可謂將憲法的解釋與解釋的執行一氣呵成，畢其功於一役。此種憲法審查機制，應可有效防止政府各部門間夜長夢多互踢皮球，憲法尊嚴因而掃地的情事發生。

聯邦法院行使司法審查權，主要目的乃在確認低位階法令是否牴觸憲法。依據首席大法官馬歇爾在 Marbury 一案所闡述的意見，法院以裁判宣告某項法令違憲時，該項法令應即無效或失其效力。美國聯邦最高法院於西元一八八六年在 Norton v. Shelby County 一案中亦表示，違憲的法令並非法律規範，其無從賦與任何權利，亦無由課予任何義務；其無法提供任何保障，亦不得創設任何職務；其不再有效，如同未經制定**❹**。惟對於聯

---

❹　Norton v. Shelby County, 118 U.S. 425 (1886).

邦最高法院上述見解持反對意見者則認為，法院的違憲宣告不應使系爭法令全然無效或失其效力。換言之，法院宣告違憲的裁判應無廢止現行法令的效力，至多僅得中止系爭法令的執行而已。法院如於日後廢棄原先宣告系爭法令違憲的裁判，該項法令應立即恢復其效力，無須國會再予重新制定❷。

　　近年來，美國聯邦最高法院對於司法審查案件裁判的效力，顯然是採取較為折衷的看法，尤其對於有關違憲法令應否溯及無效的問題，聯邦最高法院更始終保持較為謙抑的立場，認為其不應視嚴格溯及無效的法理具有憲法上的正當性❸。對於違憲法令應否溯及無效的疑義，由於聯邦憲法並無明文規定，聯邦法院對此進行裁決時，將考量溯及無效對於既得利益者權利或身分等憲法保障事項的影響、宣告法令違憲的目的、執法人員對於系爭法令的信賴程度，以及在刑事法令方面溯及無效對於偵審程序所造成的相對衝擊等相關因素而為綜合性的判斷❹。總之，聯邦法院對於系爭法令不論是採取極端擴張的態度，認為違憲法令應溯及於法令制定時自始無效，或是採取極端限縮的態度，認為違憲法令應於裁判確定後始向後失其效力，只要其判斷非屬法院恣意專斷或罔顧事實之下的產物，在上述範圍內所作成的有關裁決均應為憲法所認許，自不待言。

　　此外，聯邦法院宣告法令違憲，尚有該項系爭法令應全部或一部無效或失其效力的問題。美國聯邦最高法院於西元一九三六年在 Carter v. Carter Coal Co. 一案中表示，如系爭法令違憲部分可獨立存在，且可與同一法令其他內容清楚辨別及易於分割，經探求立法者本意和立法意旨而可查知系爭法令一部無效或失其效力並未違背立法原意時，聯邦法院得同時宣告系爭法令違憲部分無效或失其效力，其他部分則仍然有效，不受影響❺。

---

❷　G. GUNTHER, CONSTITUTIONAL LAW 28 (West Publishing Co. 8th ed. 1985).

❸　Chicot County Drainage District v. Boxer State Bank, 308 U.S. 371 (1904).

❹　Johnson v. New Jersey, 384 U.S. 719 (1966); Linkletter v. Walker, 381 U.S. 618 (1965).

❺　Carter v. Carter Coal Co., 298 U.S. 238 (1936).

　　是以，立法原意乃成為聯邦法院裁決系爭法令得否分割宣告其違憲內容的重要考量因素。然而，為求慎重起見，系爭法令縱使訂有類如無效內容不影響同法令其他內容效力的分割條款 (severability clause)，聯邦法院亦僅得推定立法者有同意宣告部分內容無效或失其效力的本意。該項推定如經反證推翻，聯邦法院仍不得逕為宣告該項系爭法令一部無效或失其效力，是應注意❹。

　　至於系爭法令違憲部分如與同一法令其他內容不易分割且具有相互依存的關係，經探求立法者本意查知系爭法令一部無效或失其效力將違背立法原意時，聯邦法院得逕為宣告系爭法令因部分內容違憲致使同一法令全部內容均屬無效或失其效力，應無疑義❹。

❖ 第三節　司法制約 ❖

第一項　概　說

　　聯邦法院得經由審判與釋憲合一行使的司法審查權限，宣告行政、立法及州的行為因違反憲法而無效，儘管其至今仍是一項頗具爭議性的憲法權力，司法擁有此項權力業經完整建制，應屬毋庸置疑。司法部門如一味獨鍾司法至上主義而恣意擴權，罔顧立法、行政二大對等部門在政治實踐中所扮演的憲政角色，或輕忽各州在憲法上所保留的初始主權及自治地位，則終將喪失其憲法守護者及人民保護者立場，不僅使得憲法權力分立架構及有關制衡設計因而破毀，同時更不意使得司法部門陷入政治部門的嚴酷角力與紛擾漩渦之中。此一結果，究非司法部門之福，亦非憲法創設獨立司法部門的本意。由是，為維繫司法權在憲政發展中於不墜，其不僅應擁有足以與立法權和行政權抗衡類如司法審查權的尚方寶劍，其更應經由外在制衡及內在制約雙管齊下的力量，有效確保司法部門在憲法上正當行使

---

❹　Williams v. Standard Oil, 278 U.S. 235 (1929).

❹　Pollock v. Farmer's Loan & Trust Co., 158 U.S. 601 (1895).

其所擁有的憲法權力。

在外在制衡機制方面，聯邦法院法官雖屬終身職任命，且其報酬亦經憲法保障不得遞減，但其選任仍為政治部門的重要職權。經由聯邦法官的選任程序，總統與國會得有效控制聯邦法院的成員，如政治理念或哲學背景與其相去甚遠，聯邦法官候選人實不易獲得正式的任命。國會經由彈劾程序免除聯邦法官的職務，亦屬外在制衡的形式之一❹。同時，國會亦得透過立法程序劃分聯邦法院的地域及事務管轄權，決定聯邦法院法官的席位，以及透過修法或修憲程序改變聯邦法院的終局裁決。凡此，均屬憲法所賦予政治部門監督司法部門，以防止其濫權或逾越憲法分際的正式制衡利器。

此外，由於制憲者賦予行政部門遂行國家法律的職責，以及法院未具充分人員或實力自為執行其命令，故而如司法部門罔顧現實情勢，執意作成政治部門尤其是總統所不認同或不予接受的決定，對於司法部門的權威性與公信力定將造成重大傷害。聯邦法官行使憲法上職權，實不得不考量上述情況而儘予謙抑行事。更有甚者，聯邦法院法官作成裁決判斷時，亦不免受到公眾輿論直接或間接的影響。法官究非終身處於象牙塔之內，其生活於媒體、家庭及親友之中，必然知曉當代民眾所關切的爭點、標準及信念。法官在審判程序上所認知的公平、正義與人民期待，正是反映社會輿情的具體作用。法院如無視公眾意見鋌而走險，一意孤行地作出悖離社會通念甚遠的裁判，定將自曝其閉門造車故步自封的消極怠惰心態，最後終會為民眾所唾棄。凡此，則是在憲政運作上為監督司法部門而基於憲法權力互動關係所自然形成的非正式制衡力量。

---

❹ 在美國憲政歷史中，聯邦法院僅有一位最高法院大法官山謬柴斯 (Samuel Chase) 遭眾議院彈劾，但該彈劾案未經參議院審議定讞。另外，亦有十二位聯邦下級法院法官遭眾議院彈劾，其中僅有七位經參議院審議定讞。其他法官則在爭議發生後或即將彈劾前自行辭職。Emily Field van Tassel, *Resignations and Removals: A History of Federal Judicial Service—and Disservice—1789–1992*, 142 U. PA. L. REV. 333 (1993).

　　然而，單靠憲法上外在制衡機制監督司法部門行使權力，恐無法保證制憲者所預期權力分立政府得以圓滿建構。相反地，聯邦政府各部門除鎮日整備對於其他政府部門展開緊鑼密鼓憲政攻防戰術以外，其亦將因其他政府部門實施無情嚴苛監督檢驗而終日畏首畏尾疲於奔命，最後造就成為一個軟弱無能謅於內鬥的中央政府，究非全體人民之福。由是，為使憲法權力分立政府在實證運作上圓融和順，聯邦權力作用化零為整，憲政發展除應重視政府各部門間制衡機制是否發揮最大極致以外，司法部門本身內在制約的力量亦應同步發展，兼籌並顧。

　　司法部門內在制約機制，乃是藉由美國聯邦最高法院歷年相關判例逐漸累積而建立，且是基於美國憲法權力分立理論及美國憲法第三條第二項第一款事件或爭執要求，美國憲法增修條文第十條剩餘權保留予各州或人民條款，以及美國憲法增修條文第十一條基於主權豁免理論所衍生聯邦司法權限制條款等相關法理，而以聯邦法院對於各個案件實施實質審理職權的可能性為其核心價值。此種具有系統性及歷史性的系列司法制約理論，在學理上概稱為裁判可能理論 (justiciability doctrine)。依據上述司法制約理論所形成有關限制聯邦法院管轄範圍的制度，即成為避免司法部門逾越憲法權力分際的最後一道防線。美國聯邦最高法院大法官路易士布蘭戴斯 (Justice Louis D. Brandeis) 曾謂，聯邦法院對於某項案件縱在形式上享有明顯管轄權限，若干法則仍有阻止其最終裁決該項特定案件的餘地❹。布蘭戴斯大法官在此所指稱的若干法則，應即指限制聯邦法院管轄範圍的各種制約理論而言，應予注意。

第二項　訴訟適格

　　基於上述司法制約理論，任何形式的訴訟案件不僅均應存在利益對立的具體當事人，訴訟當事人的一方在法律權益上亦應確實受有特定形式的真實傷害。易言之，任何人於訴訟程序中起訴或應訴，均應對於訴訟結果

❹　Ashwander v. T.V.A., 297 U.S. 288 (1936).

享有真正利益，亦即其就本案法律關係而言，應具有訴訟適格 (standing) 的地位或資格。美國聯邦最高法院於西元一九六二年在 Baker v. Carr 一案中表示，當事人對於爭執結果必須擁有個人利害關係，始可確保最高法院有效釐清憲法問題及適當切入具體爭點。一般而言，原告法律權益如在事實上遭受損害，而其損害是由被訴行為所造成，且法院有利裁決將可彌補其所遭受的損害，則原告的訴訟適格即為存在❺。但國會亦得經由設權立法創設若干權利或利益，並明定某些個人或團體得因行使該類權益而具有特別訴訟適格的地位或資格，是為例外。

第一款　一般適格

如前所述，任何人如欲主張訴訟適格，除應證明其受有事實上損害 (injury in fact) 以外，尚應證明其損害與被訴行為之間確有因果關係 (causation) 的存在。所謂事實上損害，應是指原告在身體上或金錢上的任何有形損害而言。例如醫師針對禁止墮胎法令提起訴訟具有訴訟適格，以及書局所有人針對限制陳列色情刊物法令提起訴訟具有訴訟適格等均是❺。原告單純形而上或精神上的利益雖不易使其具有適當訴訟適格的地位或資格，但事實上損害的成立，不以忍受刑事犯罪或經濟損失為範圍。更有甚者，當損害層面廣泛，任何一位原告所受損害對於損害整體而言縱屬微不足道時，聯邦法院仍將認為此一情形並無損及原告訴訟適格的存在❺。

此外，美國聯邦最高法院於西元一九七二年在 Sierra Club v. Morton 一案中表示，原告就其所受關於感觀上 (aesthetic)、給養上 (conservational) 及休憩上 (recreational) 的損害提起訴訟，由於其對於爭執結果擁有個人利害關係，故而對於本項訴訟案件而言，亦應具有適當訴訟適格的地位或資格❺。基於上述，美國聯邦最高法院似已肯認原告遭受關於環境利益的事

---

❺　Baker v. Carr, 369 U.S. 186 (1962).

❺　Virginia v. American Booksellers Ass'n, 484 U.S. 383 (1988); Singleton v. Wulff, 428 U.S. 106 (1976).

❺　United States v. SCRAP, 412 U.S. 669 (1973).

實上損害，其訴訟適格亦應存在。由是，美國聯邦最高法院所認可事實上損害的類型，似有逐漸擴大的趨勢。

　　原告除應具備訴訟適格以外，尚須證明其所遭受的損害與被訴行為之間確有因果關係的存在。如被訴者為政府，原告則應證明損害是由政府所為的行為所造成。美國聯邦最高法院於西元一九八四年在 Allen v. Wright 一案中表示，事實上損害與被訴不法行為之間除應有所關連以外，為符合訴訟適格在此一層面的要求，原告所宣稱的損害須得以合理地追溯 (fairly traced) 至被告所被訴的行為❺❹。惟對於法院而言，損害於何時可被合理地追溯實不易認定，故上述原則在適用上不免仍有曖昧不明之處，是為遺憾。

　　基於美國聯邦最高法院在前述 Allen 一案中所揭示的原則，原告如僅對於政府事務享有一般性利益，則由於其欠缺適當訴訟適格，故而不得對於系爭政府行為提起訴訟。換句話說，單純公民身分，實不足以對政府行為成立訴訟適格。更有甚者，憲法上所創設的任何原則性權利，僅是歸屬於全體人民的概然化利益，政府行為違反上述利益，僅得對於個別公民造成抽象性損害，與訴訟適格所應具備的事實上損害仍有不同，不可同視。由是，人民純粹基於公民身分主張訴訟適格，而向聯邦法院請求針對違憲法令進行司法審查，自為憲法訴訟適格法理所不許。與之類似者，對於個別公民而言，因國會議員違反憲法所定職務限制而忍受的實際損害實已微乎其微，不足以符合事實上損害要件的要求，故人民亦不得針對國會議員違背職務的行為，而向聯邦法院請求司法審查❺❺，是應注意。

第二款　行政法適格

　　在多數行政法相關案件之中，訴訟適格爭點乃縈繞於許多設權法令的內容之內。國會如欲擴大聯邦法院對於訴訟案件的管轄權，其雖不得逾越

---

❺❸　Sierra Club v. Morton, 405 U.S. 727 (1972).

❺❹　Allen v. Wright, 468 U.S. 737 (1984).

❺❺　Schlesinger v. Reservists Committee, 418 U.S. 208 (1974).

美國憲法第三條所認可的管轄範圍，但非不得在行政法領域制定若干設權法令以創設人民的權利或利益，並賦與特定種類個人行使該項權益的訴訟適格地位或資格。設權法令在行政法領域所提供的特別訴訟適格，縱使非基於傳統訴訟適格要求而成立，然而在大多數場合，關於行政案件的訴訟適格規定幾與傳統訴訟適格法令同步發展，其重要性不容忽視。

為使原告依據設權法令提起訴訟具備訴訟適格的地位或資格，原告除應證明其受有事實上損害及損害與被訴行為之間具有因果關係以外，並應證明其所受損害涵括於系爭法令保障利益區域 (zone of interest) 之內。換句話說，原告應證明其受有法律上損害 (injury in law)。美國聯邦最高法院於西元一九七○年在 Association of Data Processing Service Organizations v. Camp 一案中表示，對於主計長所發布有關銀行得向其他同業或銀行客戶提供資料處理服務的法規，由於原告亦屬出售此類服務的企業，銀行加入後必將形成競爭壓力，其因此遭受經濟上和財務上損失應無可避免。是故，原告符合訴訟適格在事實上損害層面的要求，應無疑問。

其次，原告欲主張其適當訴訟適格地位或資格，尚須證明其符合訴訟適格在法律上損害層面的要求。為此，原告應證明其為法律所欲保障的對象，其所受損失亦屬法律保障範圍內的利益。由於系爭法規與銀行法令確有出入，法院應可認定原告對於本案具備訴訟適格❺❻。

第三款　公民適格

人民如欲針對政府行為而以原告身分向聯邦法院提起憲法訴訟，應證明其本人對於訴訟結果具有實質利害關係，始足當之。準此，在大多數場合，一般公民如純然以其納稅人身分逕向聯邦法院提起關於政府支用公共基金違反憲法的訴訟，聯邦法院將以其所受損害遙遠、不確定或微小為理由，否認其具備適當訴訟適格的地位或資格❺❼。惟對於稅法上有關核定課

---

❺❻　Association of Data Processing Service Organizations v. Camp, 397 U.S. 150 (1970).

稅金額規定的合憲性爭議，納稅人非不得以訴訟結果具體影響其未來納稅
權益為理由，主張其對於本案具有適當訴訟適格，是為例外❺。

　　同時，美國聯邦最高法院對於納稅人在政府行為逾越憲法賦予徵稅及
支用權 (taxing and spending power) 的訴訟案件具備適當訴訟適格，亦保持
相當肯定的態度❺。美國聯邦最高法院於西元一九六八年在 Flast v. Cohen
一案中表示，原告納稅人針對政府有關資助教會學校開設閱讀、算數及其
他非宗教課程的法令，主張該項經費支用法令違反美國憲法增修條文第一
條立教條款 (Establishment Clause) 有關意旨，故而請求聯邦法院對於系爭
法令進行司法審查。在此，如原告納稅人能適當證明其所具備的納稅人身
分與系爭政府經費之間在邏輯上確有聯繫，且能顯示系爭經費支用法令確
實逾越在憲法上的有關限制，則其對於本案即具備訴訟適格❻。但如原告
納稅人僅以一般民眾對於系爭政府行為所共通擁有的普遍訴求為基礎向聯
邦法院提起訴訟，則聯邦法院將以其未因系爭政府行為的行使而受有特定
損害為理由，認定其與該項政府行為之間在邏輯上欠缺合理聯繫，故而其
在訴訟程序上的適格地位亦應不予確認❻。

　　由於原告納稅人是否具備訴訟適格，乃是聯邦法院進入本案實體審理
程序的前提要件，故應先予釐清。美國聯邦最高法院表示，由於法院認定
系爭經費確屬龐大，原告確屬公共基金經政府支用的納稅人團體，以及系
爭法令確實涉及憲法增修條文第一條的相關規定，原告納稅人符合上述要
求，其具備訴訟適格應予確認。惟聯邦法院肯認原告納稅人訴訟適格，尚
非以系爭法令實際違反憲法任一規定為必要，是應注意。

　　然而，納稅人以公民身分針對政府徵稅及支用行為的合憲性爭議提起

---

❺　Frothingham v. Mellon, 262 U.S. 447 (1923).

❺　United States v. Butler, 297 U.S. 1 (1936).

❺　Asarco, Inc. v. Kadish, 490 U.S. 605 (1989); Doremus v. Board of Education, 342
　　U.S. 429 (1952); Everson v. Board of Education, 330 U.S. 1 (1947).

❻　Flast v. Cohen, 392 U.S. 83 (1968).

❻　United States v. Richardson, 418 U.S. 166 (1974).

訴訟，亦非漫無限制。美國聯邦最高法院於西元一九八二年在 Valley Forge Christian College v. Americans for Separation of Church & State, Inc. 一案中表示，教育部依據國會授權，以百分之百折扣轉讓多餘財產予教會學校充作教育用途，由於此項授權是國會基於憲法第四條財產條款而非基於憲法第一條徵稅及支用條款所作成，故系爭政府行為應未涉及違反憲法立教條款的問題。甚且，決定以百分之百折扣轉讓財產予學校的政府單位是教育部而非國會。納稅人提起關於政府行為違反憲法徵稅及支用權限的訴訟，如其非以真正負有徵稅或授權支用歲入職責的政府單位為被告，則法院仍將以原告納稅人欠缺訴訟適格為理由，拒絕受理該項案件❷。

換句話說，美國聯邦最高法院似乎僅肯認納稅人只有在以公民身分對於享有憲法徵稅及支用權限的政府單位提起有關經費支用合憲性爭議的訴訟案件，始具備適當訴訟適格的地位或資格。更有甚者，在此類訴訟中，又僅有涉及憲法增修條文第一條立教條款的經費支用合憲性審查案件始受到聯邦法院的青睞，亦是一個不爭的現象。至於涉及憲法其他限制的類同案件是否尚有相同發展的空間，則仍有待觀察。

第四款　組織團體適格

一般而言，原告應就個人所受實際損害親自提起訴訟，不得委由他人名義代為行使。但如某組織或團體至少有一名成員具有訴訟適格的地位或資格，而該組織或團體可適當代表其所屬成員的利益，且該組織或團體對於訴訟標的具有特殊利益及專長，個別成員參與訴訟程序已非屬必要時，則該組織或團體即得代表個別成員而以自己名義於聯邦法院實施訴訟，是為例外❸。茲此，由於原告組織對於瀕臨絕種野生動物不具特殊利益及專長，其如代表成員利益對於有關法令爭議逕自提起訴訟，自應不具適當訴

---

❷　Valley Forge Christian College v. Americans for Separation of Church & State, Inc. *et al.*, 454 U.S. 464 (1982).

❸　Sierra Club v. Morton, 405 U.S. 727 (1972).

訟適格的地位或資格❻。大體言之，組織或團體代表其成員於聯邦法院實施訴訟的情形，經常發生於有關環境保護、勞工權益及消費者保護等類型的訴訟案件之中。

然而，政府組織代表人民於聯邦法院實施訴訟，只要確有公共利益存在，有關政府即無須滿足上述特別適格的要求。事實上，不論是聯邦政府或是州政府，其均可代表人民於聯邦法院提起訴訟或參加訴訟。關於人民健康及福利的利益，即是賦予政府適當訴訟適格的最佳事例。州政府得以土地父母 (*parent patriae*) 的地位具備訴訟適格，代表人民於聯邦法院實施訴訟或取得禁止令，例如州政府行政機關得聲請聯邦法院發給禁止令以阻止不法行業經營於本州者即是。

甚且，如案件涉及政府利益時，政府尚得代表特定個人於聯邦法院尋求救濟，例如州政府得代表為不法經營行業所傷害的個人請求聯邦法院給予補贖判決者即是。但是，在對於他州或聯邦政府起訴的案件，本州政府僅得於聯邦法院代表人民聲請確認裁判或禁止令。如本州政府進一步代表特定個人於聯邦法院請求損害賠償，則其將喪失關於本案的訴訟適格，是應注意❻。

第五款　國會議員適格

於若干場合，國會議員經常針對總統或國會的行為而向聯邦法院提起訴訟，其於此類案件中是否具備訴訟適格，則不無疑義。聯邦法院曾在許多案件中肯認國會議員符合訴訟適格的要件。為滿足美國憲法第三條第二項第一款有關事件或爭執的要求，原告國會議員應證明其受有明顯且具體 (distinct and palpable) 的損害，且其損害得以合理地追溯至被告所被訴的行為，以及彌補其所受損害的救濟確屬可行。

易言之，總統或國會所為行為如有貶損議員影響力或使議員投票失其

---

❻　Lujan v. Defenders of Wildlife, 524 U.S. 555 (1992).

❻　North Dakota v. Minnesota, 263 U.S. 365 (1923).

效用的情事，則對於原告國會議員而言，即屬前述明顯且具體的損害，原告於此類案件中取得適當訴訟適格的地位或資格，則應予以肯定❻。例如卡特總統未經國會同意中斷與中華民國共同協防條約，高華德參議員宣稱此舉將損及其於參議院投票的完整性，聯邦法院因而確認國會議員於本案中具備適當訴訟適格者即是❻。與之類似者，行政部門拒絕承認提請總統簽署逾越十日的法律案業已成為法律，甘迺迪參議員宣稱此舉將使其於國會的投票失其效用，聯邦法院亦因此而確認甘迺迪參議員於本案中具備適當訴訟適格❻。

然而，一般而言，國會議員對於國會本身所行使的立法行為，則將經常欠缺適當訴訟適格，應予注意。國會議員得運用自己在國會殿堂內的政治實力，透過投票或論辯等方式修正或廢止特定法案或任何決議。同樣地，國會議員亦不得為保護行政或司法部門免受國會侵犯而提起訴訟取得適當訴訟適格❻。同時，國會議員對於行政部門執行或不執行法律表示反對意見，亦不足以使其具備適當訴訟適格，國會議員在此一場合，其適格地位與一般人民並無不同❼。

第六款　第三人適格

基於憲法權利的專屬性與不可轉變性，聯邦法院強調僅有自己憲法權利受到侵害之人，始得提起關於憲法爭點的訴訟，任何人均不得越俎代庖代替他人主張其在憲法上的權利❼。上述原則，在關於刑事案件的訴訟程序上尤其重要，例如刑事被告不得為排除不利於己的證據，而主張他人在

---

❻ Boehner v. Anderson, 30 F.3d 156 (D.C. Cir. 1994).

❻ Goldwater v. Carter, 617 F.2d 697 (D.C. Cir. 1979).

❻ Kennedy v. Sampson, 511 F.2d 430 (D.C. Cir. 1974).

❻ Dornan v. Secretary of Defense, 851 F.2d 450 (D.C. Cir. 1988).

❼ Daughtery v. Carter, 584 F.2d 1050 (D.C. Cir. 1974).

❼ Elk Grove Unified School District v. Newdow, 542 U.S. 1 (2004); Tileston v. Ullman, 318 U.S. 44 (1943).

美國憲法增修條文第四條有關不法搜索拘捕及扣押的相關權益者即是。但如憲法權利的直接損害者不能或不易自行主張其憲法權利，或第三人與直接損害者之間確有特殊關係存在，且其亦為憲法權利的間接損害者時，聯邦法院將肯定第三人原告得以自己的名義為他人的憲法權益實施訴訟，並於本案中具備適當訴訟適格，是為例外❷。此類訴訟適格，與前述組織或團體代表其成員實施訴訟的情形類似。

第三項　裁判實效

美國憲法第三條第二項第一款事件或爭執要求明定，聯邦法院所得管轄的案件，應以現實存在的真正紛爭為範圍。此一規定，亦衍生出美國憲法對於聯邦法院管轄權有關訴訟進行時點的限制。易言之，案件未臻成熟或裁判已無實益而進行訴訟，不僅虛擲司法公器違背訴訟經濟原則，同時更使法院裁判欠缺實效，徒然貶損司法部門的完整性與公信力，故而二者均應為前揭憲法規定所不許。

第一款　未臻成熟

於損害尚未發生或損害所引致危險尚非即時而提起訴訟，由於真正紛爭尚未存在，聯邦法院對於此類案件將欠缺適當管轄權限。申言之，如被告行為僅是單純及不確定的威脅或恫嚇，且未造成原告在現實利益上任何具體的損害，則聯邦法院將基於謙抑原則而以系爭爭點未臻成熟為理由，拒絕受理原告為此所提起的任何訴訟案件❸。對於此類案件，學理上概稱之為未臻成熟的案件 (unripeness)。換句話說，如系爭爭點純粹涉及法律事項，且系爭法令所造成的影響即時而直接時，則系爭法令即已達到可為司

---

❷　Carey v. Population Services International, 431 U.S. 678 (1977); Craig v. Boren, 429 U.S. 190 (1976); NAACP v. Alabama, 357 U.S. 449 (1958); Barrows v. Jackson, 346 U.S. 249 (1953).

❸　Rescue Army v. Municipal Court, 331 U.S. 549 (1947).

法裁決的程度❼。美國聯邦最高法院首席大法官哈蘭史東 (Chief Justice Harlan Fiske Stone) 曾謂,有價值的法律權利形成適格的司法訴訟,而即時侵害的危險則造就成熟的司法案件❼。為建立聯邦法院的適當管轄權限,上述二者均屬不可或缺,是應注意。

美國聯邦最高法院於西元一九四七年在 United Mine Workers v. Mitchell 一案中表示,唯有實際違反禁止行政部門人員參與政治競選活動法令且因而受到懲處之人,始得針對系爭法令的爭議提起訴訟。其他人員針對系爭法令相同爭議提起訴訟,其訴求均屬未臻成熟。聯邦最高法院進一步表示,單純臆測性的危險,不足以使訴訟案件達到可為裁判的成熟階段❼。與之類似者,人民針對使用避孕器構成犯罪的法令提起訴訟,由於系爭法令尚未施行或無理由確信其將施行,聯邦法院將以系爭爭點未臻成熟為理由,認定該項訴訟案件欠缺審查可能性❼。

第二款　已無實益

如同前述案件未臻成熟而提起訴訟,法院審理時點如過於遲緩,亦將致使有關案件欠缺裁判可能性。要言之,如於訴訟繫屬期間,系爭爭點業經解決或業已消失,則聯邦法院將以案件已無裁判實益為理由,駁回原告所提起的相關訴訟案件。對於此類案件,學理上概稱之為裁判已無實益的案件 (mootness)。

美國聯邦最高法院於西元一九七四年在 DeFunis v. Odegaard 一案中表示,由於華盛頓州 (Washington) 最高法院廢棄其下級法院有關命令被告州立大學法學院應於西元一九七一年准許原告入學的裁判,而使得原告所主張學校不法偏好少數族裔申請者違反憲法平等保護條款的爭議繫屬於聯邦最高法院。惟聯邦最高法院在實際審理本案時,原告已就讀於被告州立

---

❼　Abbott Laboratories v. Gardner, 387 U.S. 136 (1967).

❼　Nashville, C. & St. L. Ry v. Wallace, 288 U.S. 249 (1933).

❼　United Mine Workers v. Mitchell, 330 U.S. 75 (1947).

❼　Poe v. Ullman, 367 U.S. 497 (1961).

大學法學院的第三年課程。被告州立大學法學院亦聲稱，無論訴訟結果為何，原告均可如期結業取得法律學位。基於上述事實，聯邦最高法院因而認定本案系爭爭點在裁判上已無實益，原告之訴應予駁回❼⓼。然而，一般而言，訴訟如以團體而非個人名義提起，似較可避免案件經法院認定為裁判已無實益的情形。例如前述原告如代表所有高加索或白種族裔申請者提起關於差別對待的團體訴訟 (class action) 或代表訴訟 (representative action)，則其結果或許將會有所不同，是應注意❼⓽。

此外，某些於表面上應屬在裁判上已無實益的案件，聯邦法院仍將予以審理，是為例外，茲分述之。首先，訴訟案件所涉及爭點有規避聯邦法院審理的性質。原告如欲主張其所提起訴訟符合此項例外情形，應證明以下三點要件，第一，在訴訟繫屬期間成為裁判已無實益的案件時，確實有法律上或事實上的爭點存在；第二，系爭損害確具回復可能性；以及第三，訴訟案件的爭點具有規避法院審理的性質。

基本上，訴訟案件所涉及的事實如於法院可為審理之前業經變更或消失，則該項案件的系爭爭點即有規避聯邦法院審理的可能。Roe v. Wade 一案，即屬此類案件的著例❽⓪。美國聯邦最高法院於本案中表示，正常二百六十六天妊娠期間過於短促，且將於一般上訴審程序完成之前即告終止。如妊娠終止致使訴訟案件已無裁判實益，將使所有關於懷孕的訴訟無法逾越事實審階段，任何上訴審的聲請勢將因此而全數遭到駁回。是故，懷孕應可成為認定案件非無裁判上實益最典型的事實基礎。聯邦最高法院如捨此不由，則將使此類案件系爭爭點永遠無法進入實體審理階段。此類遺憾，應予避免。

其次，被告顯然為脫免法院審查而自行停止其所被起訴的不法行為。與上述例外情形類似，如損害的再次發生或再行開始確有合理可能性存在，

---

❼⓼　DeFunis v. Odegaard, 416 U.S. 312 (1974).

❼⓽　United States Parole Commn. v. Geraghty, 445 U.S. 388 (1980); Sosna v. Iowa, 419 U.S. 393 (1975).

❽⓪　Roe v. Wade, 410 U.S. 113 (1973).

或確有證據顯示被告僅為脫免審查而停止其不法行為，且其不法行為即將恢復時，則此類訴訟案件即非無裁判上實益，被告仍應就本案系爭損害負擔訴訟。

最後，如訴訟案件的主要爭點已無裁判上實益，惟其次要或附屬爭點仍然存在時，只要任何訴訟當事人對於本項案件確有利益存在，則聯邦法院亦將例外地肯定本項訴訟案件尚非欠缺裁判實益。

第四項　絕對必要

美國聯邦最高法院強調，聯邦法院最重要且最慎重的職權，就是審查政府行為及審理憲法爭點。基於司法制約理論，聯邦法院行使此項職權應審慎考量，謙抑為之 ❽。對於解決訴訟案件憲法爭點非屬絕對必要 (strict necessity) 的事項，聯邦法院縱使享有完整管轄權限，亦將以訴狀闡述事項不夠明確及具體為理由，拒絕審理因該事項所衍生的司法審查案件 ❽。

同時，依據美國憲法增修條文第十條州主權應予尊重及州法院應擁有概括管轄權限的意旨，聯邦法院對於各州終審裁判行使司法審查權，應注意謹守憲法上有關聯邦與州權限劃分的分際。要言之，各州終審裁判所衍生的司法審查案件除應符合憲法事件或爭執要求以及訴訟適格要件以外，尚須具備聯邦法院審查可能性 (reviewability) 要件。所謂審查可能性，是指訴訟案件涉及重大聯邦問題，而有關當事人已於本州用盡一切可資適用程序仍無法獲得適當解決的情形而言 ❽。至於所謂聯邦問題，則是指任何違反聯邦憲法、法律或條約的情事 ❽。

基於前述謙抑原則，聯邦法院僅受理各州涉及聯邦問題終審裁判所衍生的司法審查案件。如遇州法院得適用本州獨立且適當法令進行裁決時，聯邦法院將以其對於訴訟案件欠缺適當管轄權限為理由，駁回當事人關於

---

❽　Rescue Army v. Municipal Court, 331 U.S. 549 (1947).

❽　Socialist Labor Party v. Gilligan, 406 U.S. 583 (1972).

❽　Cox Broadcasting Corp. v. Cohn, 420 U.S. 469 (1975).

❽　NAACP v. Alabama, 357 U.S. 449 (1958).

聲請司法審查的訴訟案件❽。聯邦法院考察各州終審裁判司法審查案件的審查可能性，亦是履行上述絕對必要政策的另一項具體的表現。

與之類似者，聯邦法院對於州法律爭點尚未解決或在傳統上應留由州法院裁決的訴訟案件，亦將於若干場合捨棄 (abstention) 對於該類案件自為裁決的職權❽。首先，如訴訟案件是以州法律尚未解決的爭點為其裁判基礎時，聯邦法院雖仍繼續保留對於本訴訟案件的完整管轄權限，但其將停止對於本訴訟案件的審理程序，直至州法院有機會解決前述法律爭點時為止。此一情形，經常發生於以異籍公民管轄權基礎所建立的聯邦法院管轄權限，但其所涉及州法律爭點正處於在論爭及未定狀態中的訴訟案件之場合。州法律爭點愈不穩定，聯邦法院捨棄自為裁決職權的可能性則愈高。同時，如州法院解釋本州法令的結果，足以使訴訟案件避開聯邦憲法爭點的爭議時，則聯邦法院捨棄自為裁決的可能性將又更為增加。

其次，對於在傳統上應屬州法院管轄或涉及傳統核心州權的訴訟案件，聯邦法院亦將捨棄自為裁決職權，留由州法院獨立解決之。例如涉及離婚、監護、財產、繼承等爭點的家事案件，即屬此類訴訟最典型的著例❽。然而，捨棄裁決通常將導致訴訟延宕及結案遲延，對於當事人訴訟權益不免造成影響，聯邦法院在此自應權衡州權及民權間利益，審慎行事為宜。

美國聯邦最高法院於西元一九七一年在 Younger v. Harris 一案中表示，縱使在有聯邦憲法爭點出現的情形，聯邦法院仍應儘予避免介入干涉州法院關於刑事訴訟案件的審理程序。但如該項繫屬於州法院的刑事訴訟案件涉及聯邦憲法上權利，聯邦法院未予介入干涉將使刑事被告遭受無以彌補重大且急迫的損害，且州政府行為出於惡意時，則不在此限。然而，基於憲法聯邦制精神所體現的府際禮讓原則 (intergovernmental comity

---

❽　Herb v. Pitcairn, 324 U.S. 117 (1945).

❽　Colorado River Water Conservation District v. United States, 424 U.S. 800 (1976); Railroad Commission v. Pullman Co., 312 U.S. 496 (1941).

❽　Popovici v. Agler, 280 U.S. 379 (1930); Barber v. Barber, 62 U.S. (21 How.) 582 (1859).

principle)，聯邦法院於此一時點仍不得貿然介入干涉繫屬於州法院的有關訴訟案件，其尚須等待當事人於相關訴訟案件提起上訴及提出人身保護令狀的聲請時，始得藉由上訴審及人身保護令等有關審理程序，解決人民憲法上權利遭受政府侵害的爭議❽。由於刑事被告對於上述事項舉證困難，聯邦法院幾乎必須捨棄所有繫屬於各州法院的刑事訴訟案件。此外，美國聯邦最高法院於 Younger 一案所揭示的捨棄審理原則，亦擴大適用於繫屬於各州法院的民事訴訟及行政訴訟等有關案件之中，是應注意❽。

第五項　政治問題

美國聯邦最高法院長久以來曾數度表示，某些訴訟案件的憲法爭點雖符合憲法事件或爭執要求、訴訟適格要件以及絕對必要政策等事項，但如系爭憲法爭點本身具有濃厚政治性質，聯邦法院對於該項訴訟案件則仍然欠缺裁決可能性。要言之，基於憲法權力分立理論，聯邦法院管轄權限不宜過分廣泛或漫無限制，如系爭憲法爭點含有政治性，聯邦法院則應留由政治部門自行解決之❿。具有政治性質的憲法爭點，在學理上概稱為政治問題 (political questions)。一般而言，國會或總統經由政治程序對於政治問題所作成的決定，應不受聯邦法院所行使司法審查權的限制，應予注意。

嚴格言之，政治問題用語語意模糊，其具體意涵及適用範圍為何，則不無疑問。美國聯邦最高法院於西元一九六二年在 Baker v. Carr 一案中表示，所謂政治問題，是指司法部門不僅對其欠缺審查標準，且不易或無法提供解決有關紛爭的適當途徑，而政治部門對其負有自為決定的責任，且將其交付政治部門徹底解決確屬必要的憲法爭點而言。

美國聯邦最高法院並於 Baker 一案提出六項個別獨立的審查準據，用以認定系爭憲法爭點是否屬於政治問題。第一，案件涉及憲法賦予政治部

---

❽　Younger v. Harris, 401 U.S. 37 (1971).

❽　Pennzoil v. Texaco, 481 U.S. 1 (1987); Aiona v. Hawaii, 17 F.3d 1244 (9ᵗʰ Cir. 1993).

❿　Cohens v. Virginia, 19 U.S. 264 (1821).

門而非司法部門的權力；第二，聯邦法院對於案件爭點欠缺明顯與足資適用的解決基準；第三，聯邦法院裁決憲法爭點相關案件，是以非審理性裁量所作成的初始決定為其依據；第四，法院獨自解決憲法爭議，將造成對於政府對等部門應有尊重的欠缺；第五，基於特殊需求，聯邦法院應謹守政治部門所業已作成的政治上決定；或第六，同一問題如由不同部門各自表述，將導致政府困窘。系爭憲法爭點如符合上述準據中的任何一項，即應歸屬為政治問題，聯邦法院將不予審理。惟聯邦法院確認政治問題是否存在，不宜以偏概全，而應依個案認定，各別判斷之❾❶。

　　在 Baker 一案，美國聯邦最高法院表示，由於有關立法任命違反平等保護的憲法爭點尚未涉及憲法權力分立理論的爭議，而美國憲法增修條文第十四條平等保護條款足以成為審理本案的適當基準，故而本案系爭憲法爭點實應歸屬為司法問題，而非政治問題。與之類似者，美國聯邦最高法院亦曾數度表示，涉及政治選舉區重劃的傑利曼德林案件 (Gerrymandering cases) 應屬欠缺適當司法解決基準的政治問題，故應留由政治部門自行解決。但其被告如涉及操弄政治選舉區重劃情事，致使特定政黨獲取不當利益，或致使特定種族膚色或原籍選民的政治實力遭到不當稀釋時，則此類案件即屬具備司法裁決可能性的司法問題，聯邦法院仍應予以受理❾❷。

　　然而，有關否決憲法修正案的州是否得於事後再行認可相同憲法修正案，或是特定憲法修正案是否業經各州認可而生效等爭議，由於其屬憲法交付國會自為解決的核心問題，故其欠缺司法裁決可能性，應不受聯邦法院司法審查權的拘束❾❸。同樣地，國會否認議員當選資格及重新計算選票以確認當選人歸屬的行為，亦屬憲法賦予國會應逕為處理的政治問題，聯邦法院自應不予審查❾❹。同時，國會依據憲法對於政府官員所作成有關彈

---

❾❶　Baker v. Carr, 369 U.S. 186 (1962).

❾❷　Vieth v. Jubelirer, 541 U.S. 267 (2004); Davis v. Bandemer, 478 U.S. 109 (1986).

❾❸　Coleman v. Miller, 307 U.S. 433 (1939).

❾❹　Powell v. McCormack, 395 U.S. 486 (1969); McIntyre v. Fallahay, 766 F.2d 1078 (7th Cir. 1985).

劾的決定，由於具有濃厚政治性質，更為欠缺司法裁決可能性政治問題的典例 ❾⑤。

除此之外，一般論述均認為，涉及外交事務、國家安全及軍事問題等有關案件，亦屬憲法賦予政治部門逕為處理的政治問題，聯邦法院不宜介入干涉之。然而，並非任何涉及外部關係的案件均可擺脫司法審查的拘束，例如美國聯邦最高法院於西元一九七四年在 United States v. Nixon 一案中否認總統於白宮橢圓形辦公室內所為任何行為均屬欠缺司法裁決可能性的政治問題者即是 ❾⑥。近年來，部分論述甚至主張憲法規定不應留由政府政治部門予以解釋和執行，故而政治問題理論應否存在，尚應進一步研酌 ❾⑦。此種看法，是否實質影響美國聯邦最高法院審定政治問題的態度，則仍有待觀察。

第六項　主權豁免

基於古老英國傳統，君主不僅不為過錯，其行為亦毋須向臣民負責；非經君主同意，臣民不得對君主興訟。此一概念，成為主權豁免理論 (sovereign immunity doctrine) 的基礎。美國縱有反對聲浪，但仍承襲英國此一古老傳統概念，並使其成為聯邦與州有效法律內涵的一部分。然而，唯有具備完整主權地位的州政府與聯邦政府，始得享有上述主權豁免理論的保障。至於其下級單位或其他類如郡、市、鎮、學區等地方政府及其他政府組織，由於其非屬主權實體的意涵，主權豁免理論對之自無適用的餘地 ❾⑧。

依循主權豁免理論思維，美國憲法增修條文第十一條規定，他州公民或外國公民或臣民，不得對於合眾國任何一州提起或追訴關於法律和衡平

---

❾⑤　Nixon v. United States, 506 U.S. 224 (1993).

❾⑥　United States v. Nixon, 418 U.S. 683 (1974).

❾⑦　Martin H. Redish, *Judicial Review and the 'Political Question:' A Functional Analysis*, 79 NW. U. L. REV. 1031 (1985).

❾⑧　Hess v. Port Authority Trans-Huson Corp., 513 U.S. 30 (1994).

法則的訴訟。由是，他州或他國人民於聯邦法院針對任何一州起訴或追訴，任何被告之州均得豁免應訴。但前揭憲法增修條文禁止於聯邦法院起訴或追訴，並非意味同一性質案件亦不得於被告州法院起訴或追訴。解釋上，如被告之州於本州法院自行放棄其主權豁免地位，他州或他國原告仍非不得於被告之州起訴或追訴。惟基於制憲者原意解釋美國憲法增修條文第十一條的有關意旨，本州公民如於本州法院針對本州起訴或追訴，則仍應依前述主權豁免理論予以禁止，是應注意[99]。

　　然而，美國憲法增修條文第十一條在適用上尚有若干例外之處，亦應一併注意。第一，聯邦政府或他州於聯邦法院針對本州起訴或追訴，被告之州於此類案件應予應訴。不論人民得否自為訴訟，聯邦政府代表人民於聯邦法院起訴或追訴，亦同[100]。第二，被告之州以明確法令明示或默示放棄其主權豁免地位，被告之州應予應訴[101]。第三，國會基於限制被告之州主權豁免地位的明顯意圖，依據美國憲法增修條文第十三條、第十四條、第十五條、第十九條、第二十條及第二十六條等相關規定的授權，於聯邦法院針對拒絕實施民權之州起訴或追訴，由於前述增修條文制定施行於同憲法增修條文第十條及第十一條相關規定之後，解釋上，其自有限制第十條州主權及第十一條州豁免等規定的本意，被告之州於此類案件應予應訴[102]。惟人民於聯邦法院針對州政府所屬機關或其公務員所為違反憲法的行為進行訴訟，由於系爭違憲行為非屬州政府所為，其自無主權豁免理論適用的問題。

　　此外，美國憲法增修條文第十一條有關主權豁免理論的規定，一般論述均認為，對於聯邦政府而言，亦有適用的餘地[103]。然而，由於國會於大

---

[99]　Hans v. Louisiana, 134 U.S. 1 (1890).

[100]　Employees of Department of Public Health & Welfare v. Missouri Department of Public Welfare, 411 U.S. 279 (1973).

[101]　Port Authority Trans-Hudson Corp. v. Feeny, 495 U.S. 299 (1990).

[102]　Pennsylvania v. Union Gas, 491 U.S. 1 (1989); Atascadero State Hospital v. Scanlon, 473 U.S. 678 (1985).

[103]　United States v. Mclemore, 45 U.S. 286 (1846).

多數場合業依立法程序明示或默示放棄聯邦主權豁免地位，主權豁免理論
所體現聯邦法院管轄範圍的限制，已非如百餘年前來得重要。但如聯邦政
府未於特定案件放棄其主權豁免地位，聯邦法院仍應拒絕審理該項案件，
自不待言。

第七項　其他限制

　　基於司法制約理論，聯邦法院亦自行遵守若干法則以限制其憲法權力。
事實上，聯邦法院審理案件所堅持的不變政策，就是始終避開憲法爭點。
至於在法令解釋方面，如多重解釋同一法令成為可能時，則聯邦法院將儘
予選擇解釋系爭法令應為合憲的途徑❿。同時，為尊重憲法賦予國會的立
法權限，除涉及種族、膚色或原籍者外，解釋法令應推定其為合憲，舉證
法令違憲的責任則措置於提出爭議的原告。如法令的部分經聯邦法院宣告
為違憲，聯邦法院仍將在合理範圍內保留系爭法令其他部分的效力。

　　此外，基於聯邦制理論及府際禮讓與訴訟經濟等原則，如州終審裁判
卓然依據適當且獨立的州法令而作成，由於州法院才是本州法令的最後裁
奪者，聯邦法院在解釋州法令時仍須受到州法院法令解釋結果的拘束，故
而對於州終審裁判進行司法審查，聯邦法院亦應儘予避免。但如系爭法令
違背聯邦憲法時，則不在此限，是應注意。

---

❿　　Gomez v. United States, 490 U.S. 858 (1989).

第六章

自由權

❖ 第一節　基本權利 ❖

第一項　概　說

　　美國聯邦最高法院素來對於具有基本重要性 (fundamental importance)
且應以憲法層次予以周延保障的個人自由或權利，均概稱之為基本權利
(fundamental rights)。各個基本權利除明示列舉於美國憲法的本文及其增修
條文等相關規定以外，並於美國憲法增修條文第九條規定:「憲法列舉特定
權利，不得解釋為否定或貶抑人民所保有的其他權利。」此一規定，除與憲
法增修條文第十條前後呼應共同保證各州權力免受聯邦權力的侵犯以外，
並用以概括保障人民所得享有不以憲法所明定者為限的一切基本自由及權
利。一般而言，除經法院依嚴格檢驗基準 (strict scrutiny) 審查並肯認其確屬
達成政府優勢利益 (compelling interest) 所限縮適用 (narrowly tailored) 對於
人民限制最少的手段 (least restrictive means)，否則政府不得任意侵犯人民
於憲法所特別保證或於憲法所概括享有的各種基本自由及權利。

　　惟應注意者，一般論述對於應受憲法保障的各種基本自由及權利，其
如屬意見表達或免受侵犯的性質，則常統稱為公民自由權 (civil liberties)；
其如屬選舉參與或平等對待的性質，則又略稱為公民權利 (civil rights)。然
而，稱為公民自由權 (liberties) 也好，或喚作公民權利 (rights) 也罷，其二
者經常出現交錯使用的情形亦是事實，故而論者有謂作成上述區分並無太
大實益，本書從之❶。此外，美國憲法增修條文列舉人民各種自由權，除
以權利稱呼以外，並經常使用自由 (freedom) 一詞表達相同的概念，惟二者
語意雖略有不同，但其均屬憲法保障基本權利事項的性質則並無二致，在
此一併敘明❷。

---

❶　WILSON AMERICAN GOVERNMENT 49 (Brief ed. 1987)

❷　史慶璞，〈美國憲法增修條文第一條關於自由實體性保障之研究〉，《美國憲法
　　與政府權力》，第 195 頁，三民書局，臺北 (2001)。

美國人民基於反對無限權力政府的政治傳統，故而始終視西元一七九一年經各州認可而正式施行的權利法案 (Bill of Rights)，為預防無限政府浮現的堅實利器。權利法案與美國憲法本文合併，成為美國憲法增修條文第一條至第十條的成文化內容，其中除第十條規定與美國聯邦制度的建立息息相關以外，其他條文規定則分別以明示或蘊涵的方式，創設或認許人民用以對抗專制濫權政府所需各種基本的實體上或程序上權利。權利法案內容的全部或一部，經由美國憲法增修條文第十四條第一項正當法律程序條款的制定而選擇性併入各州憲法內容之中，故而各州政府亦應同受在權利法案中經各州憲法所併入的有關規定的拘束。權利法案對於美國甚至其他新興民主國家的憲政價值而言，不僅產生啟蒙與帶動的風潮，同時對於所有人民基本自由權利及世界人權的保障與發展而言，更是形成主導與定調的作用，其重要性不容忽視。

第二項　憲法第一修正案

第一款　表意自由

美國憲法增修條文第一條規定：「國會不得制定限制言論或新聞自由，或人民平和集會請求政府救濟權利之法律。」此一規定，是為美國憲法保障人民表意自由 (freedom of expression) 的主要內涵，得概稱之為表意自由條款。而在表意自由的各種面向之中，又以對於言論自由的保障最為重要。概括言之，表意自由對於人類整體發展及個人自我實現而言確屬重要，其不僅是維繫民主政治的搖籃，同時更是暴露虛假及發現真實的唯一途徑。

進一步言之，由於政治性言論是鞏固民主政治的關鍵，探索真正情資的基礎，發展個人自主的前提，以及建立社會包容的力量，是以，其在本質上自然較其他種類的言論更具保障價值❸。甚且，自由徵詢及公開論辯，

❸ Steven Shiffrin, *The First Amendment and Economic Regulation: Away from a General Theory of the First Amendment*, 78 NW. U. L. REV. 1212 (1983).

亦是任何自治制度所賴以維繫的基石。在實證經驗上，政府經常藉由抑制反對看法以緊縮人民認知及曲解論辯結果。是故，由美國憲政歷史及政治文化觀察，政治性言論躍居美國憲法增修條文第一條所欲保障最核心的高價值事項，實不足奇。理解美國憲法對於人民表意自由的保障，自應從此一面向切入探討之。

然而，美國憲法所指稱表意自由的範疇究竟為何，非無疑問，尤其在現今人文產物備受尊重的時代，憲法表意自由保障的對象，實非僅以傳統上經由口頭或書面表達於外的意念為已足，其經憲法認許的延伸意涵亦應一併釐清，始屬完整❹。美國聯邦最高法院表示，表意自由的核心價值乃在對於公共爭點公開而不受限制的論辯❺。是以，其範疇除包含憲法所列舉言論、新聞等自由及集會請願的權利以外，舉凡堅持信念的自由❻、保持沉默的自由、心靈活動的自由❼、結社及不結社的自由❽、傳播及取得信息的自由、募集資金的權利❾，以及為遂行自由權利所必要的相關附隨行為等❿，均屬表意自由所兼括的意涵。

美國聯邦最高法院對於憲法保障表意自由的意涵，似已勾勒出一個較為具體的輪廓。要言之，任何以傳播訊息為意圖或基於合理理解而傳播訊息的表意行為或活動，類如舞蹈、音樂、建築圖像、表演藝術、汽車貼紙、遊行、靜坐、廣告、電視、電影或網際網路等，均屬美國憲法增修條文第一條表意自由條款所欲涵攝保障的範疇。可得預見者，表意自由的意涵在未來仍有繼續發展的空間，其擴張情形究竟如何，則仍有待觀察。

---

❹ Texas v. Johnson, 491 U.S. 397 (1989).

❺ Boos v. Barry, 485 U.S. 312 (1988).

❻ Dawson v. Delaware, 503 U.S. 159 (1992).

❼ Wooley v. Maynand, 430 U.S. 705 (1977).

❽ Abood v. Detroit Board of Education, 431 U.S. 209 (1977); NAACP v. Alabama, 357 U.S. 449 (1958).

❾ Lamont v. Postmaster General, 381 U.S. 301 (1965); Village of Schaumburg v. Citizens for a Better Environment, 444 U.S. 620 (1980).

❿ Wisconsin v. Mitchell, 508 U.S. 47 (1993).

惟應注意者，表意自由所表彰自由權的價值並非絕對，某些在口頭上或視覺上的表意行為或活動仍有不受憲法保障的餘地。如人民對外所表達的意念，已成為一般社會所難以認同的沉重負擔，且其內涵對於社會大眾所造成的負面影響，已逾越人民自由表達意念所體現的人文價值時，則政府非不得對於此類表意行為或活動作成若干程度的限制或制裁❶。例如敵對言論、猥褻行為、幼童春畫及不實廣告等，均屬憲法所不予保障的表意行為或活動者即是。

美國聯邦最高法院審查政府限制人民表意自由的行為，通常將考量下述因素以決定其合憲性地位。第一，系爭表意活動於民主社會的重要性。第二，政府限制的性質與範圍。第三，相對公共利益的形態與影響。第四，政府限制與上述公共利益間的關係。由於表意自由對於人性尊嚴的重視與民主政治的維繫仍屬不可或缺，聯邦法院如非以最嚴謹的密度審查系爭政府行為，恐將不意大開政府專制濫權的方便之門。

是故，對於政府限制表意自由的規定，聯邦法院多祭出違憲推定 (presumption of unconstitutionality) 的大纛，以昭慎重。由是，被告政府為推翻前揭違憲推定，自應舉證證明系爭限制規定並非以言論內容為基礎 (content-based)，而是一項具內容中立性 (content neutrality)，且是為達成特定優勢國家利益 (compelling state interest) 所必要而限縮適用 (narrowly tailored) 的手段❷。如被告政府未能證明系爭規定具備內容中立性，其至少應證明此項以內容為基礎的限制規定確屬為達成特定優勢國家利益所必要且是對於人民損害最小的手段❸。如被告政府未能善盡上述舉證的責任，聯邦法院將認定政府限制人民表意自由的規定是為違憲，其應歸於無效❹。

---

❶ Haig v. Agee, 453 U.S. 280 (1981).

❷ Geoffrey Stone, *Content-Neutral Restrictions*, 54 U. CHI. L. REV. 46 (1987).

❸ Ashcroft v. American Civil Liberties Union, 540 U.S. 656 (2004); Reno v. American Civil Liberties Union, 521 U.S. 844 (1997).

❹ Republican Party of Minnesota v. White, 536 U.S. 765 (2002); Buckley v. American Constitutional Law Foundation, Inc., 525 U.S. 182 (1999); Turner Broadcasting System v. FCC, 512 U.S. 622 (1994); Simon & Schuster, Inc. v.

進一步言之，美國憲法增修條文第一條表意自由條款並未要求具內容中立性的集會遊行核准法令應賦予申請人類如司法審查等的程序保障機制。是故，如被告政府能證明系爭法令確有內容中立的設計與執行機制，則其縱使未明定關於申請人不服政府裁決結果的程序性保障事項，其仍非當然涉及箝制人民在憲法上所保障的表意自由的情事❺。

一般而言，寒蟬效應 (chilling effect) 乃是政府管制言論自由所形成最嚴重的邪惡，其不論是基於政府事前禁止行為，或是基於限制言論法令所涵攝範圍過度廣泛或過度模糊所致，均屬聯邦法院所嚴格禁止的結果。傳統上，聯邦法院對於政府所為事前禁止 (prior restraint) 的審查最為慎重。簡單的說，政府如於表意行為或活動實際實施以前，即經由核發證照或給予許可等機制，或藉由取得禁止公開發行命令等方式，對於系爭傳播內容預先予以禁止，則其所涉及者即屬事前禁止行為。要言之，政府於傳播動作發生前予以介入干涉，即屬事前禁止的典例。

甚且，由於政府事前禁止行為對於任何表意行為或活動而言，無異是一種附隨行政罰則甚而刑事制裁的檢查措施，縱使政府並未具體實施任何事前禁止的有關行為，有關法令所形成的事前抑制效果即足以使人民對於抒發言論或發行刊物裹足不前，其將全然扼殺人民傳播訊息的意圖，自屬可期。由是，政府所為事前禁止和事後制裁 (subsequent punishment) 的行為，雖均受到美國憲法增修條文第一條表意自由條款嚴格的檢驗與限制，但聯邦法院仍將推定事前禁止對於人民自由權的侵犯應較事後制裁更為嚴重。雖然廣泛的事後制裁對於人民言論自由所產生的箝制作用，與事前禁止所產生者實無分軒輊，但由於美國聯邦最高法院對於政府所為事前禁止的行為是採取嚴格推定 (heavy presumption) 的態度，政府證明其所行使事前禁止行為具有正當性的困難度，自然遠高於證明其所行使事後制裁行為具有正當性的困難度，是應注意❻。

Members of the New York State Crime Victims Board, 502 U.S. 105 (1991).

❺ Thomas & Windy City Hemp Development Board v. Chicago Park District, 534 U.S. 316 (2002).

　　聯邦法院對於政府所為事前禁止的行為不予苟同，可從聯邦最高法院歷年有關判例略知端倪。美國聯邦最高法院於西元一九三一年在 Near v. State of Minnesota *ex rel.*, Olson 一案中表示，被告《週六新聞》因指控地區警察和政府官員貪污瀆職而遭法院停刊且永遠禁止其製作、編輯、印製、發行及保有、販售或處分任何屬於惡意、無恥或詆毀性質的刊物。惟法院應僅針對被告報紙先前所發行刊物的內容而為制裁，政府如因此介入干涉被告報紙對於未來刊物的發行事宜，則其將自陷於實施事前禁止的泥淖之中。聯邦法院將依司法傳統及正當法理，嚴正否認類此涉及事前禁止的政府行為，尤其在新聞及期刊對於政府官員進行批判及評論時，更應如此。除少數類如軍隊集結 (troopship) 相關信息是屬例外者外，聯邦法院將以極端嚴格檢驗基準審查政府對於表意行為或活動所為事前禁止的行為。但政府對於被告報紙所為事後制裁的行為，究其性質仍與前述事前禁止的行為有所不同，一般來說，尚非美國憲法增修條文第一條表意自由條款所高度不容許的事項❶。

　　近年來，聯邦最高法院大法官對於嚴格推定的具體意涵究竟為何雖有不同的意見，但其堅持在司法傳統上適用較嚴格檢驗基準審查政府事前禁止行為的態度則仍未見改變。美國聯邦最高法院於西元一九七一年在 New York Times v. United States 一案中表示，由於政府所提示的證據未能充分證明課予《紐約時報》和《華盛頓郵報》事前禁止的有關限制具有其正當性，二份當事報紙刊載國防部五角大廈關於越南政策決定過程的研究史料，對於美國越南軍事行動及整體國家安全而言雖然確具負面影響，但此項危險與類如釋放軍隊集結訊息的情形仍不可同日而語。是故，由於政府未能推翻聯邦法院對於事前禁止行為所預設的嚴格違憲推定，系爭政府行為自應歸於無效❸。

　　此外，如因法令規定過於廣泛而令憲法保障表意行為或活動涵攝其中，

----

❶　John C. Jeffries, Jr., *Rethinking Prior Restraint*, 92 YALE L. J. 409 (1983).

❶　Near v. State of Minnesota, *ex rel.*, Olson, 283 U.S. 697 (1931).

❶　New York Times v. United States, 403 U.S. 713 (1971).

致使人民在憲法增修條文第一條的有關自由權利亦將因寒蟬效應而遭到凍結，則依據過度廣泛理論 (overbreadth doctrine)，人民縱非系爭法律繫屬案件內的當事人，其仍得主張該項法令部分內容在外觀上違反憲法增修條文第一條表意自由條款相關規定，而請求法院宣告該項法律全部無效或失其效力❶。由於此類案件允許符合事件或爭執要求對立當事人以外的第三人針對系爭法令的違憲規定提起訴訟，故亦屬特別訴訟適格之一，是為一般訴訟適格的例外。惟如第三人所主張者，非以憲法所保障表意言論的有關侵害為其基礎，則此類案件尚無前述過度廣泛理論適用的餘地。例如人民不得針對系爭法令限制其接近某些警察紀錄，進而依據過度廣泛理論請求法院宣告該項法令全部無效或失其效力者即是，是應注意❷。

由於過度廣泛理論將致使原本在某些適用領域上並非違憲的法令完全失效，故而除非確有其必要，聯邦法院多不輕易下此猛藥。易言之，聯邦法院將審視以下兩點事項，用以決定過度廣泛理論的適用時機：第一，如系爭法令受到某項合憲且得以避開過度廣泛考量的合理及明確的法令解釋所拘束，則過度廣泛理論將不予適用。但顯然是為繫屬案件脫免過度廣泛理論的適用而刻意作成的限縮解釋，則不在此限。第二，系爭法令過度廣泛的情形應屬重大，如僅在少數場合涉及違憲適用的情事，則亦非以過度廣泛理論解決有關爭議的適當時機。

與之類似者，模糊無效理論 (void for vagueness doctrine) 亦要求所有刑事制裁法律應適當描述其所禁止的行為。此項理論立基於以下兩點關於正當程序的考量：第一，政府應給予可能受到系爭禁止規定限制的人民關於禁止行為的合理通知。第二，主管法律執行職務的政府官員不應享有獨斷專擅的裁量權限❸。由於法令授予獨斷權限本身即屬違憲情事，故法令雖未直接授予獨斷權限，但因法令規範模糊致令執法官員享有獨斷裁量空間，

---

❶ Broadrick v. Oklahoma, 413 U.S. 601 (1973).

❷ Los Angeles Police Dept. v. United Reporting Publishing Corp., 528 U.S. 32 (1999).

❸ Papachristou v. City of Jacksonville, 405 U.S. 156 (1972).

則基於模糊無效理論，該項法令仍屬違憲，亦應歸於無效。對於有踐踏憲法增修條文第一條自由權利之虞的任何法令而言，上述正當程序的考量尤其重要。甚且，由於模糊法令所規範對象的範圍甚不明確，其有可能將憲法所保障的表意行為一併涵攝在內，由是，該項模糊法令勢將對於人民表意自由形成寒蟬效應，如此，則與前述過度廣泛法令所造成人民憲法增修條文第一條自由權利的侵害並無二致，應予同時注意。

美國聯邦最高法院於西元一九六三年在 NAACP v. Button 一案中闡述過度廣泛理論和模糊無效理論對於憲法增修條文第一條自由權利的重要性時表示，反對法令過度廣泛和模糊的主要理由，並不在於其未給予刑事被告合理通知，或不當授予裁量權限，而是在於因有易遭廣泛或不當適用刑事法令可能性的存在，而使得憲法增修條文第一條的相關自由權利確有忍受政府不法壓迫的危險。就表意自由而言，由於此類自由纖細脆弱，且在現代社會中彌足珍貴，任何刑事制裁的威脅或可能，均將阻礙此類自由的正當行使，是故，其抑制表意自由的潛在效果，實與真正實施刑事制裁的效果並無不同。由於憲法增修條文第一條所表彰人民自由權亟需最低限度的存活空間，政府僅得在有限及特定的範圍內，詳予審慎規範之❷。前述聯邦最高法院的意見，值得重視。

人民得自由表達內在的思想、意念或觀點，毋須受到政府任意的限制或干涉，是為憲法創設言論自由 (freedom of speech) 保障的主要目的。如前所述，言論自由為表意自由的核心，任何面向的表意自由，均以言論自由的存在為其發展前提。言論既為人民表達其內在思維的具體作用，其歧異性及複雜性自然無可避免。美國聯邦最高法院透過歷年來有關判例，試圖將各種面向的言論內容予以類型化，並依據其對於民主社會所提供價值的不同，決定憲法保障各種言論的量度及深度。

政府如以人民所發表言論的內容，作為發動法律上限制的基礎，則由於其是透過法律強制力經由事前禁止或事後制裁等手段箝制政府所認知的訊息，此種扭曲公共論述的舉措，乃被視為是對於人民在美國憲法增修條

---

❷　NAACP v. Button, 371 U.S. 415 (1963).

文第一條上所享有自由權最嚴重的侵害，例如政府於前述 Near 及 New York Times 二案中所涉及的言論限制行為者即是。一般而言，聯邦法院針對政府以言論內容為基礎對於人民基本權所作成的限制，均推定其合憲性值得懷疑。然而，推定違憲的強度及司法檢驗的密度將隨著系爭言論所屬種類應受憲法保障量度及深度的不同而相對遞減，甚至在禁止特定對象、事務或觀點的場合，以內容為基礎的言論限制仍有受到聯邦法院肯認的可能，是應注意。

此外，依據附屬效果理論 (secondary effects doctrine)，系爭標的縱使是為以言論內容為限制基礎的法令，政府如能證明該項法令是以抑制有關言論的附屬效果為其主要目的，則聯邦法院仍將認定該項法令內容中立，其合憲性尚非值得懷疑。例如由於色情電影被認為具有鼓勵婚外情的效果，系爭法令乃據以禁止其於戲院內放映，就前述美國憲法增修條文第一條表意自由條款意旨而言，該項法令應是以降低對於觀眾的衝擊為目的，而基於言論內容對於色情電影所實施的限制，聯邦法院本應推定其合憲性值得懷疑；但相對來說，政府如能證明系爭限制法令制定的主要目的，乃在保護附近居民免於跟隨成人電影院而來的有關犯罪，則依據附屬效果理論，由於該項法令是以抵制色情電影的附屬效果為其目的，聯邦法院乃將認定其內容中立，其合憲性尚無疑義❷。惟附屬效果理論是否亦得適用於猥褻作品以外，類如涉及擁有核心保障價值的政治性言論 (political speech) 的有關事項，則尚有待觀察❷。

基本上，美國聯邦最高法院除對於政治性言論採取前述最嚴格檢驗基準予以特別保障以外，並適用以下三種不同類型的檢驗取向，審查政府以言論內容為基礎所實施的各種層次的限制。第一，聯邦最高法院將依據憲法保障言論的種類，創設若干特定或學理上檢驗基準以分別適用之。例如聯邦最高法院適用明顯與現時危險標準 (clear and present danger test) 審查政府針對鼓吹不法行為言論所實施的各種限制，而適用商業性言論標準

---

❷ City of Renton v. Playtime Theatres, Inc., 475 U.S. 41 (1986).
❷ Boos v. Barry, 485 U.S. 312 (1988).

(commercial speech test) 審查政府針對商業性廣告活動所實施的各種限制者即是。第二，聯邦最高法院將逐予認定系爭言論是否屬於憲法不予保障或予以禁止的種類。聯邦最高法院審查政府針對類如挑撥性文字及煽情性言論所為的各種限制，即採取此類檢驗取向。第三，如無特定或學理上檢驗基準可資適用，惟系爭言論應屬美國憲法增修條文第一條言論自由條款所涵攝的事項時，聯邦最高法院則將採取個案權衡標準 (ad hoc balancing test) 取向，決定系爭政府限制是否確屬經政府限縮適用以達成一項優勢政府利益所必要的手段。

明顯與現時危險標準原本為美國憲法增修條文的相關理論之一，早經美國聯邦最高法院廣泛適用於政府限制鼓吹不法行為言論 (advocacy of unlawful conduct) 的有關案件之中，但聯邦最高法院在審查限制人民針對公共爭點進行社會抗爭或提出公開批判的有關法令時，亦經常適用此一基準檢驗系爭言論抑制法令的正當性與合憲性。美國聯邦最高法院多位大法官雖曾對於明顯與現時危險標準的內涵與適用時機提出不同的看法，但均深刻體認此項標準乃是該院為捍衛言論自由最核心的人文價值而創設，故在適用上應與嚴格檢驗基準 (strict scrutiny) 相當。換句話說，縱使對於鼓吹他人從事不法行為的言論，只有在為達成實質及優勢政府利益所必要，且系爭言論所致生危險迫使政府除制裁表意人以外別無其他選擇時，聯邦法院始將認可政府限制言論自由的行為。

自聯邦最高法院相關判例觀察，可知明顯與現時危險理論在適用上尚非一步到位。美國聯邦最高法院於西元一九一九年在 Schenck v. United States 一案中表示，於承平時期及在許多場所，被告散發表達言論的傳單，確屬其在憲法上的權利。而系爭行為的性質應取決於其實施時的情狀，例如對於在戲院內佯呼火警而使他人倉皇失措的行為，憲法言論自由條款自不應給予表意人最迫切的言論自由保障者即是。由是，基於上述的迫切保障說，有關鼓吹不法行為的言論是否應受憲法言論自由條款保障的問題，聯邦法院則應置重點於表意人所使用文字的情狀及性質是否將產生明顯與現時的危險，以及此類危險所引致的實體性邪惡 (substantive evil) 是否確屬

政府有權防範的事項等二方面考量之。換句話說，限制自由言論的法令是否合憲，應取決於有關言論在特定情狀下是否有引起一項明顯與現時危險的特質，以及此項危險是否將形成一個應由國會嚴予遏止的實體性邪惡等二項要件。事實上，就司法實證經驗上觀察，這是一個近似值與接近程度的問題。

惟於戰爭期間，法院對於某些在承平時期得不受政府禁止的表意行為，仍應視其非屬憲法保障的任何權利。職是之故，被告散發有關軍隊徵募消息傳單意圖抗拒徵兵的行為，即屬正值戰爭期間應予禁止的行為。由於系爭行為的不正傾向 (bad tendency) 至為明顯，法院乃無須進一步審度其關於明顯與現時危險的性質與接近程度，即可依行為當時的有關情況，逕予認定被告仍應接受一九一七年間諜活動法 (Espionage Act of 1917) 第四條有關刑事罰則的制裁，故而尚無適用美國憲法增修條文第一條言論自由條款保障的餘地❷。一週後，美國聯邦最高法院又基於前述不正傾向說，肯認二宗關於間諜活動法的類似制裁案件❷。在此以前，由於美國在整體而言經常處於戰爭或備戰的狀態，故而明顯與現時危險理論在表意自由的保障方面，似乎只是一項學理上名詞，其在適用上尚未受到聯邦最高法院高度的重視。

然而，在作成上述判決意見六個月以後，美國聯邦最高法院對於明顯與現時危險理論的適用，即隨著聯邦最高法院布蘭戴斯大法官傾向協同同院霍姆斯大法官於西元一九一九年在 Abrams v. United States 一案中所闡述不同意見書的有關意見，而轉而對於人民表意自由的保障，採取較為積極與入世的態度，認為除非人民鼓吹不法行為所涉及的有關言論，對於合法及法定的政府目的而言，確有構成立即妨礙 (immediate interference) 的急迫威脅 (imminently threatened)，且政府管制言論確屬保護國家利益所必要，否則繫屬案件縱使涉及鼓吹不法行為的言論，法院仍應積極反對政府監控

---

❷　Schenck v. United States, 249 U.S. 47 (1919).

❷　Frohwerk v. United States, 249 U.S. 204 (1919); Debs v. United States, 249 U.S. 211 (1919).

人民用生命所換得意見表達自由的企圖。換句話說，依據上述急迫威脅說，除非政府所為限制言論的行為確屬達成重要政府目標所限縮適用的必要手段，否則人民言論自由的保障仍應優先考量。只有在系爭言論對於政府合法目的的遂行形成立即妨礙及對於政府構成急迫威脅時，政府始得審慎限制人民有關鼓吹不法行為的言論❷。

　　布蘭戴斯大法官更於西元一九二七年在 Whitney v. California 一案協同意見書中表示，為使抑制言論的行為具有正當性，應存在防範言論引致嚴重邪惡的合理基礎。易言之，為正當發動言論限制機制，至少應具有足使政府確信系爭言論確有引致急迫危險 (imminent danger) 及導致重大邪惡 (serious evil) 的合理基礎。鼓吹不法行為言論縱使在道德上確應負起其相對的重責大任，但如系爭言論欠缺煽動性 (incitement)，且無充分證據顯示不法行為將因而致立即 (immediately) 實施時，則政府否定言論自由的行為將不具充分正當性。為認定系爭言論具有明顯與現時的危險，政府應證明重大違法行為將因而立即實施，或依據過去行為足信系爭言論確屬蓄意而為所致❷。布蘭戴斯大法官於上述案件中所提出含有煽動性、急迫性、立即性及重大性等要件的急迫危險說，其所表彰對於言論自由所採取的高度保障標準，儼然成為日後各級聯邦法院據以適用的重要基礎❷。

　　甚且，美國聯邦最高法院於西元一九四○年代以後，更有將明顯與現時危險理論，擴大適用於鼓吹不法行為言論以外領域的趨勢，例如在有關勞工示威、傳教、拒絕向國旗敬禮和違反治安等案件，即可約略嗅出上述霍姆斯大法官與布蘭戴斯大法官所倡導言論保障標準的身影❸。美國聯邦最高法院於西元一九四一年在 Bridges v. California 一案中亦表示，邪惡本

❷　Abrams v. United States, 250 U.S. 616 (1919).

❷　Whitney v. California, 274 U.S. 357 (1927).

❷　Herndon v. Lowry, 301 U.S. 242 (1937).

❸　Terminiello v. Chicago, 337 U.S. 1 (1949); West Virginia State Board of Education v. Barnette, 319 U.S. 624 (1943); Thornbill v. Alabama, 310 U.S. 88 (1940); Cantwell v. Connecticut, 310 U.S. 296 (1940).

身應屬極為重大，而急迫程度亦應屬極為高度，始可對於表意行為進行限制及制裁，此為美國憲法增修條文第一條言論自由條款所強制課予的最低要求❸❶。美國聯邦最高法院積極推定表意自由應予保障的取向，與霍姆斯大法官自 Schenck 一案以後所表述的相關看法並無不同。是故，對於人民表意自由寄予最崇高的價值及給予最優先的保障，乃成為二十世紀中葉聯邦法院檢驗政府言論監督行為最首要的考量內涵。

誠然，過度獨尊表意自由而刻意忽略政府利益，究非聯邦最高法院詮釋美國憲法增修條文第一條言論保障意涵的本意。相反的，表意自由應屬相對的概念，如有避免極端重大邪惡的優勢政府利益存在，且邪惡的發生確屬系爭言論的立即結果時，則政府非不得經由限縮適用以達成政府利益的手段，並以侵害最少的方式審慎限制人民的言論。法院應權衡邪惡的嚴重性，以決定政府所為言論侵害是否確屬避免危險所使用的必要且適當的手段。

由是，為使明顯與現時危險標準更趨實用性及完整性，解釋上，該項標準並非僅指政府唯有在不法行為即將實施時始得發動言論限制機制。相反的，縱使在危險缺乏急迫性的情形，如政府利益確屬重要且應予以高度尊重時，則邪惡的嚴重性及發生不法行為的可能性二者即足以正當化政府限制人民言論自由的行為❸❷。換言之，法院應針對個案事實及政府目的，審慎衡量邪惡的嚴重性與結果發生的不可能性，以決定政府限制言論自由的行為是否確屬充分正當。延用布蘭戴斯大法官在 Whitney 一案所闡述的意見，除非鼓吹不法行為言論直接煽動或引起立即不法行為及有煽動或引起類此行為的可能，否則該項言論不得受到政府任何形式的制裁❸❸。

因此，除了對於人民表意自由利益予以優先尊重以外，並權重考量政府有關利益，則成為二十世紀末葉美國聯邦最高法院詮釋明顯與現時危險標準的重要特徵。依據前述標準，對於政府或公職人員進行類如謾罵、辱

---

❸❶　Bridges v. California, 314 U.S. 252 (1941).

❸❷　Dennis v. United States, 341 U.S. 494 (1951).

❸❸　Brandenburg v. Ohio, 395 U.S. 444 (1969).

罵或輕蔑的言論，縱使系爭言論不敬愛或不尊重國家或社區，或甚而向國家或社區挑戰，該項言論仍應受到美國憲法增修條文第一條言論自由條款的保障。唯有當言論的目的是在煽動或唆使他人實施不法行為或從事違反治安的活動時，則該類鼓吹不法行為的言論始須受到國家有關刑事法律的制裁。

　　至於表意人如以不法行為表達關於社會上或政治上的特定訊息，其應否亦受美國憲法增修條文第一條言論自由條款的保障，則不無疑義。美國聯邦最高法院於西元一九六八年在 United States v. O'Brien 一案中表示，行為人如以身體動靜表達其內在意念，該類行為即屬傳達某項特定訊息的象徵性言論 (symbolic speech)，其應同受憲法言論自由的保障，應無疑義。惟蘊涵意念表達內容的行為如屬不法，則行為人仍不得以憲法保障表意自由為理由，主張免除其在法律上的任何責任。聯邦最高法院強調，如對於所有象徵性言論均給予與實際經由文字言語表達意念的各種言論相同的保障，則無異默認包括殺人、縱火、暴動在內任何不法行為的存在價值，其結果殊非妥當❸❹。惟就實證經驗觀察，象徵性言論與純粹行為之間，甚難劃分出一條較為鮮明的界限。

　　美國聯邦最高法院認為，象徵性言論如欲獲得憲法言論自由的保障，應以行為人有藉系爭行為傳達某項特定訊息的意圖為前提，且該項訊息應具有為聽聞者所理解的可能性。美國聯邦最高法院於西元一九六九年在 Tinker v. Des Moines School District 一案中表示，學生配戴臂章沉默表達有關反戰的意見，如該意見並未違反校規，系爭行為即非屬不法，有關言論自應受到美國憲法增修條文第一條言論自由條款的周延保障❸❺。

　　同時，聯邦最高法院亦於西元一九七四年在 Spence v. Washington 一案中表示，國旗雖是愛國與榮譽的象徵，但行為人經由焚燒國旗所表達意念的性質，如在事實上並未明顯損害政府完整維護公共財物的利益，則政府自不得僅因社會嫌惡或不予認同，或因行為人不尊重國旗，而斷然限制人

---

❸❹　United States v. O'Brien, 391 U.S. 367 (1968).

❸❺　Tinker v. Des Moines School District, 393 U.S. 503 (1969).

民在憲法上所享有的表意自由❸❻。同時，人民以焚燒國旗方式表達政治訴求，如其並未明顯違反治安，則政府即不得將其定位為犯罪行為❸❼。

　　然而，聯邦最高法院對於裸體舞蹈的保障，則採取較為限縮的態度，其於西元一九九一年在 Barnes v. Glen Theatre, Inc. 一案中表示，政府在保護社會秩序及維護公共道德方面，擁有一項具實質重要性的國家利益，從而，公開表演裸舞縱使對於社會不具腐蝕性，但其仍屬一項應予避免的邪惡，有關法令限制此類行為，尚非當然違憲❸❽。茲此，象徵性言論應否受到憲法言論自由的保障，似應分別就表意行為的時間、地點及方式，依個案分別認定之。由是，經由行為所表現的象徵性言論，應與在集會遊行中所表達的言論類似，受到有關時間、地點及方式等合理規範的拘束。

　　對於政府就人民所為挑撥性文字 (fighting words) 或仇視性言論 (hate speech) 所實施的限制或制裁，美國聯邦最高法院乃採取和明顯與現時危險理論類似的嚴格基準予以檢驗。所謂挑撥性文字，是指其內容將造成傷害或有可能引致違反治安立即結果的文字而言❸❾。所謂仇視性言論，則是指表意人縱未直接使用挑撥性文字，但其言論激發他人報復情緒成為敵對聽者，進而實施違反治安的暴力行為，且將造成社會秩序失控立即危險的言論而言。該類言論因具傷害性和挑動性，故經常與挑撥性文字並論❹❶。

　　一般而言，由於挑撥性文字在人民意念表達功能上扮演非常微小或無足輕重的角色，且其探索社會真實面或黑暗面的潛在價值亦極其低微，故其所表彰人民表意自由的利益，顯然無法與維護社會秩序及倫常道德的公共利益相比。是故，該類型文字或言論經常被視為是在美國憲法增修條文第一條言論自由條款保護傘涵蓋範圍以外的事項，原則上不受憲法和有關法律的保障。

---

❸❻　Spence v. Washington, 418 U.S. 405 (1974).

❸❼　Texas v. Johnson, 491 U.S. 397 (1989).

❸❽　Barnes v. Glen Theatre, Inc., 501 U.S. 560 (1991).

❸❾　Chaplinsky v. New Hampshire, 315 U.S. 568 (1942).

❹❶　Feiner v. New York, 340 U.S. 315 (1951).

　　然而，任何在本質上經推定具有傷害性或挑動性的文字，尚非一旦經表意人使用，即自動歸屬為上述挑撥性文字的類型。相對而言，某些通常不被認為是屬於挑撥性文字的陳述，如其在群情特別激昂的場合以可能引起暴力反應的方式表達於外，亦有可能被貼上挑撥性文字的標籤。是故，表意人所陳述的內容，是否確屬挑撥性文字，乃應端視使用傷害性或挑動性文字的整體情況而定，切不可斷章取義，以偏概全。申言之，依據挑撥性文字理論，只有當表意人以可能引起立即重大傷害的方式或在類似情狀下傳達其所使用的挑撥性文字時，有關攻擊性或挑動性的言語始有受到法律制裁的必要。惟表意人所使用的挑撥性文字，如在實際上並未對於相對聽者形成立即而直接的效果，且無任何相對聽者主張上述文字已造成涉及人身侵犯的直接傷害時，則由於該項文字不具腐蝕性，表意人仍毋庸接受法律的制裁，是應注意 ❹。

　　與其類似者，仇視性言論因同樣具有傷害性和挑動性，故亦應受到法律嚴格的監督與制裁。近年來，由於表意人對於少數族裔、女性、同性戀或其他易受言語暴力傷害的族群所為類如訕笑或貶損的仇視性言論，已漸漸受到政府相關單位，尤其是學校當局的重視，故而紛紛制定有關法令予以嚴密規範之。然而，與挑撥性文字所不同者，仇視性言論在傳統上究非屬於美國憲法增修條文第一條言論自由保護傘涵蓋範圍以外的事項。政府於制定限制仇視性言論的法令時，自應符合美國憲法增修條文第一條所揭示類如不得以言論內容作為限制基礎的嚴格要求。職是之故，聯邦最高法院宣告此類言論限制法令具有合憲性地位的可能性幾乎是微乎其微 ❹。

　　美國聯邦最高法院更進一步表示，縱使言論限制法令鎖定非屬言論保障類型的挑撥性文字，但如系爭法令是以經由挑撥性文字所傳遞的訊息作為實施言論限制的基礎時，則該項法令仍無法跳脫美國憲法增修條文第一條言論自由條款所明定禁止以言論內容作為限制基礎的檢驗 ❹。美國聯邦

❹　Cohen v. California, 403 U.S. 15 (1971).

❹　Virginia v. Black, 538 U.S. 343 (2003); Doe v. University of Michigan, 721 F. Supp. 852 (E.D. Mich. 1989).

最高法院試圖周延保障人民言論自由的用心，在此可見一斑。

　　如前所述，美國憲法對於政府針對人民言論所實施的事前禁止行為雖明確表達不予認同的態度，但政府如僅就人民業已發表的言論進行關於事後追懲的措施，則究非美國憲法增修條文第一條言論自由條款所不許。一般而言，表意人如對於他人進行誹謗性言論 (defamatory speech)，無論其是歸屬為書面的或口頭的形式，均非美國憲法增修條文第一條表意自由條款所特別保障的言論事項。換句話說，表意人如以言語或出版等方式，不實散布詆毀他人人格的言論，且因而致該他人受有損害時，則該表意人自應受到法律民事上甚至刑事上的制裁。表意人不得以人民表達言語、文字是受憲法言論自由保障為理由，主張免除其在言論上的法律責任。

　　然而，上述言論自由的限制，只有在表意人對於一般人進行誹謗性言論時，始有適用的餘地。美國聯邦最高法院於西元一九六四年在 New York Times v. Sullivan 一案中表示，憲法應在公開論辯公共事務與保障個人名譽二項重要利益之間取得平衡點。國家對於論辯公共爭點應負有容許、強化及開放的義務，而此類論辯則極有可能使得政府或公職人員受到各方面無情、猛烈、嚴苛或極端無禮的攻訐。是故，為保障人民表意自由免於受到誹謗有關法律的箝制，以及為提供社會整體討論公共事務的廣泛空間，人民應可在無真實惡意 (actual malice) 的前提下，對於涉及公眾關切事務的公職人員、公眾人物，甚至名人所為具有誹謗性質的言論，毋庸負責。

　　由於此類人員身分地位特殊，其曝露於誹謗性言論的高度危險之下，並淪為眾矢之的，甚或成為不實言論的箭靶，均非不可預期。所謂怕熱就不要進廚房，公職人員、公眾人物或名人位居廟堂之上，坐擁社會廣大資源與媒體公器，其一言一行均有可能成為一般民眾善性與惡性的典範，對於社會無可避免地自然產生教化及風行草偃的作用。其動見瞻觀，動輒得咎，本人或其鄰近親族的任何言行或舉措均將受到人民以放大鏡進行高度的檢驗與批判，自屬可期。

　　同時，對於公共爭點進行尖銳而露骨的論辯，乃是維繫民主成就最堅

---

❸　R.A.V. v. City of St. Paul, Minnesota, 505 U.S. 377 (1992).

實的後盾，是故，表意人縱使針對公職人員、公眾人物或名人進行誹謗或故意困擾其情緒，只要系爭言論是出自公開辯論的目的及場合，且其是以擺脫暗箱探索真實為目的，則該項言論的社會非難性不僅甚為輕微，且可對於社會整體在抽絲剝繭釐清真象的努力上提供若干助益，其所表彰表意自由的價值，自不可與單純以一般人民為對象所實施的誹謗性言論同視。

換言之，錯誤陳述在自由論辯的社會裡似乎無可避免。為使言論自由獲得充分的保障，社會整體應對上述的必要之惡作出相當程度的容忍與讓步。如在法律強制社會保持沉默的危險顯然逾越自由言論造成短暫錯誤的危險時，則法院應在憲法上適度調整傳統民事及刑事法律對於誹謗性言論所實施的嚴峻限制與制裁。如此，始能符合現代民主社會對於擴大人民言論自由保障的殷切期待與訴求。

由是，美國聯邦最高法院進一步表示，憲法言論自由應保證人民不因批判公職人員而受到有關法律嚴格的追究與制裁。法院如容任公職人員任意針對人民對其所作成涉及誹謗意涵的言論，請求關於民事侵權行為的損害賠償或國家刑事法律的制裁，則將導致公眾所關切的事務，發生自行檢查的效果。人民或因訴訟所費不貲無力負擔，或因恐懼法院以其陳述不實而成立誹謗罪名，將不敢再針對公職行為或公共事務表達任何善意的評論或鞭策，人民監督政府及維護公益的機制與能力自然將會因此而蕩然無存。如此結果，究非任何民主開放的自由社會所樂見。

甚且，公職人員為維護或回復名譽，尚可藉其在職務上的便利與機會，靈活運用公共媒體公開辯駁或澄清任何不利於自己的不實陳述。是以，公職人員所具有的身分地位及所掌握的社會資源實已足以使其因他人不實言論而遭受的損害降到最低。如再允許公職人員與一般人民相同，依循一般民事損害賠償或刑事制裁法理經由司法公器請求救濟，則不僅將使其得理不饒人挾政府權威以自重，同時更將置相對人民在對立攻防武器上造成顯然不平等的窘境。此一結果，殊非妥適❹。

美國聯邦最高法院進一步強調，只有在表意人具有真實惡意，亦即明

---

❹　New York Times v. Sullivan, 376 U.S. 254 (1964).

知其所陳述的內容為不實或顯然罔顧其所陳述內容的真實性時，始須對於其所作成針對涉及公眾關切事務的公職人員、公眾人物或名人的誹謗性言論負責 ❹。被告表意人是否確具真實惡意，則屬事實認定的問題，原告公職人員、公眾人物及名人應針對被告所陳述內容的不實在及真實惡意的存在，負擔舉證的責任。原告應證明被告表意人在主觀上確實知悉其所陳述的內容是為不實，或對於陳述內容的真實性置若罔聞，或至少應證明被告亦對其所陳述的內容抱持高度懷疑的態度 ❹。同時，原告所提示有關被告真實惡意的證據，至少應有明確說服程度的證明能力，始足當之 ❹。

　　但相對而言，為嚴格落實美國憲法增修條文第一條表意自由條款保障社會自由言論的本旨，被告表意人不論是為個人或為新聞媒體，其所為有關公眾關切事務的言論所涉及的事實縱使在外觀上顯屬錯誤，或確有引起原告情緒困擾的故意，但該項言論仍應在法律程序上受到相當程度的保障。由是，對於原告所為不實陳述的舉證，被告表意人毋庸負擔舉反證推翻或提出更強勢證據證明其所陳述的內容為真實的責任，是應注意 ❹。

　　與之相似者，類如猥褻作品 (obscenity) 及色情畫作 (pornography) 等煽情性言論 (sexually oriented speech)，由於其欠缺重要及可取的社會價值，且其內容亦非人民通常意念自由發表的主要部分，故其存在價值自然較前述誹謗性言論更易受到法院的質疑。一般論述更認為，猥褻作品不值得保障，其非屬美國憲法增修條文第一條言論自由保護傘所涵攝的事項，應屬毋庸置疑。美國聯邦最高法院於西元一九四二年在 Chaplinsky v. New Hampshire 一案中表示，猥褻作品存在的主要目的，是為激發性慾以迎合人類在動物性而非政治上或文學上的利益，其所展現的價值自然遠低於倫常

---

❹　Masson v. New Yorker Magazine, Inc., 501 U.S. 496 (1991); Time, Inc. v. Firestone, 424 U.S. 448 (1976); Gertz v. Robert Welch, Inc., 418 U.S. 323 (1974); Curtis Publishing Co. v. Butts, 388 U.S. 130 (1967).

❹　St. Amont v. Thompson, 390 U.S. 727 (1968).

❹　Harte-Hanks Communications v. Connaughton, 491 U.S. 657 (1989); St. Amant v. Thompson, 390 U.S. 727 (1968).

❹　Philadelphia Newspapers v. Hepps, 475 U.S. 767 (1986).

道德所提供的社會利益。甚且，就其定義觀察，由於猥褻言論未具社會流通性，故其嚴格言之並無任何社會價值可言，其不受憲法言論自由條款的完整保障，應屬適當。從而，各州為維護本州公民的道德與福祉，自得依據其治安權而經由立法機制予以嚴格規範之●。

然而，政府對於所有與性事有關出版品、電影或錄影帶的發行或流通進行限制時，勢必引發關於猥褻一詞定義的爭議。美國聯邦最高法院於西元一九五七年至一九六八年的十餘年間，即曾對於猥褻作品的定位問題陸續作成五十餘種不同的意見。除部分大法官例如布萊克 (Justice Hugo Black) 者認為憲法應保障包括猥褻作品在內坊間所有的出版品以外●，其他大法官例如史都華 (Justice Potter Steward) 者則主張猥褻作品完全不值得保護，法院應盡其所能對於猥褻一詞作出一個較為明確的定義●。

美國聯邦最高法院於西元一九七三年在 Miller v. California 一案中即表示，所謂猥褻作品，是指一般人依據當今社區標準作成判斷，認為就整體而言其足以滿足色慾上利益，或是以一種顯然令人嫌惡的方式描述州法律所明確定義的性行為，且依一般社會通念其整體而言欠缺重要文學、藝術、政治或科學上價值的作品而言●。茲此，單純裸露或公表性事本身並非當然為猥褻，如此類非猥褻性作品在科學上、政治上、文學上或藝術上容有任何價值，則政府仍應給予美國憲法增修條文第一條關於言論自由的保障。所謂當今社區標準較具地域性，故僅憑藉案件發生當時居住在當地的一般人所認知的客觀標準，判斷系爭作品是否足以滿足色慾上利益或是否以顯然令人嫌惡的方式描述性行為，即為已足。至於所謂一般社會通念

● Chaplinsky v. New Hampshire, 315 U.S. 568 (1942).

● Roth v. United States, 354 U.S. 476 (1957) (Black, J., dissenting).

● HENRY J. SBRAHAM, FREEDOM AND THE COURT: CIVIL RIGHTS AND CIVIL LIBERTIES IN THE UNITED STATES 214–215, fn. 178 (Oxford University Press NY 3rd ed. 1977). 史都華大法官曾對猥褻一詞，作成一個令人莞爾的定義，「當我看到它時，我就會知道。」並參見 Jacobellis v. Ohio, 378 U.S. 184 (1964).

● Miller v. California, 413 U.S. 15 (1973).

　　則較具普遍性或全國性，故為認定系爭作品是否確具科學、政治、文學或藝術上價值所必要，尚非不得邀請專家證人出庭作證，以昭公允❸。

　　上述猥褻定義乃置重點於系爭言論所散布或傳播的人文價值，而非其所引致的效果或危險傾向，故其無須具有明顯與現時的危險，被告表意人亦無須確有真實惡意的存在，只要系爭言論確實涵攝於上述猥褻一詞的意涵之內，法律即應經由事前禁止或事後制裁等方式予以介入規範之。在此，法院毋須再對該項言論的定位問題進一步進行憲法上的分析。但為保證事前禁止散布猥褻言論措施的有效性，政府應立即召開聽證會證明系爭標的確屬猥褻言論。如政府有關猥褻的認定事後為法院所推翻，則其所為相關事前禁止行為即應立即予以停止❹。然而，由於猥褻言論在本質上對於社會欠缺重要價值，法院非不得於審判前先行推定該類作品對於社會具有傷害性。從而，表意人應負擔較為沉重的舉證責任，以有效推翻前項傷害社會的推定❺。

　　惟應注意者，由於自由取得各種信息及意念的權利，亦屬美國憲法對於人民所明確保證的事項，無論人民取得信息的社會價值為何，其為建構自由社會的基本，應屬毋庸置疑。是以，此項基本權利在美國憲法增修條文第一條表意自由條款的特別保障之下，應含有人民免於政府不當侵犯個人隱私的自由在內。除在極為少數的情況是為例外者外，政府對於身處自家屋簷下的人民，應無告知其應閱覽何種書籍或觀賞何種錄影帶的權責。由於缺乏有力基礎佐證人民曝露於猥褻作品前將引致偏差性行為或性犯罪的假說，州法律有關人民私自持有猥褻出版品應受刑事追訴或制裁的規定，顯然牴觸美國憲法增修條文第一條有關保障人民表意自由的本旨❻。

　　至於在法律上非屬猥褻作品的色情畫作，則無論其是否不堪入目、令人嫌惡或俗不可耐，均非不得歸屬於美國憲法增修條文第一條言論自由條

---

❸　Pope v. Illinois, 481 U.S. 497 (1987).

❹　Freedman v. Maryland, 380 U.S. 51 (1965).

❺　Paris Adult Theatre I v. Slaton, 413 U.S. 49 (1973).

❻　Stanley v. Georgia, 394 U.S. 557 (1969).

款所保障的事項，要無疑義。一般而言，法院將依傳統上周延保障人民言論自由利益的嚴格檢驗基準審查政府限制色情畫作的行為，如政府所為的限制行為是以言論內容為基礎，且政府未能適當證明相關限制法令是為達成特定優勢政府利益所限縮適用對於人民限制最少的必要手段時，則系爭政府行為仍有遭到聯邦法院予以否決的餘地 ❺❼。惟在幼童網路保護法 (Children's Internet Protection Act) 中有關公立圖書館如未使用過濾軟體防堵色情畫作，聯邦基金將不予補助的規定，由於憲法表意自由條款並未保證成年閱覽人在公立圖書館享有盡情閱覽色情畫作的權利，故而系爭規定尚未涉及教唆公立圖書館違反憲法增修條文第一條表意自由條款的情事，是應注意 ❺❽。

　　然而，對於政府所為限制類如色情書坊、成人電影院或紅燈區等展演非猥褻性色情畫作的場所或設施自由設置的行為，聯邦法院則未適用前揭嚴格基準予以檢驗。換言之，為使社會治安與人民言論二項重要利益兼籌並顧，只要系爭限制並未完全扼殺所謂成人娛樂的宣洩空間，則政府所為要求集中或重劃上述設施或所在區位的行為，究非法律所不許 ❺❾。與之相似者，對於政府所訂定有關禁止裸舞表演的法令，美國聯邦最高法院亦採取較為緩和的態度，認為裸舞是成人娛樂的一部分，有受憲法表意自由最外圍層次保障的餘地 ❻⓪。

　　惟政府在維護社會秩序及公共道德方面尚擁有一項具實質重要性的國家利益，裸舞本身縱使不具腐蝕性，其仍屬一項儘予避免的邪惡，故而訂定禁止全裸舞蹈的法令，尚非當然涉及政府對於人民表意自由的侵害 ❻❶。甚且，對於政府拒絕核發類如成人書店等成人業務 (adult business) 經營許

---

❺❼　United States v. Playboy Entertainment Group, Inc., 529 U.S. 803 (2000).

❺❽　United States v. American Library Assn., Inc., 539 U.S. 194 (2003).

❺❾　City of Renton v. Playtime Theatres, Inc., 475 U.S. 41 (1986); Young v. American Mini Theatres, Inc., 427 U.S. 50 (1976).

❻⓪　City of Erie v. Pap's A.M., 529 U.S. 277 (2000).

❻❶　Barnes v. Glen Theatre, Inc., 501 U.S. 560 (1991).

可的裁決，相關市政法規縱未給予申請人迅速接近司法請求救濟的權利，但只要該項法規明確列舉各種拒絕核發營業許可的法定事由，則政府恣意專擅獨斷行使其裁量權限的可能性乃相對降低，系爭市政法規尚非當然涉及全面檢查成人書類，進而造成箝制人民在憲法上所保障表意自由結果的情事❷。

　　但是，對於描繪真實幼童放蕩性行為的幼童色情畫作，法院則表達極為嚴正的立場，認為此類畫作在技術上縱非完全屬於 Miller 一案所指稱的猥褻作品，但該類畫作所表彰的言論價值不僅非常微小，甚且對於畫作中的有關幼童造成莫大的傷害。由是，其不僅非屬美國憲法增修條文第一條言論自由保障的對象，任何散布或傳播該類畫作的人更應受到相關刑事法律嚴格的追訴❸。但對於一九九六年幼童色情畫作防治法 (Child Pornography Prevention Act of 1996) 將製作或持有由成人所模仿或經由電腦技術所描繪合成的幼童色情畫作的人科予十五年以下有期徒刑的規定，美國聯邦最高法院則認為由於此類幼童色情畫作本身並未涉及真實幼童從事性行為的情事，故其所牽涉的言論不僅非屬色情畫作，亦非屬猥褻作品。由是，系爭法令不得假借防治不法幼童色情畫作的名義，而箝制人民所為與猥褻作品或色情畫作有關的任何言論❹。

　　此外，對於人民在意見交流上所使用粗俗不雅文字 (indecent words) 或攻擊性言論 (offensive speech)，只要該言論內容在法理上不足以發動上述對於言論自由所作成的各項限制時，則為避免政府藉由檢查特定用語禁止社會厭惡訊息的流通，人民在公共場所自由使用此類特定用語的權利，仍應受到美國憲法增修條文第一條表意自由條款相當程度的保障，應予注意。是故，如就整體情狀觀察，系爭不雅文字或攻擊性言論顯屬 Miller 一案所指稱的猥褻性言論，則其將不受憲法言論自由的保障，應可預期。同樣的，如就整體情狀觀察，系爭不雅文字或攻擊性言論確有引起民眾騷動的可能，

---

❷　City of Littleton, Colorado v. Gifts D-4, L.L.C., 514 U.S. 774 (2004).

❸　New York v. Ferber, 458 U.S. 747 (1982).

❹　Ashcroft v. The Free Speech Coalition, 535 U.S. 234 (2002).

則政府應依挑撥性文字理論予以即時制止，亦非法律所不許。但如系爭不雅文字或攻擊性言論的使用，依據一般社會通念的認知，應僅認為是屬於單純地不恰當且無引起任何潛在衝突的可能時，則政府對於此類言論仍應以不過度干涉為適當❻❺。

至於類如廣播、電視、網路視訊等各種傳播媒體所擁有未成年及年幼的視聽或閱聽大眾應不在少數，故如其於傳播頻道上使用或放送粗俗的文字或不堪入耳的髒話，則由於此類言論尚非受到憲法周延與完整的保障，政府為保護理解能力未臻成熟的信息收受者，非不得對於系爭言論作成關於時間上或地點上的限制❻❻。惟電話所提供的私下通信不僅未牽涉公共傳播媒體所面對的信息收受大眾，且其可藉由刷卡、密碼及轉換頻率等途徑確保信息收受者均屬自願及防止未成年人及幼童接收相關信息。是故，一九三四年聯邦通信法 (Federal Communications Act of 1934) 有關禁止電話公司傳送含有性意念的不雅或粗俗文字的規定，由於此類文字尚屬憲法所保障的言論，美國聯邦最高法院乃以系爭規定非屬政府限縮適用對於人民損害最小的手段為理由，宣告該項規定牴觸美國憲法增修條文第一條保障人民表意自由的本意，是應注意❻❼。

綜上，猥褻作品、幼童色情畫作及挑撥性文字等，由於其價值微小且對於社會與個人具有嚴重傷害性，故均屬美國憲法增修條文第一條言論自由條款所未涵攝保障的事項。另外，純粹以表意人與相對人經濟利益為出發點而以獲取商業交易為目的，且被視為是商業活動一部分的商業性言論 (commercial speech)，亦早經聯邦法院宣告其不受憲法言論自由的保障，各級政府均可自由地對於此項營業行為進行規制❻❽。惟此項見解備受批評，終於在西元一九七〇年代為美國聯邦最高法院所揚棄❻❾。

---

❻❺ Cohen v. California, 403 U.S. 15 (1971).

❻❻ FCC v. Pacifica Foundation, 438 U.S. 726 (1978).

❻❼ Sable Communications of California, Inc. v. Federal Communications Commn., 492 U.S. 115 (1989).

❻❽ Valentine v. Chrestensen, 316 U.S. 52 (1942).

　　美國聯邦最高法院於西元一九七六年在 Virginia State Board of
Pharmacy v. Virginia Citizens Consumer Council, Inc. 一案中表示，憲法保障
商業性言論的理由，可從廣告者、消費者及社會整體三個面向說明之。首
就廣告者面向觀察，單純以表意者有經濟上動機為基礎，實不足以剝奪其
在美國憲法增修條文第一條言論自由條款所應享有的保障。甚且，其他具
有經濟上動機類如勞動爭議的言論尚可受到憲法言論自由的保障，商業性
言論至少亦應受到與勞動爭議言論相同層次的保障。

　　次就消費者面向觀察，特定消費者因商業資訊的自由流通而獲取的利
益，其重要性實不亞於在日常生活中進行迫切政治論辯的利益。尤其對於
欠缺充分社會資源支持的窮人、病人及老人而言，商業性言論所提供的資
訊不僅有其實用價值，甚至可能更具關鍵重要性。最後，就社會整體面向
觀察，許多商業廣告含有與社會大眾利益有關的資訊，而商業資訊的自由
流通，更是人民在自由產業經濟下作成智慧經濟選擇所不可缺少的要素。
由是，商業性言論在現今社會經濟體制中既已扮演如此重要的角色，如其
內容非屬虛偽、錯誤，或非以誤導他人或獲取不法商業交易為目的，則該
類言論自應受到美國憲法增修條文第一條表意自由條款的保障❼⓿。

　　一般而言，政府全面禁止類如酒精產品等特定種類商品真實商業廣告
的行為，應為憲法所不許❼①。甚且，政府對於公司行號的廣告活動適用過
度嚴苛的法令，亦將違反其在美國憲法增修條文第一條表意自由條款所保
障表達商業性自由言論的權利❼②。惟商業性言論合憲性檢驗基準和憲法所
保障的尺度究竟為何，則不無疑義。美國聯邦最高法院於西元一九八〇年
在 Central Hudson Gas & Electric v. Public Service Commission 一案中表示，
商業性言論是否可受憲法言論自由的保障，應分兩大步驟及三項準則逐項

---

❻⑨　Bigelow v. Virginia, 421 U.S. 809 (1975).

❼⓿　Virginia State Board of Pharmacy v. Virginia Citizens Consumer Council, Inc., 425
　　U.S. 748 (1976).

❼①　44 Liquormart, Inc. v. Rhode Island, 517 U.S. 484 (1996).

❼②　Lorillard Tobacco Co. v. Reilly, 533 U.S. 525 (2001).

分析之。首先，如系爭言論意圖誤導或有涉及不法行為的情事，則該項言論即應不受憲法言論自由的保障。聯邦法院在此即無需再行針對有關限制法令的合憲性地位進行憲法上的分析，例如聯邦法院可逕予宣告禁止於新聞紙類刊登非法賣淫廣告並非違憲者即是。

其次，如系爭言論不屬前述意圖誤導或有涉及不法行為情事的商業性言論時，則聯邦法院應繼續再就下列三項準則審慎評估之：第一，政府限制系爭言論的利益應具實質重要性；第二，限制系爭言論的規範應可直接促進上述政府利益的達成；以及第三，針對系爭言論所為較嚴格的限制將無法有效達成上述政府利益。是故，公用事業機構於新聞紙類所刊登促銷電力的廣告縱使非屬意圖誤導或有涉及不法行為情事的商業性言論，但聯邦法院仍得基於系爭廣告未能滿足上述三項準則為理由，肯認政府限制刊登該項廣告所適用法令的合憲性地位[73]。

美國聯邦最高法院在 Central Hudson 一案關於商業性言論所提示兩步驟三準則的憲法保障機制，應可被視為是聯邦法院修正適用較富彈性的中級檢驗基準 (intermediate scrutiny) 的結果。至於政府利益是否具有實質重要性，則是一個價值判斷的問題，端視有關政府利益的重要性而定。一般而言，只要政府利益的重要性非屬微小或微不足道，均可被視為是符合上述實質重要性政府利益的要求，例如節約能源或平準電價的政府利益者即是。同時，有關保障人民健康、安全或福利的法令，亦將符合上述實質重要性政府利益的標準。由是，除非政府利益過於抽象或強詞奪理，否則經聯邦法院認定欠缺實質重要性政府利益的相關法令實不多見[74]。

更有甚者，為使政府靈活規範商業性言論及尊重政府對於系爭言論價值所作成的專業判斷，聯邦最高法院在本案中試圖以合理性原則取代最少限制手段原則。是故，政府僅須證明系爭限制法令是為達成一項具實質重要性政府利益的合理手段即為已足。至於系爭法令是否確屬對於人民限制

---

[73] Central Hudson Gas & Electric v. Public Service Commission, 447 U.S. 557 (1980).

[74] Linmark Associates, Inc. v. Township of Willingboro, 431 U.S. 85 (1977).

最少的手段，則非所問❼❺。此項檢驗尺度，一方面較最少限制手段原則富於彈性，一方面又較合理檢驗基準給予政府較少的尊重，對於公平落實尚具爭議性的商業性言論的憲法保障機制而言，確屬相當，值得重視❼❻。

　　值得注意者，由於政治競選的融資和經費與候選人或政黨的競選政見息息相關，一般論述均認為其應屬政治性言論的一部分，故應同受美國憲法增修條文第一條言論自由條款最嚴密的保障❼❼。同時，政治團體為支持特定複決方案所支用類如刊登廣告的有關經費，亦應獲得與前述政治競選融資相同的憲法保障❼❽。更有甚者，政府於創制案投票程序中設限，由於涉及對於核心政治性言論的限制，並應受到法院嚴格檢驗基準的審查，尚非無著❼❾。然而，美國聯邦最高法院雖曾明白表示政府在選舉及複決程序上有避免貪瀆腐化的利益，且此項政府利益的重要性及合法性應予肯認❽⓪。由於政治經費在本質上顯然具有政治性言論的價值，故而聯邦法院在實證適用上，甚少認定上述防杜貪腐的政府利益足以限制政治選舉候選人直接支用有關經費於其競選活動中的權利❽❶。

　　換言之，只要個人或政治團體使用於候選人選舉或有關政治議題的經費，其性質及用途可獨立於個人或政治團體以外，且其非屬不法政治捐獻的一部分，則政府自不得任意限制或干涉之❽❷。是故，政治性經費提供者如屬營利性公司或組織時，由於避免貪瀆腐化的政府利益大於經由政治捐獻所體現的言論自由利益，政府在此乃得要求該公司或組織應自其政治捐獻專款中支取經費❽❸。至於該公司或組織所提供依法不得捐獻於候選人本

---

❼❺　Board of Trustees of the State Univ. of N.Y. v. Fox, 492 U.S. 469 (1989).

❼❻　Florida Bar v. Went for It, Inc., 515 U.S. 618 (1995).

❼❼　Buckley v. Valeo, 424 U.S. 1 (1976).

❼❽　Citzens against Rent Control v. Berkeley, 454 U.S. 290 (1981).

❼❾　Buckley v. American Constitutional Law Foundation, 525 U.S. 182 (1999).

❽⓪　Nixon v. Shrink Missouri Government PAC, 528 U.S. 377 (2000).

❽❶　Mark Tushnet, *An Essay on Rights*, 62 TEX L. REV. 1363 (1984).

❽❷　Federal Election Commn. v. National Conservative Political Action Comm., 470 U.S. 480 (1985).

身的數額，該公司或組織則可將其支用於支持候選人的其他獨立性經費的帳目之中❽。惟政治性經費提供者如屬非營利性公司或組織時，則只要該公司或組織設立的目的不是在於募集資金而是在於提昇理念，則政府自不得限制其支用經費以支持理念的自由❺。在此，不論是營利性或非營利性的公司或組織，其所享有憲法言論自由保障的層次，並不亞於憲法對於自然人所提供的保障❻。

以上所述，均屬政府對於各類型言論內容所直接附加的限制，惟在實務上，政府亦經常以間接方式限制各種類型的言論。申言之，政府雖僅附加與言論內容無關的限制，但該項限制足以影響表意行為所由發生的相關環境因素，致使言論自由在實質上受到相當的限制。例如市政法規禁止人民在街頭使用高分貝擴音器，此項法規直接限制人民表達意念的時間、地點與方式，但對於表意人所表達意念的內容則在所不問者即是。此外，又如法律明定污損政府財物為犯罪，表意人在政府建物上塗鴉即屬不法，至於其所表達意念究竟為何，則對於罪責成立並無影響者亦是。由於此類關於言論傳播時間、地點及方式的限制，對於言論內容具有中立性，故通常較易規避聯邦法院嚴格檢驗基準的審查。

具體言之，美國聯邦最高法院於西元二○○○年在 Hill v. Colorado 一案中表示，政府所為有關時間 (time)、地點 (place) 及方式 (manner) 的限制，只要其滿足以下三點要件，即屬合憲：第一，系爭限制未以言論內容為基礎；第二，系爭限制是為達成某項重要政府利益所限縮適用的手段；以及第三，系爭限制仍容留若干傳播資訊的有效替代管道。而在上述三點要件之中，又以第一點言論中立最為重要，是為聯邦法院檢驗政府所為關於言論傳播時間、地點及方式限制合憲性地位的關鍵要件❼。

---

❽ Austin v. Michigan State Chamber of Commerce, 494 U.S. 652 (1990).

❽ Colorado Republican Federal Campaign Comm. v. Federal Election Commn., 518 U.S. 604 (1996).

❺ Federal Election Commn. v. Massachusetts Citizens for Life, 479 U.S. 238 (1986).

❻ First National Bank of Boston v. Bellotti, 435 U.S. 765 (1978).

　　惟部分在外觀上僅以言論傳播的時間、地點及方式為限制核心的法令，尚有可能因系爭法令的言論不中立或以言論內容為基礎而仍遭到聯邦法院宣告為違憲 **⓼**。例如關於禁止於投票日在投票場所一百英尺內散發競選傳單的法令，就表面上看來，該項禁止規定適用於投票日，是為對於言論傳播時間的限制；該項禁止規定適用於投票場所一百英尺內，是為對於言論傳播地點的限制；以及該項禁止規定適用於散發傳單的行為，是為對於言論傳播方式的限制。但由於該項禁止規定是為限制所散發傳單中的言論內容而訂定，故其欠缺言論中立性，其不僅不應被歸類為關於時間、地點及方式的限制，同時，由於其所規範者為表彰核心言論價值的政治性言論，故其更應受到法院嚴格檢驗基準的審查，與前述以言論內容為限制基礎的其他政府限制並無不同 **⓽**。

　　茲應注意者，時間、地點及方式的限制，除應符合言論中立性的要求以外，尚須滿足上述第二點有關手段與目的的要件，始可免除聯邦法院嚴格檢驗基準的審查。至於系爭限制是否確屬為達成重要政府利益所限縮適用的手段，則應從相關事實面向，依個案審究之。大體言之，聯邦法院將考量受規範言論的性質、政府利益的重要性、系爭限制的範圍、較少限制替代方案的可行性以及系爭限制達成政府利益的實質效果等因素，綜合判斷系爭限制的合憲性地位。至於系爭法令是否確屬對於人民表意自由限制最小的手段，聯邦法院則在所不問 **⓾**。

　　至於上述第三點有關容留若干有效傳播管道的要件，聯邦最高法院雖未曾言明有效替代管道的認定標準，但一般論述均認為，只要系爭限制並非完全禁止傳播資訊的時間、地點或方式，則該項限制即不得因其欠缺第三點要件而歸於無效。甚且，在類如成人電影等受規範言論保障價值相對

⓼　Hill v. Colorado, 530 U.S. 703 (2000); Clark v. Community for Creative Non-violence, 468 U.S. 288 (1984).

⓼　Police Department of the City of Chicago v. Mosley, 408 U.S. 92 (1972).

⓽　Burson v. Freeman, 504 U.S. 191 (1992).

⓾　Ward v. Rock Against Racism, 491 U.S. 781 (1989).

較低的場合，第三點有關容留若干傳播管道的要件更經常為聯邦法院所忽略❶。是故，美國聯邦最高法院雖是以與中級檢驗基準類似的次嚴格檢驗基準審查政府所為有關言論傳播時間、地點及方式的限制，但只要政府論證得體，審慎適用上述第二點手段目的合理連結的分析模式，則聯邦法院終將尊重政府在限制必要上所作成的審慎判斷❷。

此外，政府言論限制是否合憲，仍將因言論表達場所性質的不同而有所差異。易言之，對於在類如書籍、報紙、公告欄、電影院或住宅前草坪等私有財產上所發表或散布的言論，政府應給予美國憲法增修條文第一條言論自由條款完整的保障。換句話說，政府系爭限制的實施如是以言論內容為基礎，則其應受法院嚴格檢驗基準的審查；系爭限制如非以言論內容為基礎而屬言論中立的性質，則其應受法院類似中級檢驗基準有關時間、地點及方式分析模式的拘束。

但相對而言，對於在類如街道、人行道、公園或其他經政府指定公共設施等公有財產上發表或散布言論，其是否應受憲法言論自由保障及其保障的層級為何，則應視公有財產的屬性而定。一般而言，公有財產如屬傳統公共場域 (public forum) 或經政府設立的指定公共場域，則由於該類公共場域始終被視為是人民自由交流理念及想法的公共設施，故人民在類如街道、公園等公有財產上聚集並發表或散布與公眾議題相關言論的自由，政府自不得恣意妨礙或禁止之❸；但人民如在類如監所、軍事基地、學校等非屬上述傳統或指定公共場域性質的公有財產上發表或散布言論，則其所應受到憲法言論自由保障的層次自應相對遞減，甚至不應受到任何保障❹。

進一步言之，表意人不得僅因其言論發表或散布於公有財產上，而主

---

❶　City of Renton v. Playtime Theatres, Inc., 475 U.S. 41 (1986).

❷　Heffron v. International Soc. for Krishna Consciousness, 452 U.S. 640 (1981).

❸　Hague v. Committee for Industrial Organization, 307 U.S. 496 (1939).

❹　Arkansas Educational Television Commn. v. Forbes, 523 U.S. 666 (1998); Hazelwood School District v. Kuhlmeier, 484 U.S. 260 (1988); Cornelius v. NAACP Legal Defense & Educational Fund, 473 U.S. 788 (1985); Greer v. Spock, 424 U.S. 828 (1976); Adderley v. Florida, 385 U.S. 39 (1966).

張其應受憲法表意自由條款周延與完整的保障。相反地，言論相關法令是否合憲，應基於政府有關行為實施的地點及該地點是否具有完整公共場域的性質而為決定。只要政府非以抑制人民不同觀點的表達為目的，則其在有關公共財產上除可附加關於言論傳播的時間、地點及方式等相關限制以外，並非不得在合理範圍內保留受規範場域的使用目的及傳播事項等 ❾❺。是故，對於政府所明定非捐棄特定宗教觀點不得使用公共設施的政策，由於系爭規定欠缺合理性及違反上述觀點中立的原則，聯邦法院終將不予認可之 ❾❻。但政府切不可以維護市容整潔為理由，限制人民述說、書寫、印製或散發信息或意見的自由，是應注意 ❾❼。

新聞自由 (freedom of the press) 與言論自由並列於美國憲法增修條文第一條表意自由條款的有關內容之中，與言論自由同屬人民表意自由完整意涵的一部分。同時，由於新聞自由是針對新聞媒體及其從業人員為提供人民全知信息而在公表傳播材料方面所提供的憲法保障，是故，其亦與集會結社權類似，屬於憲法言論自由保障的特殊類型，在憲法上與保障言論自由的軌跡尚無甚大差異 ❾❽。

美國聯邦最高法院大法官法蘭克福特 (Justice Felix Frankfurter) 曾謂，新聞自由為民主社會運作所不可或缺的要素。報紙、雜誌、電臺、電視、電影等新聞媒體所公表的各種傳播材料及信息，均能為社會最重要的公共利益代言。甚且，新聞自由不僅可使民眾廣納來自社會不同層面的聲音，同時，政府擅用公權力萃取特定言論的危險亦將因此而大為降低。是故，美國憲法增修條文第一條乃明定新聞自由為憲法保障人民基本自由權利之一，其目的乃在建立國家第四機構以行使政府的第四權力，期使新聞媒體可在政府體制以外，代表人民統合全民心聲及結合廣大社會資源，用以有

---

❾❺　Perry Educ. Assn. v. Perry Local Educators' Assn., 460 U.S. 37 (1983).

❾❻　Lamb's Chapel v. Center Moriches Union Free School Dist., 508 U.S. 384 (1993).

❾❼　Schneider v. New Jersey, 308 U.S. 147 (1939).

❾❽　First National Bank of Boston v. Bellotti, 435 U.S. 765 (1978)(Burger, C.J., concurring).

效監督政府的運作及制衡政府的力量。此外，政府亦得視新聞媒體為立場中立的理念市場，為公表意見的公用事業。是故，政府除樂見新聞媒體為其宣導政令以外，更應容許新聞媒體為不同或相反的看法或意見代言或發聲 ❾❾。

誠然，新聞媒體尚不得以憲法增修條文第一條新聞自由條款保證其蒐集和播報新聞的能力為理由，主張排除一般法律的適用 ❿❿。然而，新聞媒體及其從業人員在接近政府信息方面，是否應享有較一般人民更為優渥的權利，則不無疑問。在此，美國聯邦最高法院乃傾向採取較為持平的立場，認為新聞媒體所享有取得政府信息的權利，與一般民眾所享有者並無不同。是故，在政府拒絕民眾使用類如麥克風或其他器材接近政府信息的場合，對於新聞媒體亦應一視同仁，究無行使差別對待的必要。從而，獄政當局有關禁止新聞媒體接近採訪監獄或受刑人的規定，並未違反美國憲法保障新聞自由的本意 ⓞⓞ。

此外，在採訪司法訴訟尤其是刑事訴訟的權利方面，法院非不得權衡公平審判、保護證人及公開法庭等多項利益而審慎作成禁止新聞媒體參與法庭程序的裁定。故而，新聞媒體所享有接近法庭採訪的權利，與一般人民所享有在法庭旁聽的權利，二者之間在保障機制上並無明顯的差異 ⓞⓞ。相對而言，美國憲法增修條文第一條亦未給予新聞媒體記者為保護祕密資訊來源而拒絕在大陪審團善意刑事偵查程序中作證或回答問訊的特權。由是，除非政府要求新聞媒體公開資訊的主要目的，是在惡意斬斷新聞記者

---

❾❾ LOCKHART, KAMISAR, AND CHOPER, CONSTITUTIONAL LAW, COMMENTS, QUESTIONS 1007–08 (West Publishing Co. 6th ed. 1985); 並參閱 Potter Steward, *Or of the Press*, 26 HASTINGS L. J. 631 (1975).

❿❿ Cohen v. Cowles Media Co., 501 U.S. 663 (1991).

ⓞⓞ Houchins v. KQED, 438 U.S. 1 (1978); Saxbe v. Washington Post Co., 417 U.S. 843 (1974); Pell v. Procunier, 417 U.S. 817 (1974).

ⓞⓞ Globe Newspaper Co. v. Superior Court, 457 U.S. 596 (1982); Richmond Newspapers, Inc. v. Virginia, 448 U.S. 555 (1980); Gannett Co. v. DePasquale, 443 U.S. 368 (1979).

與資訊來源之間的關係，而不是在忠實執行法律，否則非經法律明文保障，新聞記者尚無憲法保障拒絕公開祕密資訊來源的特權❶⓿❸。

惟新聞媒體對於人民完整行使表意自由的貢獻，則始終為聯邦法院所重視。美國聯邦最高法院大法官霍姆斯 (Justice Oliver W. Holmes) 曾謂，美國憲法增修條文第一條明定各種自由條款的主要目的，乃在避免政府以事前禁止方式限制人民自由意念的表達。政府對於新聞媒體所為事前檢查機制，即屬箝制新聞自由最嚴厲及最不可容忍的手段❶⓿❹。茲此，聯邦法院審查政府針對新聞媒體在傳播資訊方面所為的限制，乃傾向採取不予認可的態度，例如關閉新聞媒體為政府行使新聞檢查的核心，故而聯邦最高法院乃以嚴格檢驗基準，審查政府有關關閉涉及惡意、醜聞及誹謗的新聞媒體的行為者即是❶⓿❺。

美國聯邦最高法院於西元一九七六年在 Nebraska Press Association v. Stuart 一案中表示，新聞媒體也許會有傲慢、獨裁、濫權或情緒化的情事，亦可能會有尖銳、刻薄、窺探或視採集新聞為第一要務的特質，但有關何種新聞內容應予公表、何時公表及如何公表的問題，則應留由新聞媒體本身，而非由政府或法官決定之❶⓿❻。政府唯有在為達成最高順位國家利益所必要且使用限縮適用對於新聞媒體及人民知的權利或知情權損害最小的適當手段時，始得限制新聞媒體公表其所合法取得涉及重大公共利益事務的真實資訊。換言之，政府頒布類如禁聲令 (gag order) 等非常措施以限制新聞自由的時機，可謂微乎其微❶⓿❼。

惟應注意者，電臺、電視等廣播媒體使用數量稀少的公共頻道傳播資訊，乃擁有一般人民所不易取得的媒體接近權，故其應對於民眾負起較重

---

❶⓿❸　Branzburg v. Hayes, 408 U.S. 665 (1972).

❶⓿❹　Patterson v. Colorado, 205 U.S. 454 (1907).

❶⓿❺　Near v. State of Minnesota, *ex rel.* Olson, 283 U.S. 697 (1931).

❶⓿❻　Nebraska Press Association v. Stuart, 427 U.S. 539 (1976).

❶⓿❼　Bartnicki v. Vopper, 532 U.S. 514 (2001); Florida Star v. B.J.F., 491 U.S. 524 (1989); Smith v. Daily Mail Publishing Co., 443 U.S. 97 (1979); Cox Broadcasting v. Cohn, 420 U.S. 469 (1975).

大的社會責任。要言之，憲法新聞自由條款所欲保障者，並不在於傳播媒體得依其偏好自由傳播任何資訊，而是在於確保人民知的權利或知情權的滿足。由是，廣播媒體應針對與公共利益有關的事務，給予人民適當時段及適宜內涵的節目選擇，俾使人民得以充分獲得其所關切的相關資訊❶⓼。甚且，由於廣播媒體深入住宅，侵犯隱私，人民除轉臺外別無選擇，對於幼童身心亦將造成重大影響。是故，為提昇公益、便利或需要，政府非不得對於使用稀少公共頻道的廣播媒體適用較傳統新聞媒體更為嚴格且以傳播內容為基礎的規範或限制❶⓽。因而，廣播媒體不得逕以政府所實施以傳播內容為核發從業執照基礎的規定違反事前禁止原則為理由，主張系爭規定應歸於無效❶⓾。

　　隨著有線電視、光纖科技、資訊超級高速公路及網際網路的發展，廣播媒體所仰賴稀少性公共頻道的概念，已逐漸為現代社會所揚棄。此一結果，自然使得聯邦法院審理相關傳播案件所適用的法理思維，亦隨著新興媒體的特殊性質而產生相對應的調整。美國聯邦最高法院於西元一九九四年在 Turner Broadcasting System, Inc. v. FCC 一案中表示，針對一九九二年有線電視消費者保護及競業法 (Cable Television Consumer Protection and Competition Act of 1992) 有關有線電視經營者應讓出若干頻道提供地區廣播電臺使用的必要履行規定，由於有線電視與廣播媒體二類業者在實質上並未擁有共同特質，故而適用於廣播媒體業者具較嚴格屬性的傳播法令，即非當然套用於有線電視業者；引用於廣播媒體的稀少性頻道原則和頻道侵犯原則，對於有線電視而言亦無準用的餘地。是以，對於政府針對有線電視言論所為的限制，聯邦法院將依建構於美國憲法增修條文第一條的有關法理予以檢驗。是以，由於上述必要履行規定是針對有線電視業者的言論傳播方式所為的中立性規範，聯邦法院自可針對有線電視業者言論傳播的時間、地點及方式，適用中級檢驗基準綜合審查系爭傳播規定的合憲性

⓼　Red Lion Broadcasting Co. v. FCC, 395 U.S. 367 (1969).

⓽　FCC v. Pacifica Foundation, 438 U.S. 726 (1978).

⓾　City of Lakewood v. Plain Dealer Publishing Co., 486 U.S. 750 (1988).

地位❶。

美國憲法增修條文第一條後段除明定國會不得制定法律限制人民為請求政府救濟而行使和平集會的權利 (right of the people peaceably to assemble) 以外，人民結社權利 (right of association) 亦蘊涵於言論自由之中，屬於言論與集會完整意涵的一部分，故應同享美國憲法增修條文第一條表意自由條款的特別保障❷。基於此項權利，表彰自由權利價值和提昇信念及理念的人性對話與集體活動始可獲得憲法周延的保證。茲此，人民可自由選擇參與或不參與代表各種不同想法、觀點或立場的集會或團體，並經由集會或結社等集體行為，具體表達其內在的共同意念。人民經由此項權利表達意念，其價值與人民單純以言論作用表達內心思維的價值並無不同。

由是，在美國憲法上有關言論自由保障的相關機制與原理原則，在關於人民集會結社權的憲法保障方面亦有相同的適用，自不待言。惟集會結社權是人民為從事美國憲法增修條文第一條所保障諸如言論、集會、請求救濟及宗教信仰等自由而結合成為個別團體或整合成為龐大組織的權利，故而憲法對於人民集會結社權的保障亦與前述對於新聞自由的保障類似，究屬言論自由保障的特殊類型。是以，聯邦法院尚須針對人民集會結社權的特殊性質，進一步發展若干特別法則以為因應，如此，方可周延落實美國憲法對於此項權利的完整保障。

一般而言，如政府的限制或制裁，對於人民表意行為造成對立影響時，則其所為類如明定參與特定組織或團體者為犯罪，課予加入特定組織或團體者特殊限制，強制公開組織或團體成員的機密名單，干涉組織或團體的

---

❶ Turner Broadcasting System, Inc. v. FCC, 520 U.S. 180 (1997)(Turner II); Turner Broadcasting System, Inc. v. FCC, 512 U.S. 622 (1994)(Turner I).

❷ 法院通常將結社權引用於以下兩種不同的面向，除在本款所論述個人為遂行美國憲法增修條文第一條相關自由權利而集結組織或團體的自由以外，尚包括個人基於美國憲法正當程序條款所衍生隱私權而行使的諸如婚姻、父母子女及家屬等親密關係在內。

內部運作情況，以及對於參與政治活動的部分組織或團體設置特別障礙等
舉措，均屬侵害人民集會結社權的典例。美國聯邦最高法院強調，政府要
求組織或團體公開其成員的機密名單，不僅將使人民與政府間形成敵對關
係，影響人民自發性組織或團體的永續存在，同時更將對於憲法保障各種
自由權利產生若干寒蟬效應，進而在實質上造成抑制人民集會結社權的結
果 ⑬。

甚且，集會結社權本身尚蘊涵人民不參與集會或結社的權利。是故，
政府縱使可規定從事特定職業者應加入工會，但仍不得要求特定個人支持
其所加入工會的政治主張。同樣的，在欠缺優勢政府利益的場合，政府亦
不得強迫特定組織或團體接受表意行為與其宗旨目標不一致的個人或團體
成為其集會、遊行或團體成員的一分子。由是，政府除不得要求人民在自
發性的遊行活動中傳達其所不願意傳達的訊息以外，人民團體在憲法上亦
享有拒絕可能妨礙其集體表意自由而嚴重影響其理念主張能力的個人或團
體加入組織的權利 ⑭。

與言論自由相似，集會結社權雖屬人民基本權利之一，但非屬憲法所
絕對保障的事項。是故，如有與箝制理念表達無關的優勢政府利益存在，
且經由限制較少手段仍不能達成上述政府利益時，則憲法非不得正當化政
府對於人民集會結社權所作成的若干妨礙和限制。原則上，聯邦法院在此
將依嚴格檢驗基準個案審查此類案件 ⑮。然而，在有關各州訂定選舉規範
的案件，如政府所為限制或制裁對於政黨或候選人行使憲法增修條文第一
條核心職能能力的侵害尚屬輕微時，則政府僅須證明系爭限制或制裁乃為
達成政府重要規範性利益的手段，該項政府行為即屬合憲。由於輕微與嚴
重損害之間並未存在明顯區隔，故而聯邦法院審查有關案件是否適用前述
較寬鬆的檢驗基準時，通常將依繫屬選舉案件的性質而分別認定之，例如

---

⑬　NAACP v. State of Alabama, *ex rel.* Patterson, 357 U.S. 449 (1958).

⑭　Boy Scouts of America v. Dale, 530 U.S. 640 (2000); Hurley v. Irish-American Gay, and Bi-Sexual Group of Boston, 515 U.S. 557 (1995).

⑮　Roberts v. United States Jaycees, 468 U.S. 609 (1984).

明尼蘇達州 (Minnesota) 有關禁止兩黨以上被提名候選人出現於同一選票的規定，聯邦最高法院乃認為其對於人民在憲法所保障的集會結社權而言非屬嚴重損害者即是⓰。

　　茲應注意者，並非所有結社行為均應受美國憲法集會結社權的周延保障。如人民結社的目的，僅在提昇經濟利益而與美國憲法增修條文第一條所保障的表意自由無關，則其非屬美國憲法集會結社權所涵攝保障的範疇。要言之，政治主張為美國憲法增修條文第一條有關自由權利的精髓，而集會結社權則是為保障集體參與前述表意行為而設置。是故，如人民結社的目的是在經由訴訟鼓吹政治主張，則此項結社行為仍應受到美國憲法完整的保障。換句話說，只要組織或團體確實從事美國憲法增修條文第一條所涵攝保障的任何表意行為，則聯邦法院將以系爭侵害是否真實損害上述表意行為為基礎，審定政府所為限制或制裁的合憲性地位⓱。

　　誠然，組織或團體如從事或主張美國憲法所不予保障的言論或行為，則該組織、團體及其負責人或成員應受有關法律必要的限制或制裁，自無疑問。惟為避免限制或制裁組織、團體或其成員的法律因過度廣泛致生抑制人民言論自由的間接效果，美國聯邦最高法院表示，對於單純參與系爭組織或團體但並未直接涉及不法言論或行為的成員，政府應不予處罰。但是，為維護國家社會整體利益，如有關成員明知其所參與的組織或團體涉及從事或主張不法言論或行為的情事，且其對於上述不法目的的遂行具有特定故意時，則政府非不得對於單純參與不法組織或團體的成員課予適當的限制或制裁⓲。

第二款　宗教自由

　　美國憲法增修條文第一條規定：「國會不得制定關於設立宗教，或禁止

⓰　Timmons v. Twin Cities New Party, 520 U.S. 351 (1997).

⓱　NAACP v. Button, 371 U.S. 415 (1963).

⓲　Elfbrandt v. Russell, 384 U.S. 11 (1966); Scales v. United States, 367 U.S. 203 (1961).

自由信教之法律。」此一規定，是為美國憲法保障人民宗教自由 (freedom of religion) 的具體意涵。前者禁止政府特惠所有宗教、特定宗教或某些宗教團體，是為立教條款 (Establishment Clause)；後者限制政府干涉人民的宗教信仰或相關宗教慣例，是為信教條款 (Free Exercise Clause)，二者均得概稱為宗教自由條款。由於宗教活動乃根源於人民內在善良意念的思維與信仰，故學理上又稱宗教自由為良心自由 (freedom of conscience)。美國憲法第六條第三款後段並規定：「宗教檢驗不得成為充任合眾國任何職位或公職之資格要件。」美國憲法明定此揭條文的目的，乃在保證美國政府不再重蹈英國官員、議員限於由國教徒充任導致政教糾結的覆轍 ⑪⑨。

　　惟憲法宗教自由條款所保障的宗教，其定義究竟為何，美國憲法惜未明文揭示。一般而言，只要人民主張某項特定信仰是為宗教非屬輕率行事，聯邦法院均將認可人民所為善意的看法。甚且，宗教一詞應包含所有植基於最高存在或類似上位權威的組織化信仰體系，至於系爭信仰體系是否過於荒謬怪誕，或是否屬於過於新近未經考驗的傳承，則均在所不問。同時，由於宗教信仰存乎於信仰者內心，聯邦法院除得探詢宗教信仰在信仰者內心是否真實存在以外，尚不得單純藉由一般訴訟上適用的經驗法則及證據法則判斷系爭宗教信仰的合法性及可信度。對於宗教信仰是否真實存在於信仰者內心的問題，聯邦法院僅得就系爭信仰是否確屬信仰者內心所虔誠保守的信仰著手觀察之，尚不得直接針對信仰本身的真偽與否而遽為論斷 ⑫⓪。

　　然而，上述關於真實信仰的論斷僅得解決信仰者應否負起有關虛偽陳述等法律上責任的問題，對於系爭信仰是否具有宗教意涵而應為憲法宗教自由條款所保障的疑義，則仍須作成進一步的釐清 ⑫①。一般而言，人民單

---

⑪⑨　英國 Test Act 有關規定已於西元一八二八年廢止。

⑫⓪　United States v. Ballard, 322 U.S. 78 (1944).

⑫①　Stanley Ingber, *Religion or Ideology: A Needed Clarification of the Religion Clause*, 41 STAN. L. REV. 233 (1989); George C. Freeman, *The Misguided Search for the Constitutional Definition of 'Religion,'* 71 GEO. L. J. 1519 (1983).

純在政治、經濟、社會等方面或在哲學上所主觀堅守的信念或觀點，尚不足以構成具有宗教意涵的信仰。美國聯邦最高法院對於宗教信仰及哲學信仰二者雖未作成較為鮮明的區分，但其於西元一九六五年在 United States v. Seeger 一案中即表示，如系爭信仰在信仰者生命中所占有的地位，與傳統對於神 (God) 或最高存在 (Supreme Being) 的信仰所占有的地位相當，則該項信仰即屬美國憲法增修條文第一條宗教自由條款所應涵攝保障的宗教信仰。換言之，個人信仰應與對於神或最高存在的仰望有所關連，始有別於個人對於社會、政治或哲學上意見的信念，而成為憲法所預設保障的宗教信仰 ❷。

美國憲法增修條文第一條立教條款所規定「國會不得制定關於設立宗教之法律」，解釋上，應是指政府對於宗教行使差別對待或促進所有宗教的行為均應予以限制。惟其立法原意及本旨究竟為何，則仍引起廣泛的討論。在此，分隔論 (seprationism) 及無特惠論 (nonpreferentialism) 乃成為各方論辯的重要立論基礎。倡議分隔論者乃認為，由於歷史上政府迫害少數宗教的情形層出不窮，政府與宗教掛勾終將帶給對方諸多危險，是以，套用湯瑪士傑佛遜所曾使用的引喻，憲法制定立教條款的本意乃在使政府與宗教之間築起一道「分隔牆」(wall of separation)。

因此，依據憲法立教條款，美國聯邦最高法院曾於西元一九四七年在 Everson v. Board of Education 一案中表示，政府無權設立公教，特惠某種宗教，制定法律補助某一宗教或所有宗教，或對於宗教教育或信仰提供金融或其他任何形式的支援等 ❷。上述論點雖曾主導美國聯邦最高法院對於立教條款的解釋長達半世紀之久。但從實證經驗觀察，政府與宗教間各種形態的互動應屬無可避免，故而縱使身為分隔論者，亦不得不承認這是一個不容忽略的事實。例如縱使政府提供治安與消防設施將間接促進辦學教會的宗教使命，教會學校仍有接受政府上述服務的權利者即是。由是，如從務實面觀察，分隔論的本旨應在使教會與政府兩個領域之間在合理可能的

---

❷ United States v. Seeger, 380 U.S. 163 (1965).

❷ Everson v. Board of Education, 330 U.S. 1 (1947).

範圍內儘予維持分隔，而非逕指二者應完全隔離之意，是應注意❶。

　　與之相對者，倡議無特惠論者則認為前述分隔牆引喻應予揚棄，只要政府未特惠任何特定宗教或宗教組織，其仍得補助宗教或宗教機構。回顧宗教迫害的歷史，政府應避免在宗教或宗教組織間行使差別對待，惟此項要求並未包含政府應做到與宗教領域完全隔絕的地步。甚且，研定美國憲法增修條文第一條立教條款的第一屆國會，亦曾透過兩院決議一致通過感恩節為全民以感恩及讚美神 (God) 的心情感謝及祈禱的日子。是以，憲法立教條款應解釋為政府雖不得在宗教間行使差別對待或獨厚特定宗教，但其非不得促進所有宗教❶。此一見解，對於近年來聯邦最高法院所作成裁判的影響力，正與日俱增之中。

　　美國聯邦最高法院曾於西元一九七一年在 Lemon v. Kurtzman 一案，試圖將憲法立教條款法理簡化為三條公式以為適用，亦即第一條，政府行為應具備一項非宗教的目的；第二條，政府行為的主要效果應非發展或阻礙宗教；以及第三條，政府行為不得促進與宗教的過度糾葛。此即一般論著所引述的雷門準則 (Lemon test)❶。聯邦最高法院表示，分隔牆是一個模糊和未明確界定的概念，其限制應依據特定政府宗教關係的一切情狀而為決定。茲此，政府行為涉及宗教並非當然違憲，尚待法院依據雷門準則予以個案審查始可認定之❶。

　　例如對於阿肯色州 (Arkansas) 明定公立學校教師於課堂講授進化論的行為為違法的法律，美國聯邦最高法院即以系爭法律的制定緣由乃在避免學校講授違反創世紀的論點，故顯然是以宗教為唯一或最主要的目的為理由，宣告該項法律為違憲者是❶。由於上述審查取向顯然較倚重分隔論者的意見，故而經常受到無特惠主義者的挑戰。然而，縱使如此，美國聯邦

❶　Lee v. Weisman, 505 U.S. 577 (1992) (Souter, J., concurring).

❶　Wallace v. Jaffree, 472 U.S. 38 (1985) (Rehnquist, J., dissenting).

❶　Lemon v. Kurtzman, 403 U.S. 602 (1971).

❶　Bowen v. Kendrick, 487 U.S. 589 (1988).

❶　Epperson v. Arkansas, 393 U.S. 97 (1968).

最高法院在雷門一案所精心設計的審查準則，始終主導各個法院在憲法立教條款案件上的思考取向，其所體現的法理價值仍不容忽視。

　　自西元一九八〇年代以後，美國聯邦最高法院似有整合分隔論與無特惠論而以折衷取向解決美國憲法立教條款案件的趨勢，值得注意。是以，聯邦最高法院乃表示，只要政府所為的舉措非屬為宗教背書的行為，則分隔論的適用即應作成適當的限制。從而，於開學日靜默片刻以提供學生祈禱機會，並不必然顯示政府在為祈禱儀式背書，故而此項政府行為尚非當然違憲❷。此外，聯邦最高法院亦進一步表示，政府雖得促進表面中立的宗教慣行，但如該類政府行為有強迫無意願者參與宗教活動之嫌，則縱使是在高中畢業典禮或在足球賽事等場合依例邀請神職人員到場朗讀非宗教性祈禱文，該項政府行為亦非憲法立教條款所容許❸。同時，聯邦最高法院並強調，從美國的歷史與傳統觀察，憲法立教條款不得解釋為禁止長久以來為本國社會風土民情所樂於接受的慣行，例如聯邦最高法院自約翰馬歇爾以後所傳承於所有庭期開始時宣誦「神佑美國和本院」祝詞，以及國會自第一屆起即於會期開議日邀請神職人員到場為兩院祝禱者即是❸。

　　承上所述，美國憲法立教條款禁止政府在宗教間行使差別對待，應是指政府除不得設立公教外，亦包括政府不得獨尊特定宗教或歧視特定宗教的意涵在內。就此，不論是倡議分隔論者採取雷門準則，或是倡議無特惠論者採取無特惠原則，均可獲致相同的結論。由於憲法立教條款經由同憲法增修條文第十四條的通過而直接併入各州憲法的內容之中，是以，該條款有關禁止國會以法律設立公教的規定，在各州及地方政府亦同樣受其限制。

　　由是，包括聯邦、州或地方等各級政府在內任何成立、扶助或發展公教的意圖，均屬依法無效。此外，政府縱未實際設立公教，如其給予任何

---

❷　Wallace v. Jaffree, 472 U.S. 38 (1985); Lynch v. Donnelly, 465 U.S. 668 (1984).

❸　Santa Fe Independent School Dist. v. Doe, 530 U.S. 290 (2000); Lee v. Weisman, 505 U.S. 577 (1992).

❸　Marsh v. Chambers, 463 U.S. 783 (1983).

宗教或宗教團體較為優惠的地位，即與實際設立公教的行為並無不同，故而在解釋上亦應為憲法立教條款所禁止。因此，政府除不得為支援特定信念的聖職人員而課徵稅賦及不得為促進某些宗教的活動或信仰而支用經費外，亦不得為踐履特定宗教的教義或戒律而制定法律。至於政府是否確有給予特定宗教或宗教團體優惠地位的情事，則應由法院依法律解釋及有關事實個案認定之。

另一方面言，政府除不得給予特定宗教或宗教團體較為優惠的地位外，亦不得課予特定宗教或宗教團體較為不利的地位，或是給予特定宗教或宗教團體歧視性的對待。事實上，給予特定宗教特惠地位，即同時將給予其他宗教不利地位；反之，亦然。因此，無論是以優惠地位或是以歧視對待為基礎，分隔論與無特惠論的思考模式，以及近年來卓然成形的折衷取向，對於上述二類憲法立教條款相關案件而言，其適用價值實應無分軒輊。例如美國聯邦最高法院於西元一九五三年在 Fowler v. Rhode Island 一案，即認定禁止耶和華證人教會神職人員於公園佈道但允許天主教及基督新教於同一公園舉行宗教儀式的市政法規，因其以間接方式優惠特定宗教而致其他宗教蒙受差別對待，故而違反美國憲法增修條文第一條立教條款的本旨者即是❶❸❷。

在本案中，聯邦最高法院不僅強調政府所為歧視特定宗教及特惠特定宗教等二類相對應行為的同質性，且同時考察在某類行為中所呈現他類行為的面向及效果。此一思考模式，已成為日後聯邦最高法院審理政府宗教歧視案件的典範。除此之外，由於宗教自由亦屬人民基本權利的性質，系爭歧視性法律乃應接受聯邦最高法院嚴格檢驗基準的審查，除非確有優勢利益存在，足使系爭法律所採擇差別對待手段具有正當性，否則該項法律自應歸於無效，是應注意❶❸❸。

至於政府所為未給予任何特定宗教或宗教團體優惠地位，亦未給予任何特定宗教或宗教團體不利地位，但卻普遍提供所有宗教或宗教團體支援

❶❸❷　Fowler v. Rhode Island, 345 U.S. 67 (1953).

❶❸❸　Larson v. Valente, 456 U.S. 228 (1982).

或扶助的行為，是否仍有違反憲法立教條款的疑義，則不無問題。此一疑問，在對於教會學校普遍提供公費補助及於公立學校舉行祈禱儀式等相關案件中，則尤為顯著。站在嚴格分隔論的立場，政府不得行使任何支援、扶助或其他促進宗教或宗教機構的行為；縱使站在較和緩分隔理論的立場，其亦將反對政府所為類此支援宗教的行為。茲此，政府除不得在非宗教領域之上促進宗教的價值以外，亦不得對於宗教機構提供任何直接的支援。

　　然而，站在無特惠論的立場，只要政府未給予特定宗教或宗教機構較優惠的地位，其促進宗教或支援宗教機構的權力自應不予限制。換言之，政府除可自由地促進所有的宗教以外，並可對於非宗教領域行使差別對待。上述兩種不同角度的思考模式，不僅引起學理上激烈的爭辯，同時對於美國聯邦最高法院審理此類案件的態度，亦造成相當程度的影響。

　　基本上，美國聯邦最高法院未曾適用類如前述 Everson 一案所闡述最嚴格分隔論模式審查有關公費補助教會學校的案件。相反地，分隔論者為減緩其與宗教間的敵對狀態，業將其論點修正為得在某些程度上允許政府支援教會學校，尤其是在支援公共健康及安全等項目上，或是在經費直接使用於學生個人而非學校本身的情形，分隔論者亦從善如流，樂觀其成。與之相對者，如聯邦最高法院從寬採取無特惠論立場，或進一步採取折衷取向中有關背書及強迫理論的審查模式，則將有任令政府無限制對於教會機構予以公費補助的潛在可能，政府類此以非宗教學校龐大公費為代價支援教會學校的行為是否妥當，則不無疑慮。是以，無特惠論及折衷取向的論點亦應作成若干修正，換言之，政府雖不得直接補助教會學校，但其直接給予就讀教會學校學生或家長的補助，則應予以認可❹。

　　從而，美國聯邦最高法院於西元一九九三年在 Zobrest v. Catalina Foothills School District 一案中即認為，政府為就讀天主教會學校聽障學生支付手語譯者費用的計劃，因系爭計劃的宗教觀點中立且無特惠特定宗教或宗教機構之虞，同時，其有關補助亦僅直接使用於學生個人而非學校本身，故而該項政府計劃並未違反憲法立教條款的本旨❺。美國聯邦最高法

---

❹　Lee v. Weisman, 505 U.S. 577 (1992) (Scalia, J., dissenting).

院又於西元一九九五年在 Rosenberger v. Rector & Visitors of the University
of Virginia 一案中表示，個人私自的決定，正如同政府與宗教機構間的緩衝
器，因而，在宗教事件中，個人所為支用政府補助的決定，並不必然歸屬
於政府本身的作為。

是以，關於州立大學支付非宗教學生報刊印刷費用的問題，就系爭經
費直接償付印刷者而非轉入任何宗教組織帳戶的部分，該項政府補助並未
違反憲法立教條款的規定❸。茲此，只要政府未給予任何特定宗教或宗教
團體優惠地位，其對於教會學校所為類如出借教科書、錄影帶、投影機或
習作手冊，提供前往動物園或博物館參觀教學的旅行補助，或給予教師薪
資補助等行為，與憲法立教條款尚無違背❸。美國聯邦最高法院針對政府
直接補助學生或家長而非學校本身的宗教事件，顯然已較傾向採取修正後
的無特惠論思考模式，值得注意。

其次，對於在公立學校舉行祈禱儀式是否違反憲法立教條款的疑義，
亦將因採取分隔論或無特惠論的立場而有所出入。站在嚴格分隔論的立場，
公立學校於課堂內舉行祈禱儀式將直接促進宗教慣例，與教會和政府間應
築起一道分隔牆的理念不符，故該類政府行為顯然違背憲法立教條款的本
意❸。然而，站在無特惠論的立場，則其審理結果將因祈禱文內容的動機
取向而有所不同。如公立學校所誦讀的祈禱文屬於非宗教性質且其未給予
任何特定宗教或宗教團體較為優惠的地位，則此類促進所有宗教的政府行
為並非當然違憲。相反地，經教育委員會背書而於公立學校誦讀的祈禱文
如有促進特定宗教信仰之嫌，則其顯然違反無特惠論的原則，與憲法立教
條款的規定自有牴觸❸。至於在公立學校純粹由學生所自發與自理的祈禱

---

❸ Zobrest v. Catalina Foothills School District, 509 U.S. 1 (1993).

❸ Rosenberger v. Rector & Visitors of the University of Virginia, 515 U.S. 819
(1995).

❸ Mitchell v. Helms, 530 U.S. 793 (2000).

❸ Engle v. Vitale, 370 U.S. 421 (1962).

❸ Abington School District v. Schemp, 374 U.S. 203 (1963).

儀式，解釋上，應不存在違反憲法立教條款的問題。惟在實際上，美國聯邦最高法院於審理此類案件，尤其是在審查政府所支持的學校祈禱案件時，多傾向追隨該院過往所作成有關判決先例的立場。因之，分隔論及雷門準則在普通法上遵循判例原則的推波助瀾之下，儼然成為聯邦最高法院審理此類宗教事件的最主要判斷依據，是應一併注意。

除前述公費補助及學校祈禱等二類典型案件以外，政府所為促進或補助宗教或宗教機構的行為亦將衍生其他各種類型的宗教事件，例如於校園內特別是在節慶假期中公開展示宗教圖像，給予宗教機構免稅額，於公立學校排入宗教研習時間，補助非宗教大學校院，宗教機構參與非宗教政府計劃，以及授予宗教機構政府權力等。為闡明上述政府行為是否違反憲法立教條款的問題，分隔論、無特惠論及折衷取向等有關思考模式，以及備受爭議的雷門準則，應可預期仍將是美國聯邦最高法院審議此類宗教案件的論辯重點。

美國憲法增修條文第一條信教條款規定，「國會不得制定禁止自由信仰宗教之法律」。一般論述均認為，上述文字應解釋為憲法應保障人民信奉其所相信任何宗教理念或信仰的權利。此項信仰自由，並應包括人民得自由公開其所選擇信仰的權利在內❶。一般而言，由於此種自由權利所表彰人性尊嚴價值與言論自由相當，故美國聯邦最高法院多採取與言論自由案件類似的態度審理涉及人民信仰自由的宗教案件。解釋上，人民所自由選擇的真誠信仰，本應受到憲法信教條款絕對的保障。但如人民因宗教信仰而致生宗教行為時，則系爭行為是否仍可受到憲法信教條款絕對的保障，則不無疑義。

無可諱言者，信仰與行為之間的劃分多不甚明確，為決定系爭政府行為是否確以規範信仰為目的而應為憲法信教條款所絕對禁止，或其是以規範行為為目的而可不受憲法信教條款嚴格的檢驗，聯邦法院尚須借助其他考量因素，方可有效釐清上述兩者的界限。美國聯邦最高法院於西元一九七八年在 McDaniel v. Paty 一案中，對於康乃迪克州 (Connecticut) 法律有

---

❶　Cantwell v. Connecticut, 310 U.S. 296 (1940).

關禁止福音牧師參與州憲法會議的規定，雖然有七位大法官同意系爭規定違反憲法信教條款的本旨，但就其是否是針對人民內在信仰或外在行為而為規範的問題，則出現兩種截然不同的看法，其中有三位大法官認為人民正因其堅定信仰而選舉牧師參與憲法會議，故而此項規定侵害人民在憲法所絕對保障的宗教信仰；但亦有四位大法官認為系爭規定乃是針對以牧師身分參與憲法會議的宗教行為而為規範，故而毋須與保障宗教信仰相同，受到法院最嚴格的檢驗。

顯然地，美國聯邦最高法院關於系爭規定是否直接針對宗教信仰或是宗教行為而為規範的爭點，在此未能達成絕對多數的評決意見，顯見信仰與行為間在區分上的困難**⑭**。解釋上，法律規範的重點如是集中在個人思維過程或因該類過程所獲致的精神上結論，則該法律乃是以信仰為中心，應為憲法信教條款所絕對禁止；但法律規範的重點如是直接針對因個人思維過程或精神結論而致生的外在行為，則該法律乃是以行為為中心，自毋須受到憲法信教條款絕對禁止的拘束。在多數案件中，思維過程與外在行為應較信仰與行為本身易於分辨，是應注意。

如前所述，宗教信仰應受憲法信教條款絕對的保障。美國聯邦最高法院於西元一九四三年在 West Virginia State Board of Education v. Barnette 一案中即表示，雖然要求所有公立學校學生每日向國旗敬禮及宣示忠誠的法律是以行為為其規範的重心，但由於該項法律直接要求公眾堅振個人信仰，故仍違反憲法信教條款的本意。從而，系爭法律有關強制耶和華證人會所會眾堅振其所未與社區民眾共同分享的信仰的規定，應屬無效**⑭**。基於上述，政府乃不得強制人民堅振宗教信仰，懲處宣揚不受歡迎宗教的理念的行為，基於宗教觀點或身分而課予特定個人或宗教某些不利益，或在宗教權威或教理爭執事件中授予一方或他方特別的權柄等**⑭**。

然而，人民雖有自由公開其所選擇宗教信仰的權利，但此項權利與人

---

⑭　McDaniel v. Paty, 435 U.S. 618 (1978).

⑭　West Virginia State Board of Education v. Barnette, 319 U.S. 624 (1943).

⑭　Employment Division v. Smith, 494 U.S. 872 (1990).

民自由公開其所支持政治信仰的政治性言論相似，不受美國憲法增修條文第一條有關規定絕對的保障，自無疑義。聯邦法院審查政府有關限制人民表達宗教理念的行為時，亦將以系爭政府行為是否以受規範人民所表達宗教言論的內容為其限制基礎，作為檢驗政府行為合憲性地位的判斷依據，與前述聯邦法院檢驗政府對於政治性言論所為限制的方式及強度並無二致，在此一併敘明[144]。

　　聯邦法院對於因宗教信仰所致生外在宗教行為的保障，則因政府對於宗教行為所為限制類型的不同而有所區別。一般而言，政府限制宗教行為約有三種類型，亦即第一，基於宗教行為的宗教性質或目的所為的規範或限制；第二，非基於宗教行為的宗教性質或目的所為的規範或限制；以及第三，針對非宗教行為但間接造成宗教行為負擔的規範或限制。由於第一類型的規範或限制視宗教為政府權力適用的特別憑據，對於宗教欠缺中立性，故而受到憲法信教條款最嚴格的限制，非經聯邦法院依嚴格檢驗基準認定系爭政府行為確為達成某項優勢政府利益且屬限制最少及限縮適用的手段，政府甚難以任何反證推翻法院對其所作成的違憲性推定[145]。

　　至於第二類型的規範或限制，由於其僅視宗教為政府使用權力的憑據，對於宗教仍保持相當中立的態度，故而憲法信教條款最嚴格的限制在此將不予適用。除非系爭政府行為涉及人民其他基本權利，否則聯邦法院通常將不適用嚴格檢驗基準審查此類案件[146]。最後，對於第三類型的規範或限制，由於憲法信教條款並未要求政府在遂行權力作用時應符合或增進人民的宗教認知，故而除非政府行為的效果間接迫使人民違反或放棄其所堅守的宗教原則，否則類此顯屬宗教中立的政府行為，與憲法信教條款的規定尚無牴觸[147]。

---

[144]　Rosenberger v. Rector & Visitors of the University of Virginia, 515 U.S. 819 (1995).

[145]　Church of the Lukumi Babalu Aye, Inc. v. City of Hialeah, 508 U.S. 520 (1993).

[146]　Employment Division v. Smith, 494 U.S. 872 (1990); Wisconsin v. Yoder, 406 U.S. 205 (1972).

此外，美國憲法保障人民宗教信仰，亦應包括政府不得試圖捲入教會間的宗教衝突在內。美國聯邦最高法院於西元一九六九年在 Presbyterian Church v. Hull Church 一案中乃明確表示，法院不得介入非借助宗教理論不得獲致有效解決的宗教爭端。同樣地，在無證據顯示不實或詐欺的場合，法院亦不得涉入關於教會或宗教內部實際運作且應以教會內規或宗教規則予以解決的衝突事件 ⓮。然而，相對而言，如宗教或教會僅單純涉及法律上的有關爭執，則無論其是否屬於宗教或教會間內部運作事件的性質，政府尤其是法院尚無不予介入予以解決的理由，應予注意。甚且，憲法信教條款的保障，亦未涵攝人民因宗教信仰而排除適用一切有效法律的權利。例如摩門教徒不得基於宗教義理而牴觸現行一夫一妻的法律制度，人民亦不得基於宗教理由而反對政府所頒訂接種疫苗或進行輸血的政令者即是 ⓯。

事實上，宗教信仰與公共政策間發生正面衝突的情形所在多有，法院取捨於二者之間在實證上確屬不易。美國聯邦最高法院於西元一九七○年在 Welsh v. United States 一案中表示，基於宗教理念免除服役義務的法律並非當然違憲。人民縱使不相信造物者，或非因任何宗教傳統拒絕服役，只要其良知為深藏於內心的道德倫理或信念所激發，且成為戰爭工具將使其內心無法獲致永久的安寧與平和時，則其仍有主張免除服役義務的權利 ⓰。

惟基於宗教信仰免除人民法定義務雖非憲法所禁止，但政府給予任何宗教或宗教團體有關宗教上的權宜權利時，應同時注意不得違反前述憲法立教條款的原則。茲此，宗教權宜措施僅得以彌補或減輕政府依法所課予的特定負擔為範圍 ⓱。其不僅對於宗教應保持中立，且在宗教與非宗教間

⓮　Bowen v. Roy, 476 U.S. 693 (1986); Sherbert v. Verner, 374 U.S. 398 (1963).

⓮　Presbyterian Church v. Hull Church, 393 U.S. 440 (1969).

⓯　Church of the Lukumi Babalu Aye, Inc. v. City of Hialeah, 508 U.S. 520 (1993); Jacobson v. Massachusetts, 197 U.S. 11 (1905).

⓰　Welsh v. United States, 398 U.S. 333 (1970).

亦應維持中立❷。然而，在人民因政治取向拒絕服役，或因拒絕服役設立宗教時，其得否主張上述權利，則恐非單由美國憲法宗教自由條款所得確定，值得進一步觀察。

第三項　權利法案

第一款　防止侵犯

　　美國憲法增修條文第二條後段規定：「人民佩帶武器的權利，不得被侵犯。」此一規定，明定人民有佩帶武器的權利 (right to bear arms)。至於此項權利在憲法上的意涵和保障範圍究竟為何，則不無疑義。美國聯邦最高法院對於此項疑義，乃呈現兩極化的態度。如將此項權利歸屬為個人基本權利 (fundamental right of individuals) 的性質，則人民私自擁有及佩帶槍械，應受本憲法增修條文後段完整與周延的保障❸。但如將此項權利歸屬為集體基本權利 (collective right of the people) 的性質，則其在解釋上應與本憲法增修條文前段有關獨立州組織完備民兵的權利相結合，始屬適當。如是，為鞏固民兵保家衛國的實力，憲法佩帶武器的權利應是各州完備民兵及其成員所享有的集體權。換言之，憲法佩帶武器的權利只有在個人擔負軍事勤務時，始有適用的餘地。一般人民不得斷章取義，僅以憲法增修條文第二條後段佩帶武器條款為基礎，主張其私自擁有及佩帶槍械的權利應受憲法實體上的保證❹。

　　由於聯邦最高法院對於人民在憲法上所應享有武器佩帶權利的意涵與

---

❶　Board of Education of Kiryas Joel v. Grumet, 512 U.S. 687 (1994).

❷　Texas Monthly, Inc. v. Bullock, 489 U.S. 1 (1989); Larson v. Valente, 456 U.S. 228 (1982).

❸　United States v. Emerson, 270 F.3d 203 (5ᵗʰ Cir. 2001), *cert. denied*, 536 U.S. 907 (2002).

❹　Silveira v. Lockyer, 312 F.3d 1052 (9ᵗʰ Cir. 2002), *cert. denied*, 540 U.S. 1046 (2003); United States v. Miller, 307 U.S. 174 (1939).

範圍在解釋取向上莫衷一是，尚未形成明確定論，故而對於各州或地方政府依其治安權所制定類如購買槍械等待期、槍枝登記及禁止私藏武器等有關槍械管制的法令，聯邦法院為能有效抑制日漸增長與槍械有關的犯罪案件，以及為維護社會的安寧秩序和民眾生命財產的安全，均傾向於以該憲法規定並未當然經由美國憲法增修條文第十四條第一項正當法律程序條款併入 (incorporated) 各州憲法內容為理由，肯認上述地區性槍械管制法令的合憲性地位 ❺❺ 。

美國憲法增修條文第三條規定：「軍人未經所有權人同意，不得於平時在任何房舍駐紮，戰時依法所為者，不在此限。」此一規定，顯然是衝著英國要求民宅無償提供軍人房舍與食物的慣例而來，是為憲法保障人民住所免受軍隊侵犯的權利。由於截至目前為止尚未出現有關軍隊駐紮民舍侵犯人民權利的案件，聯邦法院對於此一規定的解釋與態度，自然有待觀察。但在適用上，無論是聯邦軍隊或是各州民兵，聯邦法院將更樂見此一憲法規定得經由美國憲法增修條文第十四條第一項正當法律程序條款規定併入於各州憲法之中，故無論是屬於聯邦軍隊或是各州民兵，所有軍人於任何時期涉及民舍駐紮的爭議，均應受到此一規定的拘束，要無疑問 ❺❻ 。

美國憲法增修條文第四條規定：「人民保護其身體、住所、文件及財物免於不合理搜索、扣押和拘捕之權利不得被侵犯。除有相當理由及經宣誓或具結，並特別載明受搜索場所、受拘捕或扣押之人或物，不得簽發任何令狀。」此一規定，明定人民身體及財產不受政府不法侵犯的權利應予保障，是政府執法人員於實施搜索、扣押和拘捕等刑事行為時的憲法基礎，其中對於合理 (reasonableness) 及令狀 (warrants) 的要求，則顯然是受到普通法

---

❺❺ Love v. Pepersack, 47 F.3d 120 (4ᵗʰ Cir. 1995); Fresno Rifle & Pistol Club, Inc. v. Van de Kamp, 965 F.2d 723 (9ᵗʰ Cir. 1992); Quilici v. Village of Morton Grove, 695 F.2d 261 (7ᵗʰ Cir. 1982), *cert. denied,* 464 U.S. 863 (1983). 有關選擇性併入理論 (selective incorporation theory)，史慶璞，〈正當法律程序與美國刑事偵審程序之研究〉，《美國憲法與政府權力》，第 63 頁，三民書局，臺北 (2001)。

❺❻ Engblom v. Carey, 677 F.2d 957 (2ⁿᵈ Cir. 1982).

上合理性標準 (rational standard) 及令狀制度 (writ system) 等有關傳統的影響，對於沿襲普通法體系的北美十三州而言，其能在新大陸落地生根蓬勃發展並始終受到政府和法院的尊重與加持，並不令人意外。此一增修條文經由美國憲法增修條文第十四條第一項正當法律程序條款規定併入各州憲法之中，各州法院及執法人員於實施搜索、扣押和拘捕時，亦應受其拘束。

　　此外，明定搜索、扣押和拘捕令狀的簽發，應以相當理由 (probable cause) 的存在為前提，亦是美國憲法增修條文第四條的另一項重要特色。一般而言，所謂相當理由，乃是指基於一切情狀所顯示證據力的充分強度，足以正當化一個理性及謹慎的人對於特定系爭事實確信其可能為真正的合理懷疑的最低數值而言。換言之，除非有相當理由足使法官確信犯罪證據存在於建築物之中，否則該名法官不得對其簽發搜索票。縱使在依法得不使用拘票的場合，警察人員亦不得在欠缺合理理由確信犯罪業經實施或正在實施的情形下，逕自對於人民進行拘捕。

　　至於相當理由所要求合理懷疑的最低數值究竟為何，則尚缺乏一套統一的標準。大體言之，其懷疑的數值應介於啟動刑事偵查行為的單純合理懷疑 (reasonable suspicion) 與給予刑事被告定罪裁判的超越合理懷疑 (beyond a reasonable doubt) 二種證據類型的證明能力之間。更進一步言之，證明能力超越百分之五十的優勢證據 (preponderance of evidence) 和明顯說服證據 (clear and convincing evidence)，其所提供的懷疑數值，均足以合理支持法官或政府執法人員對於特定系爭事實是否真正形成一個達到相當理由懷疑數值的自由心證判斷 ❿。

　　依據美國憲法增修條文第四條規定意旨，除遇急迫情事而另有規定者外，搜索與扣押均應出具搜索令與扣押令。搜索令與扣押令的簽發應符合以下數點要求，始屬合憲：第一，所提示的證據應可構成相當理由足信受搜索物件將可在目標區域內尋獲；第二，應有相當理由足信所搜索的物件與犯罪行為有所關連；第三，受搜索的區域和應扣押的物件均應特別載明；第四，構成相當理由的特定系爭事實應經政府執法人員的宣誓或具結；以

---

❿　　Carroll v. United States, 267 U.S. 132 (1934).

及第五，搜索令與扣押令的簽發，應由法官或具有中立性及區隔性的治安法官 (magistrate) 為之。州法律允許負責追訴犯罪的檢察長簽發搜索令或扣押令，顯然違反上述中立分隔原則，故應為美國憲法增修條文第四條的規定所不許 **158**。

　搜索令和扣押令可用以搜索和扣押構成犯罪證據的任何物件、犯罪果實、違禁品及犯罪工具，亦可用以搜索和扣押任何場所或財產，無論其是否屬於犯罪嫌疑人或是無辜的第三人。如搜索和扣押逾越搜索令和扣押令所特別載明的範圍，則基於憲法上的證據排除法則 (exclusionary rule)，任何於禁止區域內所取得的犯罪果實，均將因執法人員不合理的搜索和扣押違反憲法增修條文第四條所規定的內容，而致使有關事證無法在刑事追訴程序中提示為呈庭證據 **159**。從而，基於憲法上的毒樹果實理論 (fruit of the poisonous tree doctrine)，本於前述主要證據所直接取得的次要證據或其他衍生證據，亦將不得成為刑事訴訟程序中的有效證據，是應注意 **160**。

　至於拘捕，則是政府對於人民在刑事上所為拘留、逮捕及羈押等行為的概稱，由於此類刑事行為牽涉人民身體自由甚而生命的侵犯和危害，故亦受到美國憲法增修條文第四條規定的限制。基於本憲法增修條文保障人民隱私權益的本意，只有在人民依社會通念對於個人完整隱私的合理期待受到侵犯時，始有政府應依本憲法規定實施搜索、扣押和拘捕的問題。換言之，政府如未實際侵犯人民對於隱私權益的合理期待，亦無意圖妨礙人民在財產上的所有權利益時，則其對於人民尚不構成美國憲法增修條文第四條所指稱的搜索、扣押和拘捕的行為。由是，本條文有關相當理由或出具令狀等規定，在此即有一部或全部不予適用的可能 **161**。

　甚且，普通法亦有允許執法人員得依據其合理基礎確信被告實施重罪

---

158 Shadwick v. Tampa, 407 U.S. 345 (1972); Coolidge v. New Hampshire, 403 U.S. 443 (1971).

159 Mapp v. Ohio, 367 U.S. 643 (1961).

160 Nardone v. United States, 308 U.S. 338 (1939).

161 Katz v. United States, 389 U.S. 347 (1967).

或當場實施輕罪而遽自行使無令狀拘捕的典例，是以，美國聯邦最高法院乃於西元一九七六年在 United States v. Watson 一案中表示，警察人員基於相當理由在公共場所實施無令狀拘捕，與美國憲法增修條文第四條的規定並無牴觸。茲此，美國憲法雖無關於在公共場所對於人民進行拘捕應出具拘捕令的規定，但仍應符合以下兩點要求，始屬合憲。第一，有相當理由足信犯罪業經實施；以及第二，被拘捕的人實施該項犯罪。

與搜索及扣押類似，實施拘捕的相當理由，尚得基於類如被害人及證人的陳述，警察人員個人的認知及觀察，以及可靠的傳聞證據及祕密訊息等途徑而建立 **⑯**。惟在美國憲法增修條文第四條所保障類如被告或第三人房舍等區域內實施拘捕的場合，則除遇急迫情事而另有規定者外，由於事涉個人隱私的期待利益，故而執法人員仍須出具拘捕令，始得在該類區域內對於人民進行拘捕，與實施搜索及扣押應出具搜索令及扣押令的情形並無不同 **⑯**。針對二十一世紀社會失序現象及國家反恐安全需求，如何在防治犯罪與防止侵犯二大政府政策之間取得平衡點，則是現今美國聯邦最高法院所面臨最棘手的課題。

第二款　公平處遇

美國憲法增修條文第五條規定：「非在大陪審團之前或經大陪審團起訴，人民不受關於死罪或其他不名譽罪名之提問；但在戰爭或公共危難期間於實際服役陸海軍或民兵所提起之案件，不在此限。人民對於同一罪行不受生命或身體上之雙重處罰，不得強制其自證任何刑事案件，非依正當法律程序，不得剝奪生命、自由或財產；非有公正補償，不得為公共使用徵收私有財產。」依據本憲法增修條文前段的規定，人民如經指控犯有死罪或其他不名譽罪等嚴重罪名時，應由大陪審團 (grand jury) 審問以認定所控

---

⑯ United States v. Watson, 423 U.S. 411 (1976).

⑯ Stealgald v. United States, 451 U.S. 204 (1981); Payton v. New York, 445 U.S. 573 (1980).

罪名的相當理由是否存在，並對於被告作成提起公訴 (indictment) 與否的決定。

　　由於本憲法規定是否經由憲法增修條文第十四條第一項正當法律程序條款規定順利併入各州憲法內容之中，截至目前為止尚未形成定論，故而各州不論是適用由檢察官團隊實施偵查並進而向法院具體求刑提起公訴的制度，抑或是行使其他類型的大陪審團起訴制度，聯邦憲法均將予以尊重，尚無違反本憲法有關應由大陪審團起訴規定的疑慮，是應注意❶❹。

　　同時，美國憲法增修條文第五條中段禁止雙重處罰條款 (Double Jeopardy Clause) 規定，對於人民所實施的同一犯罪進行重複追訴或制裁，均應予以禁止。由於本憲法有關禁止雙重處罰的規定經由美國憲法增修條文第十四條第一項正當法律程序條款的規定併入各州憲法內容之中，故而聯邦政府及各州政府均應同受憲法上揭條款的拘束❶❺。惟一般而言，此項規定僅對於追訴程序業經終結及在同一管轄區域內業經追訴或制裁的犯罪，始有適用的餘地。從而，對於被告所為業經陪審團懸置的同一案件重予審理，或二州以上或聯邦與州政府同時對於被告所為同一犯罪進行追訴或制裁，尚非當然違反憲法禁止雙重處罰的規定，亦應注意。

　　此外，美國憲法增修條文第五條中段並規定，政府強制被告自證罪行 (self-incrimination) 的行為，亦應予以禁止。與前者相同，本憲法規定經由憲法增修條文第十四條第一項正當法律程序條款規定併入各州憲法內容之中，故而各州政府亦應同受其拘束❶❻。依據本憲法增修條文有關禁止強制自證罪行規定的意旨，被告非本於其自由意志下的非自願性自白不僅不得

❶❹　美國聯邦最高法院首席大法官華倫 (Chief Justice Earl Warren) 雖曾主張凡對於美國所維護的司法程序是屬基本的任何憲法保證，均應依選擇性併入理論經由美國憲法增修條文第十四條第一項正當法律程序條款的規定自動併入各州憲法的內容之中，但憲法增修條文第五條由大陪審團起訴及憲法增修條文第七條由陪審團審判的權利，對於美國整體司法程序的有效運作而言，尚無立即併入的急迫必要。

❶❺　Benton v. Maryland, 395 U.S. 784 (1969).

❶❻　Malloy v. Hogan, 378 U.S. 1 (1964).

作為刑事追訴程序中的有效證據，經政府傳喚的證人亦不得被要求於訴訟程序中提供任何足使其陷入刑事罪名的證詞❿。

　　然而，本於被告自由意志下的任何供述，亦非當然合法。美國聯邦最高法院於西元一九六六年在 Miranda v. Arizona 一案中表示，警察機關拘留被告的行為，即根本地含有強制性質，故為保證被告於刑事追訴程序中的一切憲法上權利，除非警察人員於逮捕刑事被告時即行宣讀米蘭達提示 (Miranda warning)，否則不論本於其自由意志與否，警察機關依被告自白所製作的任何偵訊筆錄，均不得在訴訟程序中作為追訴被告的證據❿。但被告自白涉及公共安全，或經警察人員補行宣讀米蘭達提示後始行作成自願性自白者，則不在此限❿。誠然，刑事被告雖有拋棄米蘭達提示所指稱保持緘默或申請律師協助等權利，但如對於拋棄上述憲法上權利發生爭執時，除非政府可提出強勢證據證明被告所為拋棄權利的意思表示，確實是出自其全知與智慧的決定，否則法院不得僅依有關事實情狀而貿然推定被告本於自由意志自願拋棄上述權利❿。

　　美國憲法增修條文第五條後段明定聯邦政府非依正當法律程序，不得剝奪人民的生命、自由或財產，是為正當法律程序條款 (Due Process of Law Clause)。概括言之，正當程序乃是公平正義之意，由是，當人民生命、自由或財產瀕臨危險時，政府應即給予公平處遇。本條款不僅要求政府制定法令應在實體上符合公平正義，同時亦要求政府執行法令並應在程序上符合公平正義。是以，如法律僅以人民身分上的特質作為犯罪成立的要件，或政府作成最終裁決前並未給予人民適當的通知或聽證，則其即有違反本憲法有關實體性和程序性正當法律程序規定的可能。

　　至於正當程序所要求給予人民公平處遇的標準，則將隨著政府行為危害或威脅人民生命、自由或財產的強度而相應提高。從而，正當程序在刑

---

❿　Bram v. United States, 168 U.S. 532 (1897).

❿　Miranda v. Arizona, 384 U.S. 436 (1966).

❿　Oregon v. Elstad, 470 U.S. 298 (1985); New York v. Quarles, 467 U.S. 649 (1984).

❿　Tague v. Louisiana, 444 U.S. 469 (1980).

事上的要求，顯然將較其在民事上或行政上的要求更為嚴謹，自不待言。惟政府行為所危害或威脅者，如僅屬人民生命、自由或財產以外的利益，則在解釋上，尚無依憲法正當法律程序條款予以嚴格檢驗的必要⑰。由於美國憲法增修條文第十四條第一項後段亦明定與本憲法增修條文正當法律程序條款完全相同的文字，故本憲法增修條文有關正當法律程序的規定自應經由憲法增修條文第十四條第一項正當法律程序條款的規定而擴及適用於各州，應無疑問。至於正當法律程序條款在美國憲法中的實踐軌跡與運作情形，則留由後文正當程序乙節詳述。

同時，美國憲法增修條文第五條後段並規定，聯邦政府如未支付公正補償 (just compensation)，不得為公共使用而徵收私有財產。此一規定，是為徵收條款 (Takings Clause)。本憲法增修條文關於公正補償的規定，亦經憲法增修條文第十四條第一項正當法律程序條款的規定併入各州憲法內容之中，故而各州政府亦應同受其拘束⑫。易言之，只有在為達成公共目的所必要時，政府始得公用徵收人民的私有財產⑬。

至於政府行為應於何時始得構成對於私有財產的徵收，以及政府所支付的金額應於何時始得構成公正補償，聯邦法院除應依憲法正當法律程序條款的意旨妥為認定以外，系爭私有財產的公平市場價值亦應一併考量。一般而言，對於在公用徵收時受到任何實質侵入或占用，經濟利益受到任何實質阻礙或禁止，以及遂行公共職能的私有財產，無論其是屬永久或暫時的性質，政府均應支付公正補償⑭。但如為防止公共損害所必要，或對於經濟利益並未受到實質限制的私有財產，政府行使公用徵收，無須支付公正補償，是為例外⑮。

---

⑰ STEVEN EMANUEL, CONSTITUTIONAL LAW 206 (Emanuel Law Outlines, Inc. 9th ed. 1991)

⑫ Chicago, Burlington & Quincy Railroad Co. v. Chicago, 166 U.S. 226 (1897).

⑬ Pennsylvania Coal Co. v. Mahon, 260 U.S. 393 (1922).

⑭ Lucas v. South Carolina Coastal Council, 505 U.S. 1003 (1992).

⑮ Nollan v. California Coastal Commn., 483 U.S. 825 (1987).

美國憲法增修條文第六條規定：「於一切刑事追訴程序中，被告應享有由犯罪實施州及地區之公正陪審團迅速及公開審判之權利；其地區應事先依法律確定之，且應享有受告知所指控事項本質及理由之權利；享有與控方證人對質之權利；享有依強制程序取得有利證人之權利；以及享有獲得律師協助辯護之權利。」依據本憲法增修條文前段的規定，聯邦法院應給予刑事被告迅速 (speedy)、公開 (public) 及由公正陪審團公平審判的權利 ⓱。由於本憲法規定經由美國憲法增修條文第十四條第一項正當法律程序條款規定併入各州憲法內容之中，故而各州法院審理刑事案件亦應同受上述規定的拘束 ⓲。

美國聯邦最高法院縱使未曾明確界定迅速審判一詞的意涵，但一般論述均認為，在追訴過程中如遇有類如法院惡意延宕審判或政府嚴重遲延起訴等情事，則有關指控將可能因此而遭到駁回。美國多數州均通過立法明定刑事被告在各個追訴程序接受法院審判的適當時程，用以提供法院關於迅速審判意涵較為明確的準則，例如明定在押被告應儘速受審者是。惟為維護司法獨立及法官自主，法令明定審判時程應屬訓示或建議性質，除非確有重大違失，法官未依所定時程結案，並不當然影響其所作成有關裁決的效力，應予注意。

其次，本憲法增修條文前段亦明定，刑事被告於所有追訴程序中應享有公開審判的權利。公開審判不僅屬於刑事被告於憲法所保證的程序性權利，同時更具公益的性質。由是，法院追訴刑事被告雖不得採取祕密審判方式為之，但被告如自願拋棄公開審判權利而請求法院關閉法庭時，法院

⓱　公平審判 (fair trial) 是由前述憲法正當法律程序條款所衍生屬於刑事被告的程序性權利。依美國聯邦最高法院的見解，在刑事追訴程序中任何行為如有造成偏頗 (prejudice) 的可能，均將致使刑事訴追程序在本質上欠缺正當性，刑事被告接受公平審判的權利亦可能因而喪失。Chandler v. Florida, 449 U.S. 560 (1981).

⓲　Duncan v. Louisiana, 391 U.S. 145 (1968); Klopfer v. North Carolina, 386 U.S. 213 (1967); *In re* Oliver, 333 U.S. 257 (1948); Patton v. United States, 281 U.S. 276 (1930).

仍得基於民眾及媒體知的權利或知情權的考量而駁回所請。惟本憲法增修條文所指稱公開審判權利的主體應僅著重於刑事被告本身，故而如法院經權衡被告權益與公共利益而認為確有關閉法庭的必要時，民眾或媒體尚不得依據此項權利請求法院收回成命 **178**。

同時，美國憲法增修條文第六條前段並強調刑事被告應有接受公正陪審團 (jury) 審判的權利。基於此項憲法保證，美國聯邦最高法院肯定刑事被告如經指控犯有法定刑六個月以上的重大罪名，即應享有由陪審團審判的權利 **179**。關於陪審團的組成人數，美國憲法雖無明文規定，解釋上，為維護陪審團審判的公正性，刑事被告本身除可自由選擇參與審判的陪審員以外，陪審團的組成人數至少應達到足資適當表達有關社群整體思維意識和公平代表相關社區族群或團體分布情形的數額，始足當之。

茲此，聯邦法院明定刑事案件陪審團組成人數應為十二人，而各州法院所規定的組成人數則由六人至十二人不等。但對於陪審團組成人數低於五人以下者，美國聯邦最高法院則認為其欠缺適當代表性，顯然違反憲法增修條文第六條有關由公正陪審團審判的規定 **180**。至於有關陪審團審定被告有罪的表決人數，美國憲法亦無明文規定。美國聯邦最高法院表示，對於刑事被告審定有罪 (guilty)，聯邦法院陪審團應以無異議表決方式為之。換言之，只要其中一名陪審員針對被告有罪的決定提出質疑或投下棄權或反對票，陪審團即不得立即作成審定被告有罪的決議；如對於審定有罪無法形成共識時，法院則應宣告擱置原陪審團的審議，而由另行組成的新陪審團重行審議 **181**。惟州法院以四分之三特別多數決議審定被告有罪，尚未違反憲法增修條文第六條由公正陪審團審判的本旨。但陪審團組成人數如

---

178 但新聞媒體依憲法增修條文第一條所保證言論自由及新聞自由請求法院准允隨庭旁聽，則不屬公開審判權利的保障機制。Globe Newspaper Co. v. Superior Court, 457 U.S. 596 (1982); Richmond Newspapers, Inc. v. Virginia, 448 U.S. 555 (1980).

179 Baldwin v. New York, 399 U.S. 66 (1970).

180 Ballew v. Georgia, 435 U.S. 223 (1978); Williams v. Florida, 399 U.S. 78 (1970).

181 Apodaca v. Oregon, 406 U.S. 404 (1972).

為六人時，則仍應以無異議表決方式為之為宜，是應注意⑱。

　　美國憲法增修條文第六條後段除明定刑事被告應享有受告知所指控罪名本質及理由的程序性正當法律程序權利以外，並規定刑事被告於一切刑事追訴程序中亦應有與控方證人對質及依強制程序取得有利證人的權利。上述憲法規定，經由美國憲法增修條文第十四條第一項正當法律程序條款的規定併入各州憲法內容之中，故而各州法院審理刑事案件亦應同受上述規定的拘束⑱。茲此，刑事被告於審判中當面與指控者對質 (confrontation) 及依法院強制程序 (compulsory process) 強制證人出庭作證的權利，均應受到憲法周延的保障。

　　美國憲法保障刑事被告得與不利己控方證人當面對質的目的，乃在藉由交互詰問程序檢驗證人證詞的可信度及可靠度，俾使法官及陪審團在客觀衡量證人態度及對於被告一切有利及不利的證詞以後，得客觀判斷各種證據的證據力及證明力⑱。為維護刑事被告的對質權利，控方證人不應匿名作證，其應公開真實姓名及住所，以利被告隨時查詢，在當事人公平對等的對審機制下，做好推翻證人證詞的萬全準備⑱。惟刑事被告的對質權利亦非絕對，如被告在審判程序中所為行為或所表現態度如確有不當情事，法院非不得限制其關於與控方證人對質的權利，例如被告經常不到庭，法院得逕予認定其有拋棄對質權利的意思者即是⑱。此外，為保護被害人隱私或身心安全，或控方證人業已死亡時，法院亦將於特定場合允許對造提示事前所具結錄製的影像取代證人實際出庭作證，或以閉路電視或遠距即時影像等方式允許對造證人於法庭外與刑事被告進行對質。凡此，均屬本憲法增修條文所定刑事被告對質權利的例外。

⑱　Burch v. Louisiana, 441 U.S. 130 (1979); Johnson v. Louisiana, 406 U.S. 356 (1972).

⑱　Klopfer v. North Carolina, 386 U.S. 213 (1967); Pointer v. Texas, 380 U.S. 440 (1965).

⑱　California v. Green, 399 U.S. 149 (1970).

⑱　Smith v. Illinois, 390 U.S. 129 (1968).

⑱　Taylor v. United States, 414 U.S. 17 (1973).

　　基於刑事被告在憲法上所享有依法院強制程序強制利己證人出庭作證的權利，在刑事訴追程序中政府偵審機關所得利用的一切資源與設施，刑事被告亦得在當事人武器平等的對立機制下適當使用之，例如被告得聲請法院簽發傳票強制傳喚有利證人到庭作證者即是❽。同時，刑事被告取得有利證人的權利，亦包括刑事被告於訴追程序中善盡攻擊防禦言詞辯論的權利，是以，如法官於審判程序中出言不遜導致有利於刑事被告的證人停止作證時，則刑事被告善盡攻擊防禦言詞辯論的權利勢將受到限制，如此，不僅其未盡符合本憲法增修條文意圖建立平等對立刑事訴追機制的本意，同時亦將明顯違反憲法增修條文第五條後段及憲法增修條文第十四條第一項正當法律程序條款的有關規定，是應注意❽❽。

　　美國憲法增修條文第六條後段並規定，刑事被告在一切訴追程序中享有獲得律師協助辯護的權利。上述憲法規定，亦經由美國憲法增修條文第十四條第一項正當法律程序條款的規定併入各州憲法內容之中，故而各州法院審理刑事案件亦應同受上述規定的拘束❽❽。刑事被告獲得律師協助辯護的權利，將不因其所犯罪名是為重罪或為輕罪而有差異，亦不因其是否具有聘請律師的資力而有不同，只要刑事被告所受指控的罪名是屬有期徒刑一年以上者，均可受到本憲法增修條文有關由律師協助辯護規定的保障❾❾。刑事被告如受指控曾犯有期徒刑一年以上的罪名而未能獲得律師全程協助者，其縱經追訴程序認定有罪，法院仍不得將其科處有期徒刑以上的制裁。同時，對於被指控曾犯有期徒刑以上罪名的無資力被告，如政府未能於全程訴追程序中提供律師為其辯護者，法院亦不得科處其有期徒刑以上的制裁❾❽。為確保刑事被告完整享有律師有效辯護的權益，如律師專業知能低於正常水平，或其辯護能力的欠缺足以影響判決結果者，則被告

---

❽　Washington v. Texas, 388 U.S. 14 (1967).

❽❽　Webb v. Texas, 409 U.S. 95 (1972).

❽❾　Gideon v. Wainwright, 372 U.S. 335 (1963).

❾　Arger-Singer v. Hamlin, 407 U.S. 25 (1972).

❾❶　Scott v. Illinois, 440 U.S. 367 (1979).

亦得以其在憲法上獲得律師協助辯護的權利受到限制為理由，請求法院撤銷審定其為有罪的裁判。

美國憲法增修條文第七條規定：「在普通法上之訴訟，如爭執標的逾二十元者，其接受陪審團審判之權利應予維護，經陪審團審定之事實，不得於任何合眾國法院再予斟酌。但依普通法規則另有規定者，不在此限。」此一規定，明定民事訴訟案件在憲法上的程序性權利，包括由陪審團審判及一事不再理原則的確認等。由於本憲法增修條文的規定尚未經由憲法增修條文第十四條第一項正當法律程序條款的規定順利併入各州憲法內容之中，故而有關民事訴訟正當法律程序在各州憲法中應如何實踐的問題，則留由各州自行決定之，解釋上，聯邦憲法均將予以尊重。

美國憲法增修條文第八條規定：「不得要求過多之保釋金，不得科以過度之罰金，亦不得處以殘酷及不尋常之制裁。」本憲法增修條文有關禁止殘酷及不尋常制裁的規定，迭經由憲法增修條文第十四條第一項正當法律程序條款的規定而順利併入各州憲法內容之中，故而各州亦應同受本憲法增修條文有關禁止殘酷及不尋常制裁規定的拘束 ⑲ 。對於殘酷及不尋常制裁的意涵，本憲法增修條文雖無明文規定，但解釋上，只要政府所實施的制裁與刑事被告所犯下的罪名顯不相當或顯然不成比例者，或制裁方式欠缺人道關懷或不易為一般人民所認同者，均屬憲法所指稱殘酷及不尋常制裁的性質，例如任由受刑人饑餓至死或以類如電擊、窒息等不人道方式對於受刑人實施制裁等均是。

近年來，基於國際人權法律及人道主義理念的發展與重視，殘酷及不尋常制裁的認定似有逐漸擴大的趨勢，甚而有鼓吹死刑本身即屬殘酷及不尋常制裁的論述。美國各州認同類此看法者，均已通過立法廢除該州死刑的設置。由是，本憲法增修條文有關禁止殘酷及不尋常制裁的規定，對於人民生命、自由及財產等基本權利的保障而言，其重要性不容忽視。

由於交付保釋金換取自由究非屬人民基本權利的性質，故其有關禁止過多保釋金規定經由憲法增修條文第十四條第一項正當法律程序條款併入

---

⑲　Robinson v. California, 370 U.S. 660 (1962).

各州憲法內容中的迫切性乃因而相對降低。與之類似者，本憲法增修條文有關過度罰金的規定亦應與前述過度保釋金的情形相同，其併入各州憲法內容的迫切性，亦非如人民在刑事追訴程序中所應享有的重要程序性權利來得明顯。是以，各州如何依其憲法規定詮釋過多或過重的意涵，乃屬其自為認定的問題，聯邦法院對此亦應予以尊重。

美國憲法增修條文第九條規定：「憲法列舉特定權利，不得解釋為否定或貶抑人民所保有的其他權利。」此一規定，除與美國憲法增修條文第十條前後呼應共同保證各州權力免受聯邦權力的侵犯以外，並用以概括保障人民所得享有不以憲法所明定者為限的一切基本自由及權利。誠然，美國聯邦最高法院歷任大法官對於制憲者制定美國憲法增修條文第九條規定的本意究竟是單純為防止州權受到聯邦權力的侵害或是為概括保障人民其他基本自由權利的問題雖仍存有歧見，但一般論述均肯定，從美國憲法增修條文第九條的文字及制定歷史觀察可知，制憲者乃相信同受憲法保障的其他基本權利，應與美國憲法增修條文第一條至第八條所明示列舉的各種基本自由權利共存。

本憲法增修條文雖不得作為保障人民基本權利免受政府侵害的唯一依據，但其確能提供法院解釋憲法類如正當法律程序條款有關自由權規定的基礎。茲此，在婚姻關係中為憲法所未列舉的隱私權，即屬美國憲法增修條文第九條有關規定所概括保障為人民所保有的其他基本權利[193]。自由權理念及人民應受憲法保障的各種基本權利，諸如自主權和婚姻權等正當程序自由權 (due process liberties)，以及諸如投票權和旅行權等平等保障自由權 (equal protection liberties) 等等，在此乃得以配合憲法本文及增修條文等相關內容而獲得自由揮灑與適度拓展的空間。

---

[193]　Griswold v. Connecticut, 381 U.S. 479 (1965).

❖ 第二節　正當程序 ❖

第一項　概　說

　　如前所述，美國憲法有關正當法律程序的規定明定於二處，一處位在美國憲法增修條文第五條後段，一處則位在美國憲法增修條文第十四條第一項後段，前者用以限制聯邦政府權力，後者則用以規範州政府。惟二者規範對象縱有不同，其所規定政府「非依正當法律程序，不得剝奪人民生命、自由或財產」等文字則並無二致。是以，一般論述均將此二處憲法規定合稱為正當程序條款 (Due Process Clause)，本書從之。

　　美國憲法正當程序的概念，起源於西元一二一五年英國大憲章 (Magna Carta) 英王對於臣民所承諾的內容，其第三十九條規定：「非依其封爵合法審判或依國家法律，自由人不得被逮捕、拘禁、奪取不動產、褫奪公權、放逐或受到其他之迫害。」本規定有關非依法定程序不得剝奪人民生命、自由或財產的保證，雖可大大限縮英王對於人民至高無上的統治權力，但其對於英國國會將制定何種國家法律，則卻無法行使有效的制約與監督。因之，縱使英國國會制定法律明定英王得對任何其母親本姓起始於字母 "V" 的人民實施拘禁，大憲章前揭條文仍不得在實質上對於類此規定產生任何反制的作用。

　　由是，英王在大憲章第三十九條中對於人民所立下的承諾，雖非形同具文，但人民所獲得關於其生命自由財產的保證非如預期，則是一項不爭的事實。從而，就本條文實證運作情形觀察，單依國家法定程序本身，似不足以完整保證人民的生命、自由或財產免受政府的恣意侵害。故而，為有效抑制政府濫權及周延保障人民自由權利，一個上位於法定程序且得以拘束國會甚至英王統治的概念乃卓然形成，並自十七世紀開始在英國殖民地北美十三州各角落逐漸成長苗壯。

　　與西元一三三五年英王愛德華三世所頒布倫敦西敏寺自由權條例第三

章第二十八條有關「任何人無分階級或地位，其提問非依正當法律程序，不得被逐出家園或承租地，不得被逮捕，剝奪繼承權，或處以死刑」的規定類似，西元一六四一年麻薩諸塞灣自由權通則及美國獨立革命前後北美殖民地各州的憲法，多有關於正當法律程序的規定。殆至西元一七九一年正當法律程序文字經美國憲法增修條文第五條後段正式引用並寫入美國憲法內容以後，各州憲法紛紛起而效尤，陸續將正當法律程序文字定調於各自憲法之中，直至西元一八六八年美國憲法增修條文第十四條規定經各州認可且正式生效以後，正當程序條款不僅已成為美國聯邦及各州崇尚人性尊嚴及提倡基本自由的表徵，同時亦成為聯邦及各州憲法所共同擁有保障人民免受政府不當侵害最堅固的磐石。

惟「依國家法律」等語雖為「依正當法律程序」等文字所取代，但二者在字面上和文義上的模糊性及不確定性則卻無分軒輊。對於何謂正當及何種程序方屬正當等問題，美國憲法並未作成較為明確的解釋，是為立法上的疏漏，抑或是制憲者預留空間以保持日後在適用上的彈性，則不無疑義。如將美國憲法正當程序條款解釋為與英國大憲章依法定程序規定具有相同的意涵，亦即政府只要依據國會所明確制定的法律剝奪人民的生命、自由或財產，即屬符合憲法正當程序條款的要求，則如此結果是否盡符制憲者制定本憲法規定的本意，亦非無疑問。

美國憲法起草人詹姆士麥迪遜即表示，「正當程序條款制定的目的，乃在防止政府立法或行政部門僭越分際侵害人民權利，法院則是維護本憲法條款的守護者。由於正當程序原則旨在抑制政府立法和行政部門的恣意專擅與危害人權，故而給予正當程序條款在解釋上相當程度的彈性則屬確有必要。法院應隨時注意社會經濟的變遷與需求，以確定正當程序條款的意涵與適用準則」[194]。

針對憲法正當程序條款應如何解釋的問題，美國聯邦最高法院於西元一八五六年 Murray's Lessee v. Hoboken Land & Improvement 一案中表示，憲法正當程序條款除約束政府的立法權以外，並同時約束政府的行政權和

[194]　Annals of Congress, Vol. 1, 1st Congress, 1st and 2nd Sess., p. 439.

司法權，是故，立法權不能任意制定其所設想的程序乃至為明顯。由於本條款不得解釋為容許國會可單獨依其意願任意使任何程序成為正當法律程序，從而，依據國會所制定的法律剝奪人民的生命、自由或財產，並不當然符合憲法增修條文第五條後段所明定正當程序條款的要求 ⑱。上述原則，在各州依據美國憲法增修條文第十四條第一項後段正當程序條款約束其立法權時，亦有相同的適用 ⑲。

　　換言之，正當程序條款乃是憲法針對政府權力行使所設置的一個獨立監督機制，其所保證者，不僅是政府剝奪人民生命、自由或財產應依國家法律或依法定程序為之，同時，其亦保證政府剝奪人民生命、自由或財產所依憑的國家法律或所依循的法定程序，均能確實符合憲法上關於實現法律公平正義所不可或缺的各種上位概念及原理原則。

　　就美國憲法實證運作情形觀察，正當法律程序條款是以實體性及程序性兩種截然不同的形式拘束政府有關剝奪人民生命、自由或財產的行為。實體性正當程序 (substantive due process) 要求政府所制定的法律應屬公平合理，且應有適當理由足資正當化政府剝奪人民生命、自由或財產的行為。程序性正當程序 (procedural due process) 則要求當政府執行剝奪人民生命、自由或財產的法律時，應符合視為公平的法律程序，例如給予當事人合理通知及陳述機會等是。由於前述二種憲法正當程序理論分別行使各自獨立的監督機制，故而當政府執行某項關於剝奪人民生命、自由或財產的法律時，縱使其已給予當事人合理通知及公平申辯機會符合憲法程序性正當程序的要求，該項法律仍將因其在實體上欠缺公平與合理而違反憲法實體性正當程序的要求；反之，亦然。

　　更有甚者，縱使政府行使權力並未明顯侵犯人民在憲法上所保證的任何自由及權利時，實體性正當程序仍將超越憲法內容以外，獨立保障人民的生命、自由或財產。在此，對於系爭政府行為是否違反憲法實體性正當程序的問題，法院原則上將以下述兩種檢驗基準予以審查。一般而言，如

---

⑱　Murray's Lessee v. Hoboken Land & Improvement, 59 U.S. (18 How.) 272 (1856).

⑲　Davidson v. New Orleans, 96 U.S. 97 (1878).

其所涉及者僅屬類如財產保障、契約自由、貿易或職業自由等經濟性自由權益，或基本自由權以外人民其他非經濟性自由權益的侵害時，法院將以合理檢驗基準予以審查；但如其所涉及者是屬生命保障、婚姻自由或身體自由等人民非經濟性個人基本自由權益的侵害時，法院則將以嚴格檢驗基準予以審查。惟在某些場合，法院亦將運用由嚴格檢驗基準所轉型的各種變異取向，審查涉及憲法所未列舉但蘊涵於憲法之中的各種基本自由權利，例如法院於審查婦女自主墮胎權益時即是。

第二項　實體性正當程序

第一款　經濟性正當程序

依前所述，經濟性正當程序 (economic due process) 應是指法院於適用憲法正當程序條款保障人民財產及防止契約自由、貿易或職業自由等人民經濟性自由權益遭受侵害時所形成的正當程序原則；與之相對者，非經濟性正當程序 (noneconomic due process) 則是指法院於適用憲法正當程序條款保障人民生命及防止婚姻自由或身體自由等人民非經濟性基本自由權益遭受侵害時所形成的正當程序原則。上述二種適用取向乃基於人民在生命、自由或財產上各種自由權利所體現憲法核心價值的差異，而分別以不同基準審查政府對於人民自由權益現時或潛在的侵害，且置重點於人民基本權利的保障之上，其適當詮釋憲法正當程序有關公平合理與正義的完整意涵，對於人民在憲法內容以外新興基本權利的發展亦產生啟蒙與促進的作用。

自早期實證情形觀察，關於人民經濟性或非經濟性自由權利的保障，憲法正當程序條款在適用上並無甚大區別。事實上，美國聯邦最高法院於西元一八五六年在首次揭櫫憲法實體性正當程序概念的 Dred Scott v. Stanford 一案中即表示，由於財產與自由並列於權利法案之中，故私有財產應享有與個人自由相同層次的保障❿。其後，美國聯邦最高法院在部分判

---

❿　Dred Scott v. Stanford, 60 U.S. (19 How.) 393 (1856).

決中雖曾出現不同的看法，但上述有關經濟性權益應與人民基本權利享有相同層次保障的態度，則仍主導日後聯邦最高法院對於相關案件的審理長達至少半個世紀以上❶⑱。

　　其中最令人矚目者，當推美國聯邦最高法院對於人民契約自由 (liberty to contract) 的肯認與保障。美國聯邦最高法院於西元一八九七年在 Allgeyer v. Louisiana 一案中及於西元一九一五年在 Coppage v. Kansas 一案中曾明確闡示契約自由的意義及其重要性。聯邦最高法院表示，締結契約的自由是人民取得、使用和處分財產及謀求生計適當且必要的基礎，由於契約自由蘊涵於憲法正當程序條款有關保障私有財產權的意涵之中，故人民依自由意志締結契約合同的權利亦應同受憲法正當程序條款的保障❶⑲。由是，基於上述完全保障說，系爭權益無論是否確經憲法所明示，類如契約自由等蘊涵於憲法正當程序條款中的所有經濟性自由權利，均應受到憲法周延且完整的保障。至於契約自由是否確屬人民基本自由權利的性質，則不影響聯邦法院對於該項自由所提供的保障層次。

　　由於深受當代英國傑出社會達爾文學派 (Social Darwinist) 哲學家赫伯史班塞 (Herbert Spencer) 和十九世紀末葉產業革命的影響，美國聯邦最高法院於西元一九〇五年在 Lochner v. New York 一案中所堅持保障契約自由勝於工人健康的立場，更使得聯邦法院對於憲法經濟性正當程序意涵的解釋取向，邁向另一個嶄新的紀元。聯邦最高法院表示，紐約州 (New York)

❶⑱　聯邦最高法院在 Munn v. Illinois, 94 U.S. 113 (1877) 一案中即主張經濟性權益不受法院的特別保障。州經濟性法令縱有逾越，為防止立法者濫權，人民應訴諸選票而非法院。聯邦最高法院在 Slaughter-House Cases, 83 U.S. (16 Wall.) 36 (1873) 一案中亦採取相同的看法。但其在 Mugler v. Kansas, 123 U.S. 623 (1887) 一案中則主張，於州行使治安權時，法院應有檢視事物實體的神聖職責。如法律與其目的之間顯無實際或實質的關連，或對於基本法律所保障的權利顯有侵犯時，則法院應有裁決並給予憲法上效果的責任。聯邦最高法院在本案的態度顯有轉向，對於先前高抬貴手不沾鍋的態度亦有所修正，似又回到其於西元一八五七年在 Dred Scott 一案中所建立關於實體性正當程序的主流概念。

❶⑲　Allgeyer v. Louisiana, 165 U.S. 578 (1897); Coppage v. Kansas, 236 U.S. 1 (1915).

有關為保障烘焙師傅健康而明定每日工時超過十小時或每週工時超過六十小時的聘僱契約為不法的規定，由於其不合理非必要且獨斷地妨礙人民有關締結自認適當或必要的勞工契約的權利，且由於限制工時的手段與該州治安權保障受僱人健康的目的之間，並未存在直接的關連或並未對於受僱人的健康產生任何實質的效果，故其違反憲法正當程序條款乃至為明顯。

甚且，基於社會達爾文學派有關物競天擇弱肉強食的論述，聯邦最高法院對於政府試圖補救勞工財富及協商地位不平等現象的努力亦在本案中一併予以否決。聯邦最高法院強調，本案所涉及者，僅是一個單純的勞工法令，其真實目的只不過是在規範雇用人與受僱人之間所自訂的工時而已。除非政府制定此項規定是在其治安權行使範疇之內且以提昇公益為目的，否則類此規定均應歸於無效❷⓪⓪。

基此，人民以享有完整的契約自由為原則，僅有在少數極為稀少的情形，始得准允立法者依其立法權限予以適當規範之❷⓪❶。在進入西元一九三〇年代以前，美國聯邦最高法院均依循 Lochner 一案所建立有關經濟性正當程序的解釋取向，審理涉及人民經濟性權益的相關案件。對於類如為公眾健康、安全等目的顯屬必要的法令，或規範獨占企業、公共實業及其他被視為影響公共利益事業的有關措施，聯邦法院均將予以肯認；但對於其他妨礙契約自由類如規範工資工時、保障集體協商或規定產業價格等不影響公共利益的法令，聯邦法院則將予以否決。

西元一九三〇年代中期，美國面臨空前經濟大蕭條窘境，聯邦法院逐漸意識到政府管制經濟活動促進國家整體發展的重要，故轉而對於上述完全保障解釋取向陸續作成若干程度的檢討與修正。美國聯邦最高法院於西

---

❷⓪⓪ Lochner v. New York, 198 U.S. 45 (1905). 霍姆斯大法官 (Justice Oliver W. Holmes) 在本案的不同意見書中則認為，憲法究非以植入特定經濟學說為目的，法院應依據正當程序條款對於政府所涉及自由權的事項給予高度的尊重。此一見解，促成日後聯邦最高法院決定在經濟性自由權利上適用合理檢驗基準予以審查的結果。

❷⓪❶ Adkins v. Children's Hospital, 261 U.S. 525 (1923).

元一九三四年在 Nebbia v. New York 一案中即表示，政府對於包括乳酪業
在內任何事業所訂定的價格規則均屬潛在有效，任何妨礙契約自由的法令
亦可推定尚未違反憲法正當程序條款的規定，在有強勢反證推翻前述合憲
性推定以前，該類法令均屬有效[202]。美國聯邦最高法院於西元一九三七年
在 West Coast Hotel Co. v. Parrish 一案中更進一步表示，契約自由雖仍屬憲
法應予保障的自由權之一，但尚不及於應受法院特別保障的基本自由權的
地位。適用於社區利益的有關法令如與其所欲達成的目的之間存在合理的
關連，該項法令即屬符合憲法正當程序的要求[203]。

　　很顯然地，美國聯邦最高法院在感同身受國家面臨重大經濟困局以後，
已對於先前所堅持獨樹契約自由而忽略政府依公益保障弱勢團體的態度作
成相當重大的轉向。在此，公益 (public good) 的概念，與在 Lochner 一案所
闡述者相比，似乎有較為擴大的趨勢。是以，剝削某些地位不平等勞工團
體協商權能致使其抗爭工資不敷生活所需的能力相對喪失，不僅將損及該
群勞工本身的健康與福祉，同時更將對於其支持整體社區的能力造成直接
的負擔。此一現象，正是美國經濟大蕭條期間所確曾發生的情況。從而，
政府介入經濟活動是否符合公益要求，不僅應從形式面觀察其所牽涉的團
體是否普遍，同時更應從實質面探究其所影響的層面是否廣泛。如政府基
於整體公益考量限制類如契約自由等經濟性自由權利時，法院將對於政府
所作成的決定給予實質的尊重，除推定其為有效以外，並採取合理檢驗基
準予以審查。

　　美國聯邦最高法院於西元一九三八年在 United States v. Carolene
Products Co. 一案中首度適用合理檢驗基準審查政府有關侵害人民財產權
益及妨礙人民契約自由的行為。在本案中，原告生產者主張聯邦法令獨斷
及不合理地排除非乳酪奶品流通於州際商務的規定致損害其財產價值及妨
礙其與外州購買者締結契約的自由，系爭法令因而違反憲法實體性正當程
序的規定。惟聯邦最高法院表示，如政府制定法令是以立法者在其知識經

---

[202]　Nebbia v. New York, 291 U.S. 502 (1934).

[203]　West Coast Hotel Co. v. Parrish, 300 U.S. 379 (1937).

驗範圍內所形成合理基礎為依據，則基於憲法實體性正當程序的規定，任何影響一般商業交易的法令均屬有效。為使系爭法令維持有效推定的合法地位，縱使在欠缺制定法令真正目的的場合，聯邦法院仍得假設該項法令應有一個想像得到的合法目的。至於立法者是否曾經指明法令制定的確定目的或達成目的的具體基礎，則均可在所不問❷⁰⁴。

　　換言之，法令的真實目的和該法令在事實上是否確能達成上述目的，已非法院審查此類政府行為的重點。聯邦法院所需考量者，僅僅在於是否存在一個合法目的足使一位合理立法者認為系爭法令應可達成上述目的而已❷⁰⁵。自聯邦最高法院在前述經濟性自由權利方面對於立法、行政二大對口部門寄予高度尊重的態度觀察，其似乎又回過頭來採行十九世紀末葉曾曇花一現短暫主導聯邦法院針對經濟性自由權利案件所採取的高抬貴手不沾鍋的審理模式。其是否合乎時宜，則仍值得觀察。

　　此外，嚴格區分經濟性自由權利和非經濟性自由權利亦非易事。某些類如追求生計等類型的經濟性自由，或某些類如不動產或基本薪資等類型的財產，對於眾所矚目的個人自由權的實現而言，確屬重要。是故，聯邦法院僅以合理檢驗基準審查涉及經濟性自由權利的侵害，而卻大張旗鼓地以嚴格檢驗基準審查涉及非經濟性個人自由權利的侵害，其實用價值如何，亦有待檢討。

　　誠然，正如美國聯邦最高法院史都華大法官 (Justice Potter Steward) 所言，以二分法分隔個人自由權與財產權是個錯誤的作法。財產本身不享有權利，人民才是權利的所有者。享有財產不受非法剝奪的權利，不論系爭財產是為福利給付、不動產，或為儲蓄存款，其與享有表意或旅行的權利相同，均屬個人的權利。實際上，基本相互依存性確實存在於個人對於自由的權利與個人對於財產的權利二者之間。任何一方失去對方均將顯得毫無意義❷⁰⁶。如何放寬基本權利所涵攝的意涵，以及擴大適用憲法實體性正

---

❷⁰⁴　United States v. Carolene Products Co., 304 U.S. 144 (1938).

❷⁰⁵　Williamson v. Lee Optical, Inc., 348 U.S. 483 (1955).

❷⁰⁶　Lynch v. Household Fin. Corp., 405 U.S. 538 (1972).

當程序有關個人自由權的保障機制，似乎已成為當代美國聯邦最高法院所
面臨最重要的一項課題。

第二款　非經濟性正當程序

　　美國聯邦最高法院於西元一八九七年在 Allgeyer v. Louisiana 一案中，
即曾為界定憲法正當程序條款所指稱自由權 (liberty) 一詞的意涵，除肯認
若干在憲法上的經濟性非明示自由權利 (unenumerated liberties interests) 類
如契約自由和講學自由以外，並列舉其他在憲法上的非經濟性個人自由權
利類如身體自由、才能自由、工作自由和居住自由等。凡此蘊涵於憲法正
當程序條款中的自由權利，與憲法所明示列舉的基本權利相同，均受憲法
正當程序條款完整及周延的保障❼。美國聯邦最高法院於西元一九二三年
在 Meyer v. Nebraska 一案中更進一步指出，獲取知識、締結婚姻、建立家
庭和撫養子女等權利，長久以來業經普通法認定是為自由人正當追求幸福
的基礎，故而亦應同受憲法正當程序條款的保障❽。

　　概括言之，在二十世紀初葉，美國聯邦最高法院由於受到前述 Lochner
一案所建立經濟性和非經濟性自由權利完全保障不予區隔原則的影響，對
於經濟性和非經濟性自由權利的肯認與發展是採取兼籌並顧，並行不悖的
態度。對於非憲法所明示列舉的自由權利，聯邦最高法院除應認定其是否
包攝於憲法正當程序條款自由一詞的意涵以外，並將法院所認定應受憲法
保障的非明示權益提昇至基本權利的位階，用以使其享受司法嚴格基準特
別保障的庇蔭。換言之，不論是屬於經濟性自由權利的性質，或是屬於個
人或非經濟性自由權利的性質，美國聯邦最高法院均以實體性正當程序理
論為基礎，審查政府對於人民此類非明示自由權利的侵害。

　　惟自西元一九三〇年代末期開始，由於聯邦最高法院揚棄過往以實體
性正當程序理論介入干涉經濟性領域的取向，致使在 Lochner 一案時代所

---

❼　Allgeyer v. Louisiana, 165 U.S. 578 (1897).

❽　Meyer v. Nebraska, 262 U.S. 390 (1923).

行使經濟性和非經濟自由權利完全保障不予區隔的作法亦受到相當程度的
影響。美國聯邦最高法院於西元一九三八年在 United States v. Carolene
Products Co. 一案中即表示，侵害契約自由的法律僅須受到法院合理檢驗基
準的審查即可。但首席大法官哈蘭史東 (Chief Justice Harlan Fiske Stone) 在
本案註腳四的附帶意見中亦指出，除非屬於下列三種例外情事之一，否則
合理檢驗基準對於其他涉及非明示自由權利的法律亦有適用的餘地：第一，
當系爭法律明顯存在於憲法所特別限制的範疇之內時，例如憲法增修條文
第一條至第十條所明定的自由權利等是；第二，當系爭法律涉及限制一般
可預期將引致廢止類如侵害投票權等不當法律結果的政治過程時；以及第
三，當系爭法律是以因偏頗致無法經由一般政治過程實施自我保護的少數
族群為目的時❷⓿⑨。

依據美國聯邦最高法院在上述案件中的態度，除第二種及第三種例外
情事在憲法平等保護條款領域內可發揮保障實效以外，能使聯邦法院依憲
法正當程序條款啟動較嚴格檢驗基準審查政府對於人民自由權利侵害的事
項，恐怕只有憲法權利法案所特別列舉的各種明示自由權利而已。如此，
不論其是屬於經濟或個人的性質，各種自由權利均將依其是否為憲法所明
示列舉或非憲法所明示列舉而切割為兩大類型，前者可充分享受法院嚴格
檢驗基準的特別保障，後者則僅可受到法院合理檢驗基準最低層次的保障。
美國聯邦最高法院在憲法非明示自由權利方面揚棄 Meyer 及 Pierce 等案
所採取實體性正當程序的保障取向，對於人民基本自由權利的完整守護與
整體發展而言，其前瞻性與開創性實令人憂心。

聯邦法院對於侵害人民在經濟上和財產上自由權利的法律，始終維持
其於西元一九三〇年代末期在 Carolene Products Co. 一案所建立拒絕提供
實體性正當程序完全保障的消極取向，亦即僅以合理檢驗基準審查政府所
為涉及經濟性自由權利侵害的行為。但對於個人自由權利領域的保障取向
方面，聯邦法院在西元一九六〇年代中期則明顯出現大逆轉的現象，直至
今日仍未見有任何鬆動的趨勢。

❷⓿⑨ United States v. Carolene Products Co., 304 U.S. 144 (1938).

　　美國聯邦最高法院於西元一九六五年在 Griswold v. Connecticut 一案中明確表示，康乃迪克州 (Connecticut) 明定使用或建議他人使用避孕器為不法的法令，因其妨礙已婚配偶的隱私權 (right of privacy) 及產生允許政府侵入夫妻床笫神聖領域的效果，故而違反憲法正當程序條款。聯邦最高法院於本案所肯認的婚姻隱私權 (right of marital privacy)，雖非屬憲法所明示列舉的任何自由權利，但其卻存在於經由若干基本憲法上保證諸如憲法增修條文第一條、第三條、第四條及第五條等內容綻放形成的保護傘所創設的隱私權的範圍之內。

　　是以，聯邦法院應採取極端嚴格的檢驗基準審查系爭限制避孕器使用的州法令，與審查政府侵害人民在憲法上所享有各種明示自由權利的情形並無不同❷⓵。自此，實體性正當程序的保障，乃在個人自由權利領域方面獲得了重生的機會。大法官道格拉斯 (Justice William O. Douglas) 於本案中更明確宣示，法院絕不站在太上立法者的地位，審查有關涉及經濟問題、營業事務或社會情況等法律的智慧、必要性及妥當性。

　　在 Griswold 一案中，道格拉斯大法官雖信誓旦旦地提出上述保護傘綻放論 (penumbras and emanations theory)，用以肯認若干未經憲法明示的個人自由權亦確實存在於憲法的整體內涵之中，但並非所有大法官均同意道格拉斯的論點。大法官郝蘭 (Justice John M. Harlan) 在本案的協同意見書中即表示，婚姻隱私權乃不偏不倚地存在於憲法增修條文第十四條正當程序條款所指稱自由權一詞的意涵之中，引述權利法案中的任何其他規定均屬畫蛇添足。由於婚姻隱私權蘊涵於正當自由權的概念之內，故其當然應受憲法嚴密完整的保障。大法官懷特 (Justice Byron R. White) 在其協同意見書中亦採取與郝蘭相同的看法。

　　此外，大法官葛博 (Justice Arthur J. Goldberg) 則認為，由於未經憲法明示列舉的婚姻隱私權實屬憲法增修條文第九條所指稱為人民所擁有的其他

---

❷⓵　Griswold v. Connecticut, 381 U.S. 479 (1965). 依據道格拉斯大法官的論述，婚姻隱私權乃隱含於憲法增修條文第一條的結社權，增修條文第三條及第四條的住所保障，以及增修條文第五條不自證罪行的保證等有關內容的庇蔭之下。

個人基本權利，故為防止州政府的侵害，其應同受憲法增修條文第十四條正當程序條款完整及周延的保障。首席大法官華倫 (Chief Justice Earl Warren) 和大法官布蘭寧 (Justice William J. Brennan) 亦贊成此一看法。惟儘管各席大法官在本案中對於非明示自由權在憲法中實體存在的基礎或許容有若干不同的意見，但強調對於憲法明示自由權所實施的實體性正當程序的嚴密保障取向，應同樣澤被於所有經法院肯認或創設的個人基本自由權利的態度，則尚屬口徑一致，其對於日後美國在個人基本權利的保障與發展進程而言，其影響力不可忽視。

在 Griswold 一案以後，憲法上隱私權一詞的意涵，已因聯邦法院所確認實體性正當程序特別保障取向的運作，而使其遠遠超過前述夫妻決定使用生育控制的自由而已。申言之，隱私權不僅擴及適用於未婚的成年人及未成年人，同時更延伸其觸角至其他有關生殖、墮胎、醫療、婚姻或家庭等個人自主權利 (right of personal autonomy) 的保障[211]。

歸納言之，聯邦法院採取以下五點步驟審定系爭權益是否應受憲法實體性正當程序的特別保障。第一，所涉權益是否堪為憲法正當程序條款所保障的自由權？一般而言，除少數例外情事以外，任何形式的個人自由權利均可享有憲法正當程序條款最低層次的保障。第二，所保障自由權是否堪稱基本？唯有基本權利始可受到憲法正當程序條款高度標準的特別保障。第三，妨礙基本自由權的系爭法律是否以相當嚴屬方式對於該項自由權進行侵害或造成其過度負擔致有發動嚴格檢驗基準予以審查的必要？單純微小的侵害實不足以啟動嚴格檢驗機制予以特別保障。第四，如基本自由權業經侵害或對於基本自由權造成過度負擔，系爭法律是否確可在實質上達成一項優勢性政府利益？第五，政府是否選擇負擔最少的手段以達成上述優勢政府利益？

---

[211]　Zablocki v. Redhail, 434 U.S. 374 (1978); Carey v. Population Services International, 431 U.S. 678 (1977); Whalen v. Roe, 429 U.S. 589 (1977); Roe v. Wade, 410 U.S. 113 (1973); Eisenstadt v. Baird, 405 U.S. 438 (1972); Loving v. Virginia, 388 U.S. 1 (1967).

　　上述第四點及第五點步驟乃為嚴格檢驗基準的運作內容，除非政府證明其所為措施是為達成優勢政府利益所必要且是損害最少的手段，否則系爭法律即屬違反憲法正當程序條款的規定。然而，聯邦法院在前述第一點至第三點步驟的審定過程中如無法獲得肯定的答覆，則憲法實體性正當程序高度標準的特別保障取向將不予以啟動。在此，聯邦法院對於系爭法律僅採取合理檢驗基準取向予以審查，即為已足❷。例如美國聯邦最高法院認為包括醫師協助病人自殺在內的死亡權 (right to die)，尚非憲法實體性正當程序條款所應以高度標準行使特別保障的基本自由權者即是❷。

第三項　程序性正當程序

第一款　自由及財產利益

　　一般而言，程序性正當程序理論乃是要求政府在剝奪人民生命、自由或財產等相關權益以前，應給予當事人合理通知 (notice) 及陳述機會 (opportunity to be heard)，其目的即在促使政府於執行法律時使用公平裁決程序，用以確保人民獲得公平處遇及避免政府因錯誤資訊而作成關於剝奪人民生命、自由或財產等權益不公平或錯誤的判斷❷。然而，值得注意者，只有在政府行使類如對於特定個人適用法規等有關裁決的職能時，始有發動憲法上程序性正當程序保障的餘地；如政府僅單純行使類如立法或訂定特定法規或政策等有關立法的職能時，則尚無憲法上程序性正當程序保障的適用。

　　是以，如政府社會福利部門頒布法令明訂任何人領取社會福利金不得

---

❷　Cruzan v. Director, Missouri Department of Health, 497 U.S. 261 (1990); Youngberg v. Romeo, 457 U.S. 307 (1982).

❷　Vacco v. Quill, 521 U.S. 793 (1997); Washington v. Glucksberg, 521 U.S. 702 (1997).

❷　Fuentes v. Shevin, 407 U.S. 67 (1972).

超過二年，則福利金領受人或其他關係人乃不得在法令訂定爭議方面享有關於通知及陳述機會的憲法保障。在立法或法令訂定階段，公平及正當程序應藉由投票權、請願權或言論及新聞自由等途徑而獲得憲法上的保證。但是，如政府於執行上述福利法令時決定終止尚在二年領取期限內的福利領受人時，則為避免政府不公平或錯誤剝奪福利金利益，有關領受人乃應享有通知及陳述機會等憲法上程序性正當程序的保障。

要言之，憲法程序性正當程序保障應依下列三點分析之。第一，只有在人民生命、自由或財產受到政府行為的威脅時，始有發動程序性正當程序權利保障的餘地。第二，憲法所保障生命、自由或財產等利益受到政府行為的威脅時，其所致損害應達到足以發動程序性正當程序保障的程度。第三，如程序性正當程序的有關限制應予適用時，通知時間是否合理及聽證程序性質應屬正式或非正式等問題，則應按特定案件整體情狀個案認定之。由於人命關天，生命利益茲事體大，政府除依刑事司法有關生命刑制裁程序審慎行事以外，甚少驟予終止或貿然剝奪人民的生命利益，故而悖離憲法程序性正當程序保障的情形實不多見。至於自由及財產等利益部分，則是憲法檢驗政府行為是否符合程序性正當程序保障的重點，是應注意❹。

其次，不論是由憲法或其他法令，或是由習慣或任何慣行所創設的自由利益，只要其符合實體性正當程序保障的要件，均可同樣受到程序性正當程序的相對保障，例如言論自由和隱私權等基本自由利益，契約自由和買賣自由等外圍自由利益，甚至其他經聯邦或州法令或政策所肯認的非憲法上自由利益等，均屬程序性正當程序所涵攝保障的對象。雖然實體性正當程序對於核心自由利益和外圍自由利益的保障或有明顯差異，但一旦發動程序性正當程序的保障機制，二者在地位上則無任何分歧。而在政府所創設或認可的非憲法上自由利益方面，只要政府定有類如非依法定事由不得否決或限制之的明確規定，則該項自由利益亦應同享程序性正當程序有關合理通知及陳述機會等事項的完整保障。相對而言，如政府對於該項利

---

❹　STEVEN EMANUEL, CONSTITUTIONAL LAW (Emanuel Law Outlines, Inc. 9th ed. 1991)

益保留得以任何理由終止或取消之的完整權限時，則該項利益自不受憲法程序性正當程序的直接保障，應予注意。

至於人民的財產利益，嚴格言之究非源自於憲法，而是由各州或某些聯邦法律、命令，或是由某些不成文的習慣或慣例所創設❷。是故，美國憲法正當程序條款所指稱的財產一詞，應包括在制定法上，在普通法上，甚至在各種契約條款上所肯認的一切動產及不動產利益在內。由是，政府不論是在人民所擁有的不動產上設定負擔，扣押人民的工資，或是查封人民在銀行內的存款帳戶等，只要系爭財產利益為相關法律所肯認，受處分人均有享受憲法程序性正當程序保障的餘地。

進一步言之，對於程序性正當程序而言，財產一詞尚應包括許多於西元一九七○年代以前曾被視為單純特權或恩給的公共福利給付及法定資格在內，例如社會福利金、失業補償金、稅則免除額、社會安全年金、公職、商業或專業證照，以及其他無數政府利益等均是。美國聯邦最高法院於西元一九七○年在 Goldberg v. Kelly 一案中指出，為因應福利國家理念的實現，許多公共利益非僅屬政府特別施予的特權或恩給而已，而是人民事實上的財產利益，故應與財產利益同視，同受憲法程序性正當程序的完整保障❸。自此，傳統上權利特權二元保障的概念即為聯邦法院所揚棄，直至今日仍未改變。然而，為使政府利益具備財產要件以發動程序性正當程序有關合理通知和陳述機會等事項的完整保障，政府對於系爭利益應定有類如非依法定事由不得否決或變更之的明確規定，始足當之，與前述有關政府創設非憲法上自由利益的程序性正當程序的保障要件並無不同，亦應注意。

最後，憲法正當法律程序條款有關剝奪 (deprivation) 一詞的概念，亦非毫無疑義，為適時發動憲法程序性正當程序的保障，上述剝奪一詞的意涵亦應先予釐清。一般而言，並非所有經政府行為所造致在人民自由或財產利益上所受到的損害，均有發動程序性正當程序保障的必要。如自由或財

---

❷ Perry v. Sindermann, 408 U.S. 593 (1972).

❸ Goldberg v. Kelly, 397 U.S. 254 (1970).

產利益的剝奪，是單純基於政府官員的疏失所致，則憲法正當程序條款在此即無適用的餘地。對於此類過失行為，人民應依侵權行為法制有關規定請求救濟❷¹⁸。至於對於因政府官員重大過失行為所造致的損害是否直接構成人民在自由或財產利益上的剝奪，以及為在故意行為以外發動程序性正當程序的保障，政府官員的重大過失行為是否得與故意行為同視等問題，聯邦最高法院對此並未形成定論，各個法院尚有自行決定的空間❷¹⁹。

此外，縱使自由或財產利益上的損害確因政府官員的故意行為所致，如其所涉及的損害僅屬微小或非屬重大時，則仍不得當然發動憲法程序性正當程序的保障❷²⁰。此一原則，與前述政府行為應侵害基本自由權利或對於基本自由權利造成過度負擔始可發動實體性正當程序保障的原則相同。例如因教師不續聘所造致的損害仍屬微小，尚不構成不續聘教師在自由利益上的剝奪，故仍不足以發動憲法程序性正當程序的保障者是❷²¹。

第二款　通知及陳述機會

由於人民正當程序權利是為憲法有關保證條款所賦與，究非聯邦或各州法令所特惠，政府或許可得決定是否賦與人民在自由或財產上的利益，但如有關利益業經授與，即應受到憲法程序上的適當保障。一旦政府行為構成對於人民在自由或財產利益上的剝奪，憲法正當法律程序條款有關合理通知及陳述機會等程序性正當程序原則相關保障自將隨而啟動❷²²。惟政府應提供何種形式的通知及何種類型的陳述機會始屬合理，則非無疑義，尚待進一步釐清。

美國聯邦最高法院於西元一九七八年在 Memphis Light, Gas & Water Division v. Craft 一案中表示，為使領受人利益受到完整的保障，如政府試

---

[218] Daniels v. Williams, 474 U.S. 327 (1986).

[219] County of Sacramento v. Lewis, 523 U.S. 833 (1998).

[220] Goss v. Lopez, 419 U.S. 565 (1975).

[221] Bishop v. Wood, 426 U.S. 341 (1976).

[222] Cleveland Board of Education v. Loudermill, 470 U.S. 532 (1985).

圖終止或取消對於領受人有關福利或服務的給與時，應於其作成決定前提供領受人關於反對系爭政府行為的救濟及程序等有關資訊的通知。有關通知除應依一切情狀作成合理斟酌，以充分告知領受人提出異議的所有可行途徑以外，亦應教示領受人對抗政府終止或取消福利或服務給與行為的任何可行程序，始足當之。易言之，提供領受人的通知，其內容應包含反對政府行為的一切可能救濟及可行程序，始屬合理❷❷❸。

　　然而，上述見解得否一體適用於所有場合，則備受質疑。美國聯邦最高法院於西元一九九九年在 City of West Covina v. Perkins 一案中，對於上述判決意見作成若干程度的修正，認為警察機關於房屋所有人不在場時依搜索票扣押物品，有關通知僅需告知房屋所有人其財產業經警察機關收取，即為已足。只有在有關救濟或程序不易為社會大眾所明悉，或未能公示於任何公開且可為社會大眾所接近包括法律及判例等在內的相關文件時，政府有關通知始須包含救濟及程序等完整的內容❷❷❹。茲此，美國聯邦最高法院對於合理通知意涵的闡釋，似已採取較為寬鬆的取向，值得觀察。

　　如通知已符合合理性要求的底線，接下來的問題則是政府應提供何種類型的聽證程序，始可滿足憲法程序性正當程序的要求。一般而言，政府提供人民陳述機會的時機應在作成剝奪自由財產利益的決定之前或是之後，以及聽證提供的類型應屬事前或事後與正式或非正式等問題，均為聯邦法院考量此項爭點的重點。

　　美國聯邦最高法院於西元一九七六年在 Mathews v. Eldridge 一案中表示，聽證類型應權衡下列三點因素，就個案情狀分別決定之：第一，為政府行為所影響私人利益的重要性；第二，額外程序保障減少錯誤風險的程度；以及第三，迅速及有效處理系爭事物的公共利益。基於上述成本效益分析取向，聯邦法院在審查特定類型聽證程序是否符合程序性正當程序保障的要求時，將權衡該項程序對於當事人所增加的利益及其對於政府和社會大眾所附加的負擔。在社會認為政府行為顯屬恰當的場合，社會成本的

---

❷❸　Memphis Light, Gas & Water Division v. Craft, 436 U.S. 1 (1978).

❷❹　City of West Covina v. Perkins, 525 U.S. 234 (1999).

考量非不得重於額外保障的考量。此外，對於政府所為有關適當程序的善意判斷，聯邦法院應給予實質的權重❷❷❺。

　　關於聽證程序應於何時提供始屬合理的問題，美國聯邦最高法院於西元一九八五年在 Cleveland Board of Education v. Loudermill 一案中表示，憲法正當程序條款的根本要求乃在使人民於任何重大自由或財產利益受到剝奪以前，可獲得一個聽證的機會❷❷❻。當政府行為有錯誤侵犯人民自由或財產利益的可能時，事前聽證要求所提供程序性正當程序的保障，對於減低錯誤情事發生的風險而言，確有助益。雖然利益剝奪後類如損害賠償或禁止令等事後救濟措施，仍可針對政府錯誤行為所致生損害提供適當補救，但如事前聽證程序確能有效避免人民傷害的發生於未然，則其仍應是一項較優先考量的作法。但在實施事前聽證程序不可能或不切實際的場合，或法院確信政府錯誤和嚴重剝奪人民自由或財產利益的風險尚屬輕微時，則政府於利益剝奪後提供事後聽證程序仍非謂不合理，是為例外❷❷❼。

　　至於事前聽證程序的形式，則將因所涉利益的重要性及後續程序的性質而有所不同❷❷❽。正式聽證所適用的程序形式應較接近法院審判所沿用的聽審程序，而非正式聽證所適用的程序形式則較鬆散，其不以提供對審機制為首要目的，而是以迅速及有效解決爭點為主要考量。一般而言，在涉及行政行為的場合，聯邦法院將較傾向基於前述 Mathews 一案所闡示的權衡標準，肯認政府所提供相對非正式的聽證程序應屬合理。在此，政府僅須給予人民關於後續行動及理由的通知，以及提供其當面或書面答辯的機會，即為已足。

　　甚且，如政府作成利益剝奪的決定以後，尚有完整形式的行政救濟程序、司法審查或獨立侵權行為訴訟可資適用時，則政府在決定作成階段提供類如上述最基本的事前聽證程序，其合理性更屬充分，要無疑義。但如

---

❷❺　Mathews v. Eldridge, 424 U.S. 319 (1976).

❷❻　Cleveland Board of Education v. Loudermill, 470 U.S. 532 (1985).

❷❼　Hudson v. Palmer, 468 U.S. 517 (1984).

❷❽　Boddie v. Connecticut, 401 U.S. 371 (1971).

後續救濟並不存在,或政府錯誤剝奪的決定將造成人民無以彌補的傷害時,則政府在此乃應提供人民較正式及相對完整的事前聽證程序,自不待言❷❷❾。

❖ 第三節 平等保護 ❖

第一項 概 說

美國憲法增修條文第十四條第一項後段規定:「各州不得否定任何人在其管轄區域內之平等法律保護。」是為憲法揭櫫法律之前人人平等的平等保護條款 (Equal Protection Clause)❷❸❶。美國憲法對於聯邦政府雖無關於平等法律保護的明文規定,但由於平等保護原則在美國憲法增修條文第十四條制定施行以前,即已蘊涵於美國憲法增修條文第五條正當程序條款之中,且多數涉及否定人民平等法律保護的政府行為均不免同時涉及正當程序條款有關剝奪人民自由權利的疑義。

是故,美國憲法增修條文第十四條第一項所定平等保護條款雖僅對於各州政府發生效力,但為避免產生允許聯邦政府基於種族或性別等因素對於人民實施在各州所不允許的差別對待的窘境,美國聯邦最高法院因而作成解釋肯認平等保護乃蘊涵於美國憲法增修條文第五條的規定之中,聯邦政府自應依憲法增修條文第五條正當程序條款所揭示正當法律程序原則的內容,共同受到憲法平等法律保護原則的拘束,與各州政府並無不同❷❸❶。

基於憲法平等保護條款的本旨,政府對於不同團體或族群行使差別對待 (discrimination) 的行為,並非當然違憲。事實上,許多法律甚而將人民區分為各種不同的類別 (classification) 以分別適用不同的規範,例如所得稅

---

❷❷❾　Vitek v. Jones, 445 U.S. 480 (1980); Goldberg v. Kelly, 397 U.S. 254 (1970).

❷❸❶　Kenneth L. Karst, *The Fifth Amendment's Guarantee of Equal Protection*, 55 N.C. L. REV. 541 (1977); 並參閱史慶璞,〈平等法律保護原則實證適用之研究〉,《美國憲法與政府權力》, 第 233 頁, 三民書局, 臺北 (2001).

❷❸❶　Washington v. Davis, 426 U.S. 229 (1976); Bolling v. Sharpe, 347 U.S. 497 (1954).

法依據所得總額以決定各類別納稅義務人的稅率者即是。此種差別對待，尚非憲法平等保護條款所不許。申言之，美國憲法的平等保護條款不得解釋為應將任何形式的差別對待均視為不法或違憲。相反地，上揭憲法條款僅在政府行使涉及獨斷或不公平分類的歧視性行為時，始有介入及干涉的必要。換句話說，如政府的分類並非基於任何正當或合法的政府目的，而僅是單純地為傷害或歧視某一特定團體或族群所作成時，則政府類此行為自當違反憲法平等保護條款所揭櫫法律之前人人平等的民主原則，自不待言。

美國聯邦最高法院強調，系爭法律只有在對於人民作成不合理的分類，或對於人民課予不合理的負擔時，始有違反憲法平等保護條款的疑問。至於針對何種分類始屬合理或何種分類確屬獨斷應屬違憲的問題，美國聯邦最高法院乃依循工具主義 (instrumentalism) 思維模式，依據政府各種分類基礎 (classifier) 的型態與性質，次第建立若干層級檢驗基準以分別審查之。

一般言之，聯邦最高法院多沿用三種審查密度不同的檢驗基準審理涉及憲法平等保護問題的案件。如系爭法律或政府行為是基於人民種族 (race)、外籍身分 (alienage) 或其原籍 (national origin) 而行使差別對待，或對於人民基本權利的行使選擇性地課予負擔時，聯邦最高法院將採用嚴格檢驗 (strict scrutiny) 基準予以審查；如系爭政府措施是基於人民性別 (gender) 或其身分合法性 (legitimacy) 而行使差別對待時，聯邦最高法院將採用中級檢驗 (intermediate scrutiny) 基準予以審查。前述二種審查取向，通稱為高度檢驗 (heightened scrutiny) 基準。

至於政府如基於上述基礎以外的其他基礎而對於人民作成若干分類時，則聯邦最高法院將採用高度尊重政府部門的合理檢驗 (rational scrutiny) 基準予以審查。換言之，原告控訴政府行使差別對待，如其所涉及分類基礎不易使法院發動高度檢驗基準予以審查，則法院認定系爭政府行為違反憲法平等保護條款的可能性乃相對降低。

近年來，美國聯邦最高法院雖仍堅守上述三種檢驗基準審理政府所為各個類型的差別對待案件，但為因應現實需要，其在某些特殊個案中亦容

許結合若干修正取向以為適用，如此，就整體而言，聯邦法院所採用的平等保護檢驗模式仍不失具有相當程度的彈性與變異性，值得注意。

為審查涉及憲法平等保護疑義的案件，下列三點問題應先予以釐清，亦即第一，繫屬案件涉及何種差別對待？第二，如繫屬案件所涉及差別對待的類型應採取高度檢驗基準予以審查，則被告是否能夠以反證推翻原告所提出的表面證據？以及第三，基於所採用的檢驗基準，系爭差別對待行為是否有被正當化的可能？差別對待的類型，應就政府所行使差別對待行為的外觀、設計或適用情形等面向分別決定之。

美國聯邦最高法院於西元一九一八年在 Sunday Lake Iron Co. v. Township of Wakefield 一案中表示，美國憲法增修條文第十四條第一項平等保護條款的本旨，乃在保證人民在各州管轄區域內免於遭受故意或獨斷的差別對待，不論其是因法律規定所致，或是經由政府官員不適當的執行所造成❷。是故，縱使公路限速五十五英里的法律在其外觀或設計上並無不法，但如公路警察僅向女性駕駛者執行告發，則該項法律仍將因其在執行面上涉及性別歧視而有被控違反憲法平等保護條款的可能。

其次，為建立政府行使差別對待的表面證據 (prima facie case)，原告應證明不對稱效果 (disproportionate impact) 及歧視性目的 (discriminatory purpose) 二大要素。申言之，原告應證明第一，被告政府所為差別對待對於特定團體或族群造成不相當或不對等的效果；以及第二，對於特定團體或族群所產生的效果是基於歧視性目的或設計的故意所致。

進一步言之，原告如欲尋求聯邦法院以高度檢驗基準審查政府涉及差別對待的行為，則其所提示效果及目的等有關證據應足資符合發動高度檢驗基準的要件。例如原告應證明系爭法律對於特定種族造成不對稱的效果，以及系爭法律在設計上意圖產生上述不對稱的效果等，嚴格檢驗基準始有適用的餘地者即是。原告如未能同時證明前揭要素，則政府行使差別對待所涉及的分類基礎將歸於不具容疑性的類別 (non-suspect category)，如此，聯邦法院僅將適用合理檢驗基準予以審查，原告勝訴機會乃因而相對降低。

---

❷　Sunday Lake Iron Co. v. Township of Wakefield, 247 U.S. 350 (1918).

　　為主張不對稱效果的存在，原告應證明系爭政府行為的效果對於特定團體或族群所形成的負擔遠重於其他團體或族群。甚至在同一團體或族群之中，特定個人亦得對照其他個人而主張有不對稱效果的存在[233]。與之相對者，歧視性目的的存在，更是聯邦法院發動高度檢驗基準審查政府差別對待有關措施的前提條件[234]。原告應證明系爭政府行為乃單純基於歧視性目的而行使，或至少應證明歧視性目的乃為政府作成上述決定的動機因素[235]。如政府行為在外觀上無法直接證明其有歧視性目的時，則單純主張差別對待行使者可預見未來的歧視效果尚不足以證明歧視性目的的存在。

　　歧視性目的的意涵應較違反法律或明知後果的故意更為廣泛。原告應證明系爭政府措施至少在某些部分是為形成對於某一可得確定團體或族群的對立效果而作成[236]。但預見後果仍得作為證明歧視性目的存在的各種間接證據之一，自不待言[237]。除此之外，系爭法律的立法紀錄，系爭措施的採行程序，以及其他有關情況證據等，均可作為證明歧視性目的存在的間接證據，亦應注意[238]。甚且，差別對待行使者如在其他類似場合業經法院認定其具有歧視性故意，則系爭差別對待行為亦非不得推定為具有歧視性的目的[239]。

　　為推翻原告所建立政府基於種族、膚色、外籍身分、原籍、性別或身分合法性等因素而行使差別對待的表面證據，以及為避免聯邦法院發動高度檢驗基準審查系爭政府行為，被告政府得依循以下任何一種途徑，對於原告提出有力的辯駁，亦即第一，舉反證推翻效果要素的存在；第二，舉

[233]　Village of Willowbrook v. Olech, 528 U.S. 562 (2000).

[234]　Washington v. Davis, 426 U.S. 229 (1976).

[235]　Village of Arlington Heights v. Metropolitan Housing Development Corporation, 429 U.S. 252 (1977). 對於涉及種族的差別對待，原告應證明種族乃為促使政府作成系爭決定的主要動機因素。Miller v. Johnson, 515 U.S. 900 (1995).

[236]　Personnel Administrator of Massachusette v. Feeney, 442 U.S. 256 (1979).

[237]　Columbus Board of Education v. Penick, 443 U.S. 449 (1979).

[238]　Hunter v. Underwood, 471 U.S. 222 (1985).

[239]　Keyes v. School District No. 1, 413 U.S. 189 (1973).

反證推翻目的要素的存在；或第三，證明歧視效果與被告所意圖行使的歧視行為之間並無因果關係。在某些場合，被告政府僅得以反證推翻部分表面證據，在此，聯邦法院仍得採用高度檢驗基準審查未經反證推翻的差別對待措施，應無疑義。

第二項　檢驗基準

第一款　嚴　格

聯邦法院在審查涉及容疑性分類 (suspect classifications) 的政府行為時，將採用嚴格基準予以檢驗。申言之，法院對於政府所作成的有關分類推定為違憲。政府應提出反證證明系爭分類是基於某項優勢利益 (compelling interest) 而存在，如其無法推翻法院前揭違憲推定，或不足以使聯邦法院確信系爭分類是為達成某項優勢性目的所必要的手段時，則其所行使涉及容疑性分類的差別對待行為即應歸於無效。一般而言，嚴格檢驗基準對於系爭政府行為而言不僅在理論上最為嚴密，同時在事實上亦最為致命[240]。

申言之，政府如僅以種族、民族、族裔、膚色或原籍等因素為基礎而區分人民，均屬容疑性分類，其應接受聯邦法院嚴格檢驗基準的審查。政府除應證明系爭分類是為達成優勢性利益所必要者外，並應同時證明系爭分類是政府為達成上述優勢性利益所限縮適用 (narrowly tailored)，且對於人民造成最少損害的手段 (least restrictive means)。政府如未能證明上述事項，聯邦法院將以其違反憲法平等保護條款為理由，宣告系爭分類及差別對待行為是為無效。是以，類如禁止少數族裔公民擔任陪審員或拒發華裔人民開業許可等法律，均因其涉及容疑性分類適用嚴格檢驗基準認定違反憲法平等保護條款而歸於無效。但在第二次世界大戰期間對於日裔人民實

---

[240]　Gerald Gunther, *Foreword: In Search of Evolving Doctrine on a Changing Court: A Model for a Newer Equal Protection*, 86 HARV. L. REV. 1 (1972).

施宵禁及集中管理，則因其是為維護急迫公共利益所必要，政府所涉及容疑性分類及差別對待行為並非當然違憲❹。

實際言之，美國聯邦最高法院以嚴格基準檢驗政府差別對待少數族裔的行為，其目的除在實現美國憲法增修條文第十四條第一項平等保護條款所揭櫫的宗旨與目標以外，更是為體現民主制度所尊崇公平公正公開等原理原則而設計。在民主社會中，大部分的決定均是透過政治過程而經由多數決民意所作成。但當政治過程對於各方面所關切的面向不能平等對待時，則較嚴格的司法檢驗取向即有適用的必要。美國聯邦最高法院首席大法官哈蘭史東 (Harlan Fiske Stone) 在西元一九三八年於 United States v. Carolene Products Co. 一案中即指出，對於隔離及孤立的少數族裔存有偏見，即屬將嚴重導致斬斷一般而言得賴以保障少數族裔的政治過程正常運作的特殊情事，而此類特殊情事得要求較嚴密的司法調查以資因應。

一般來說，所謂偏見 (prejudice)，除應包括徹頭徹尾地敵視、嫌棄或單純地意圖傷害特定團體或族群的無理性情緒以外，並應包含對於特定團體或族群過度擴大其世代的負面形象或刻板印象等的不當行為在內❷。如政治過程已因對於少數族裔的偏見而變得扭曲失態時，則司法尊重即應不復存在。為確保系爭法律並非單純以意圖傷害特定族裔為基礎，較嚴密的司法審查在此確有適用的必要❸。如前所述，依據美國憲法增修條文第五條及第十四條規定意旨以觀，以種族或原籍為分類基礎的法律或政府措施，因其涉及固有地容疑性類別，故其應受聯邦法院嚴格檢驗基準的審查，自不待言。

美國聯邦最高法院於西元一九五四年在 Brown v. Board of Education 一案中進一步表示，隔離教育設施本身即屬固有地不平等，其所涉及的差

---

❹ Hernandez v. Texas, 347 U.S. 475 (1954); Korematsu v. United States, 323 U.S. 214 (1944); Yick Wo v. Hopkins, 118 U.S. 356 (1886); Strauder v. West Virginia, 100 U.S. (10 Otto) 303 (1880).

❷ John Ely, Democracy and Distrust: A Theory of Judicial Review (1980).

❸ United States v. Carolene Products Co., 304 U.S 144, n.4 (1938).

別對待自因違反美國憲法增修條文第十四條第一項平等保護條款而無效。縱使黑人及白人學校的房舍、課程、師資、薪俸，以及其他看得到的因素在外觀上並無不同，但僅因種族原因強制隔離黑人學童，其所形成負面心理效果將導致黑人學童在社區中產生身分較次等的感覺，而此一感覺對其內心及心靈將造成無以彌補的影響。同時，次等感覺亦因對立影響黑人學童的學習動機而嚴重毀損公立教育的品質❷❹❹。是以，美國聯邦最高法院先前於西元一八九六年在 Plessy v. Ferguson 一案中所建立的隔離但平等 (separate but equal) 原理，在公立教育領域內即不得再予適用❷❹❺。

　　自 Brown 一案以後，不僅在公立教育設施方面，舉凡公共海灘、澡堂、高爾夫球場、公園、市公車、體育競賽場地及法院席位等任何類型的公共設施，只要其涉有適用種族隔離政策的情事，美國聯邦最高法院均將推定其為違憲。聯邦最高法院指出，基於種族或原籍為分類基礎的法律終將為擁有自由的人民所唾棄。如其確有存在的價值，政府自應證明系爭分類確屬達成某項合法政府目的所必要的手段，且系爭分類尚非美國憲法增修條文第十四條第一項平等保護條款所刻意排除的對象❷❹❻。

　　此外，美國聯邦最高法院從未堅稱美國憲法應是一個不能辨別顏色的憲法。聯邦最高法院強調，法律的目的如屬良善，且是為彌補以往差別對待行為所導致的惡果，則系爭法律縱使涉及區分種族情事，亦非當然違憲。由於任何以種族為基礎所為的分類均有造成刻板傷害的危險，故而政府給予少數族裔優惠措施 (affirmative action) 或行使良善性差別對待 (benign discrimination) 行為，聯邦法院仍應以嚴格檢驗基準予以審查❷❹❼。政府應證明彌補因特定差別對待目的所形成的不對稱效果是一項具優勢性的國家利益，其所涉及分類基礎及所行使的差別對待行為均屬限縮適用及對於人民損害最少的手段。

---

❷❹❹　Brown v. Board of Education, 347 U.S. 483 (1954).

❷❹❺　Plessy v. Ferguson, 163 U.S. 537 (1896).

❷❹❻　Loving v. Virginia, 388 U.S. 1 (1967).

❷❹❼　City of Richmond v. J.A. Croson Co., 488 U.S. 469 (1989).

　　美國聯邦最高法院考察其是否確屬限縮適用的手段，將由以下四點著手，亦即第一，系爭優惠措施的必要性和其他可行方案的預期效果；第二，系爭優惠措施的彈性及其存續期間；第三，系爭優惠措施的目的及其與相關環境因素的關係；以及第四，系爭優惠措施對於其他族群或團體的效果和影響等❷。美國聯邦最高法院進一步表示，不論系爭優惠措施涉及少數族裔或是多數族裔，不論是黑人或是白人因而受到過度的負擔，所有關於種族分類的問題，均應同依美國憲法增修條文第五條及第十四條所揭櫫平等保護的意旨，以一致懷疑的態度嚴格審究之❷。

　　其次，與以種族或原籍為基礎所行使的差別對待類似，各州或地方政府如單純以外籍身分為基礎對於外國人民實施差別對待，則其有關法律或措施亦應同受嚴格檢驗基準的審查。美國聯邦最高法院強調，所有人民，不論其為美國人民或是外籍人士，只要其存在於合眾國政府管轄區域以內，均應受到美國憲法增修條文第十四條除平等保護條款的保障❷。外籍身分雖不能與傳統意涵上的少數族裔同視，但由於此類團體或族群在政治過程中無法直接經由公民權行使程序表達其意念，故其在民主制度中所受到的不利益實與隔離及孤立的少數族裔類似。從而，各州及地方政府涉及此種分類基礎的行為應受聯邦法院嚴格檢驗基準的審查，其理由應與涉及種族或原籍分類基礎的政府行為相同。

　　然而，由於聯邦政府政治部門在憲法上有規範合眾國與外籍訪客之間關係之權，基於司法審查應排除政治問題的理念，對於國會及總統有關移民及歸化事務上的決定，聯邦法院自應予以尊重。如聯邦政府有關法律或措施涉及外籍身分差別對待的情事，則聯邦法院將以高度尊重政治部門的合理檢驗基準予以審查❷。但如聯邦政府涉及外籍身分分類基礎的差別對待顯與保障國家移民及歸化利益無關時，則嚴格檢驗基準仍有適用的餘地，

---

❷　United States v. Paradise, 480 U.S. 149 (1987).

❷　Adarand Constructors, Inc. v. Pena, 515 U.S. 200 (1995).

❷　Graham v. Richardson, 403 U.S. 365 (1971).

❷　Mathews v. Diaz, 426 U.S. 67 (1976).

是應注意❷。

　　如前所述，基於種族、原籍及外籍身分所為的分類如較傾向於與任何政府合法目的無關，則其自屬於固有地容疑性類別，聯邦最高法院應適用嚴格檢驗基準以發掘任何隱藏於中立外表以下的不當目的。但在涉及政府或政治職能以及非法外籍人士的場合，聯邦最高法院則將以合理檢驗基準審查政府所為涉及外籍身分分類的差別對待行為，是為例外。

　　美國聯邦最高法院於西元一九八四年在 Bernal v. Fainter 一案中表示，以禁止外籍人士參與和民主自治政府程序具有密切關聯的任何選任或非選任職務，要非憲法之所不許。易言之，如政府能相當明確地限定應排除外籍身分的有關職務,而該類職務涉及形成或執行公共政策的廣泛裁量權限，且其權限的行使將對民眾產生重要影響時，則前述政治職能的例外原則即有適用的餘地，例如警察、公立學校教師等職務者均屬之，但公證人則尚非與政治職能具有密切關聯的職務，應予注意❸。

　　美國聯邦最高法院於西元一九八二年在 Plyler v. Doe 一案中，對於政府所為涉及非法外籍人士差別對待的行為，亦抱持相同的態度，認為非法外籍人士出現在國境內即屬不法，此項違反聯邦法律的事實不得被視為在憲法上無關緊要。故而政府以外籍身分為基礎對於非法外籍人士所為的差別對待行為，聯邦法院亦將基於非法外籍人士的例外原則，僅適用合理檢驗基準予以審查❹。但在非法外籍人士得依據類如政治庇護或締結婚姻等聯邦法律規定轉換為合法身分而居留或入籍於美國的場合，如採用高度司法檢驗取向將可有效確保國境內所有人民免於遭受不公平對待政治過程的不利益危險時，則政府對於非法外籍人士在此類領域中所為的差別對待行為，聯邦法院亦非不可能以審查密度較合理基準為高的較高度檢驗基準予以審查。

　　除此之外，法律或政府措施的分類，如有實質妨礙人民在憲法平等保

---

❷　Hampton v. Mow Sun Wong, 426 U.S. 88 (1976).

❸　Bernal v. Fainter, 467 U.S. 216 (1984).

❹　Plyler v. Doe, 457 U.S. 202 (1982).

護條款所保障類如投票權、旅行權、訴訟權等各種基本權利的行使時，聯邦法院亦將以嚴格檢驗基準審查系爭政府行為，其檢驗取向與適用於容疑性分類的審查模式並無不同。是故，被告政府應證明系爭法律或政府措施對於憲法基本權利行使所實施的差別對待，確實是一項達成特定優勢政府利益所限縮適用對於人民損害最少的手段。如政府未能提出適當反證有效推翻聯邦法院對於系爭分類所作成的違憲推定，該項實質妨礙人民基本權利行使的法律或政府措施自應立即失效。

第二款　中　級

聯邦法院在審查涉及準容疑性分類 (quasi-suspect classifications) 的政府行為時，將採用中級基準予以檢驗。政府應證明系爭分類有利於某項重要政府目標，且系爭分類與達成上述重要政府目標之間具有實質關連 (substantial relation)。政府如未能證明上述事項，聯邦法院將以其違反憲法平等保護條款為理由，宣告系爭分類及差別對待行為是為無效。一般而言，政府僅以男女、性別或身分合法性等因素為基礎而對於人民進行區分，即屬準容疑性分類，其應接受聯邦法院中級檢驗基準的審查。

男女、性別或身分合法性等分類基礎雖非類如種族、原籍等屬容疑性類別，且性別的一方亦非類如隔離及孤立的少數族裔，但因為此類分類基礎與容疑性分類基礎在歷史背景與形成原因，在手段目的與發展進程，以及在政治過程及社會刻板印象中弱勢一方所曾忍受的種種不利益等方面，均與容疑性分類基礎極為類似，故而美國聯邦最高法院乃將其歸類為準容疑性分類，以高度檢驗基準中較和緩的取向，審查政府涉及準容疑性分類的行為。從而，政府應提出極具說服力的理由來正當化其對於準容疑性基礎所為的分類。一般而言，政府舉證正當化其分類的責任仍應非常慎重，其除應證明系爭分類有利於某項非基於過往刻板印象所形成的重要政府目的以及有關政府目的確可真實描述政府的實際意圖以外，其亦應證明其所為差別對待的手段與上述政府目的的達成之間確實存在實質的關連❷⁵⁵。

　　由是，類如對於男女規定不同的法定成年年齡，僅以身高體重等因素妨礙女性就業，甚而公立護校拒絕男性申請者報考及入學等情事，均可能因其涉及準容疑性分類適用中級檢驗基準認定違反憲法平等保護條款而歸於無效。但如為達成重要政府目的而基於性別行使差別對待的行為並非當然違憲，例如為達成防止未成年女性非志願懷孕的重要政府目的，法律僅制裁準強姦罪男性的規定尚屬合憲者即是❷。惟如政府所行使差別對待的行為雖欠缺歧視性目的，但仍對於準容疑性分類對象造成過度負擔而形成事實上歧視時，則聯邦最高法院乃將以其欠缺法理上歧視為理由，適用合理檢驗基準審查涉及準容疑性分類的系爭政府行為，與聯邦法院審理有關政府欠缺歧視性目的但仍形成存疑性分類對象事實上歧視案件的態度一致，是應注意❷。

　　其次，中級檢驗基準亦適用於政府以身分合法性為分類基礎對於非婚生子女所為的差別對待行為。政府如僅以類如婚生和非婚生等身分合法性事實作為行使差別對待的分類基礎時，為避免政府對於不法關係父母實施制裁傷及無辜的非婚生子女，其應證明此項分類與政府懲罰其親生父母不法關係的目的無關。由是，有關非婚生子女不得與婚生子女均分父母撫恤金，以及只有婚生子女始得請求父母供給生活費等規定，均曾經聯邦最高法院以其與重要政府目的之間欠缺實質關連為理由，宣告此類涉及準容疑性分類的系爭差別對待行為為無效。但聯邦法院亦非不得以便利行政管理或屬於國會全權處理事項為理由，以較傳統中級檢驗基準更為和緩的取向，認可政府以身分合法性為分類基礎所行使的差別對待措施❷。

---

❷ United States v. Virginia et al., 518 U.S. 515 (1996).

❷ Mississippi University for Women v. Hogan, 458 U.S. 718 (1982); Michael M. v. Superior Court, 450 U.S. 464 (1981); Dothard v. Rawlinson, 433 U.S. 321 (1977); Stanton v. Stanton, 421 U.S. 7 (1975).

❷ United States v. Virginia et al., 518 U.S. 515 (1996).

❷ Lalli v. Lalli, 439 U.S. 259 (1978); Fiallo v. Bell, 430 U.S. 787 (1977); Gomez v. Perez, 409 U.S. 535 (1973); Weber v. Aetna Casualty & Surety Co., 406 U.S. 164 (1972).

第三款　合　理

　　聯邦法院在審查涉及容疑性及準容疑性以外分類的政府行為時，則採用合理基準予以檢驗。申言之，基於對政府部門的尊重以及受到西元一九三〇年代霍姆斯主義 (Holmesian) 的影響，聯邦法院推定政府所為有關差別對待的行為是為合理 (assumed reasonable)。原告應提出反證證明系爭政府行為在形成或執行過程中確有不合理、無理性或獨斷、專擅等情事發生，以及正當化政府所為分類的合理事證並不存在。如其無法推翻法院的前揭合理推定，系爭政府行為仍應不失其效力[259]。就目前觀察，貧富、年齡、精神狀態，甚而性別取向等有關涉及經濟性或社會性的事項，均屬容疑性或準容疑性以外的分類基礎。政府如以此類事項作為分類基礎而對於人民行使差別對待的行為時，其應接受聯邦法院合理檢驗基準的審查。

　　依據合理檢驗基準的要求，只要政府所為分類及差別對待行為，得以合理地促進 (rationally advance) 憲法認可或各州適當的利益，則系爭分類及差別對待行為即屬有效。甚且，不論某項目的是否確屬發動政府作成差別對待法律或措施的實際動機，只要其對於系爭分類而言確實是一個得以想像的理由 (conceivable reason)，該項目的即足以正當化政府基於此類分類基礎所行使的差別對待行為[260]。換言之，政府所據以辯駁的合理化事由得完全仰賴無證據或實證資料支持的合理推論，其所為的分類亦無須完整地契合預定的目的。有關分類所涵攝的範圍不僅得過於廣泛，亦得過於限縮，不僅得不合邏輯，亦得無甚科學根據[261]。由是，聯邦法院適用合理檢驗基準審查政府所為涉及容疑性或準容疑性以外分類的差別對待行為，其

---

[259] United States Railroad Retirement Board v. Fritz, 449 U.S. 166 (1980); McGowan v. Maryland, 366 U.S. 420 (1961); Lindsley v. National Carbonic Gas Co., 220 U.S. 61 (1911).

[260] FCC v. Beach Communications, Inc., 508 U.S. 307 (1993).

[261] Dandridge v. Williams, 397 U.S. 471 (1970); Metropolis Theatre Co. v. Chicago, 228 U.S. 61 (1913).

經法院宣告因違反憲法平等保護條款而失其效力的機會，可謂微乎其微。

　　但如政府在此所行使的分類或差別對待行為顯然欠缺合理基礎時，則聯邦最高法院仍將以其違反憲法平等保護條款為理由，宣告其為無效。例如法律目的僅在拒絕嬉皮社區享用政府計劃時，則系爭法律自將因其顯然欠缺合理基礎為理由而遭到聯邦最高法院宣告為無效者即是❷。美國聯邦最高法院於西元一九九二年在 Nordlinger v. Hahn 一案中進一步表示，當系爭法律明確指出進行分類的特定目的，而使得承審法院已無空間假設或推想其他得以想像的合理基礎時，則系爭法律仍將難以順利通過合理基準的檢驗❷，是應注意。

　　然而，美國聯邦最高法院對於政府在經濟性或社會性法令方面所行使的分類及差別對待，有時亦採取較為不予尊重的態度，並強調政府所作成的分類，應與某些立法目的具有相當重大的關連，而被告政府在此則應負起完全的舉證責任。惟聯邦最高法院在此一方面所適用的檢驗基準縱有變異，其對於政府所涉及此類性質事項的分類及差別對待行為，則仍採取儘予認可的態度❷。其未來採用若干變異檢驗取向審查相關政府行為的趨勢究竟如何，則仍值得吾人觀察。

---

❷　United States Department of Agriculture v. Moreno, 413 U.S. 528 (1973).

❷　Nordlinger v. Hahn, 505 U.S. 1 (1992).

❷　Romer v. Evans, 517 U.S. 620 (1996); Johnson v. Robison, 415 U.S. 361 (1974).

❖ 附錄一　美國憲法本文暨增修條文 ❖

U.S. Constitution

The Constitution of the United States of America

Preamble

We the People of the United States, in Order to form a more perfect Union, establish Justice, insure domestic Tranquillity, provide for the common defense, promote the general Welfare, and secure the Blessings of Liberty to ourselves and our Posterity, do ordain and establish this Constitution for the United States of America.

Article. I.

Section 1.

All legislative Powers herein granted shall be vested in a Congress of the United States, which shall consist of a Senate and House of Representatives.

Section 2.

The House of Representatives shall be composed of Members chosen every second Year by the People of the several States, and the Electors in each State shall have the Qualifications requisite for Electors of the most numerous Branch of the State Legislature.

No Person shall be a Representative who shall not have attained to the age of twenty five Years, and been seven Years a Citizen of the United States, and who shall not, when elected, be an Inhabitant of that State in which he shall be chosen.

Representatives and direct Taxes shall be apportioned among the several States which may be included within this Union, according to their respective Numbers, which shall be determined by adding to the whole Number of free Persons, including those bound to Service for a Term of Years, and excluding Indians not taxed, three fifths of all other Persons. The actual Enumeration shall be made within three Years after the first Meeting of the Congress of the United States, and within every subsequent Term of ten Years, in such Manner as they shall by Law direct. The Number of Representatives shall not exceed one for every thirty Thousand, but each State shall have at Least one Representative; and until such enumeration shall be made, the State of New Hampshire shall be entitled to chuse three, Massachusetts eight, Rhode-Island and Providence Plantations one, Connecticut five, New-York six, New Jersey four, Pennsylvania eight, Delaware one, Maryland six, Virginia ten, North Carolina five, South Carolina five, and Georgia three.

When vacancies happen in the Representation from any State, the Executive Authority thereof shall issue Writs of Election to fill such Vacancies.

The House of Representatives shall chuse their Speaker and other Officers; and shall have the sole Power of Impeachment.

Section 3.

The Senate of the United States shall be composed of two Senators from each State, chosen by the Legislature thereof, for six Years; and each Senator shall have one Vote.

Immediately after they shall be assembled in Consequence of the first Election, they shall be divided as equally as may be into three Classes. The Seats of the Senators of the first Class shall be vacated at the Expiration of the second Year, of the second Class at the Expiration of the fourth Year, and of the third Class at the Expiration of the sixth Year, so that one third may be chosen every second Year; and if Vacancies happen by Resignation, or otherwise, during the Recess of the Legislature of any State, the Executive thereof may make temporary Appointments until the next Meeting of the Legislature, which shall then fill such Vacancies.

No Person shall be a Senator who shall not have attained to the Age of thirty Years, and been nine Years a Citizen of the United States, and who shall not, when elected, be an Inhabitant of that State for which he shall be chosen.

The Vice President of the United States shall be President of the Senate but shall have no Vote, unless they be equally divided.

The Senate shall chuse their other Officers, and also a President pro tempore, in the Absence of the Vice President, or when he shall exercise the Office of President of the United States.

The Senate shall have the sole Power to try all Impeachments. When sitting for that Purpose, they shall be on Oath or Affirmation. When the President of the United States is tried the Chief Justice shall preside: And no Person shall be convicted without the Concurrence of two thirds of the Members present.

Judgment in Cases of Impeachment shall not extend further than to removal from Office, and disqualification to hold and enjoy any Office of honor, Trust or Profit under the United States: but the Party convicted shall nevertheless be liable and subject to Indictment, Trial, Judgment and Punishment, according to Law.

Section 4.

The Times, Places and Manner of holding Elections for Senators and Representatives, shall be prescribed in each State by the Legislature thereof; but the Congress may at any time by Law make or alter such Regulations, except as to the Places of chusing Senators.

The Congress shall assemble at least once in every Year, and such Meeting shall be on the first Monday in December, unless they shall by

Law appoint a different Day.

Section 5.

Each House shall be the Judge of the Elections, Returns and Qualifications of its own Members, and a Majority of each shall constitute a Quorum to do Business; but a smaller Number may adjourn from day to day, and may be authorized to compel the Attendance of absent Members, in such Manner, and under such Penalties as each House may provide.

Each House may determine the Rules of its Proceedings, punish its Members for disorderly Behaviour, and, with the Concurrence of two thirds, expel a Member.

Each House shall keep a Journal of its Proceedings, and from time to time publish the same, excepting such Parts as may in their Judgment require Secrecy; and the Yeas and Nays of the Members of either House on any question shall, at the Desire of one fifth of those Present, be entered on the Journal.

Neither House, during the Session of Congress, shall, without the Consent of the other, adjourn for more than three days, nor to any other Place than that in which the two Houses shall be sitting.

Section 6.

The Senators and Representatives shall receive a Compensation for their Services, to be ascertained by Law, and paid out of the Treasury of the United States. They shall in all Cases, except Treason, Felony and Breach of the Peace, be privileged from Arrest during their Attendance at the Session of their respective Houses, and in going to and returning from the same; and for any Speech or Debate in either House, they shall not be questioned in any other Place.

No Senator or Representative shall, during the Time for which he was elected, be appointed to any civil Office under the Authority of the United States, which shall have been created, or the Emoluments whereof shall have been encreased during such time; and no Person holding any Office under the United States, shall be a Member of either House during his Continuance in Office.

Section 7.

All Bills for raising Revenue shall originate in the House of Representatives; but the Senate may propose or concur with amendments as on other Bills.

Every Bill which shall have passed the House of Representatives and the Senate, shall, before it become a law, be presented to the President of the United States: If he approve he shall sign it, but if not he shall return it, with his Objections to that House in which it shall have originated, who shall enter the Objections at large on their Journal, and proceed to reconsider it. If after such Reconsideration two thirds of that House shall agree to pass the Bill, it shall be sent, together with the Objections, to the other House, by which it shall likewise be reconsidered, and if approved by two thirds of that House, it shall become a Law. But in all such Cases the Votes of both Houses shall be determined by Yeas and Nays, and the Names of the Persons voting for and against the Bill shall be entered on the Journal of each House respectively. If any Bill shall not be returned by the President within ten Days (Sundays excepted) after it shall have been presented to him, the Same shall be a Law, in like Manner as if he had signed it, unless the Congress by their Adjournment prevent its Return, in which Case it shall not be a Law.

Every Order, Resolution, or Vote to which the Concurrence of the Senate and House of Representatives may be necessary (except on a question of Adjournment) shall be presented to the President of the United States; and before the Same shall take Effect, shall be approved by him, or being disapproved by him, shall be repassed by two thirds of the Senate and House of Representatives, according to the Rules and Limitations prescribed in the Case of a Bill.

Section 8.

The Congress shall have Power To lay and collect Taxes, Duties, Imposts and Excises, to pay the Debts and provide for the common Defence and general Welfare of the United States; but all Duties, Imposts and Excises shall be uniform throughout the United States;

To borrow Money on the credit of the United States;

To regulate Commerce with foreign Nations, and among the several States, and with the Indian Tribes;

To establish an uniform Rule of Naturalization, and uniform Laws on the subject of Bankruptcies throughout the United States;

To coin Money, regulate the Value thereof, and of foreign Coin, and fix the Standard of Weights and Measures;

To provide for the Punishment of counterfeiting the Securities and current Coin of the United States;

To establish Post Offices and post Roads;

To promote the Progress of Science and useful Arts, by securing for limited Times to Authors and Inventors the exclusive Right to their respective Writings and Discoveries;

To constitute Tribunals inferior to the supreme Court;

To define and punish Piracies and Felonies committed on the high Seas, and Offences against the Law of Nations;

To declare War, grant Letters of Marque and Reprisal, and make Rules concerning Captures on Land and Water;

To raise and support Armies, but no Appropriation of Money to that Use shall be for a longer Term than two Years;

To provide and maintain a Navy;

To make Rules for the Government and Regulation of the land and naval Forces;

To provide for calling forth the Militia to execute the Laws of the

Union, suppress Insurrections and repeal Invasions;

To provide for organizing, arming, and disciplining, the Militia, and for governing such Part of them as may be employed in the Service of the United States, reserving to the States respectively, the Appointment of the Officers, and the Authority of training the Militia according to the discipline prescribed by Congress;

To exercise exclusive Legislation in all Cases whatsoever, over such District (not exceeding ten Miles square) as may, by Cession of Particular States, and the Acceptance of Congress, become the Seat of the Government of the United States, and to exercise like Authority over all Places purchased by the Consent of the Legislature of the State in which the Same shall be, for the Erection of Forts, Magazines, Arsenals, dock-Yards and other needful Buildings; —And

To make all Laws which shall be necessary and proper for carrying into Execution the foregoing Powers and all other Powers vested by this Constitution in the Government of the United States, or in any Department or Officer thereof.

Section 9.

The Migration or Importation of such Persons as any of the States now existing shall think proper to admit, shall not be prohibited by the Congress prior to the Year one thousand eight hundred and eight, but a Tax or duty may be imposed on such Importation, not exceeding ten dollars for each Person.

The Privilege of the Writ of Habeas Corpus shall not be suspended, unless when in Cases of Rebellion or Invasion the public Safety may require it.

No Bill of Attainder or ex post facto Law shall be passed.

No Capitation, or other direct, Tax shall be laid, unless in Proportion to the Census of Enumeration herein before directed to be taken.

No Tax or Duty shall be laid on Articles exported from any State.

No Preference shall be given by any Regulation of Commerce or Revenue to the Ports of one State over those of another: nor shall Vessels bound to, or from, one State, be obliged to enter, clear or pay Duties in another. No Money shall be drawn from the Treasury, but in Consequence of Appropriations made by Law; and a regular Statement and Account of the Receipts and Expenditures of all public Money shall be published from time to time.

No Title of Nobility shall be granted by the United States: And no Person holding any Office of Profit or Trust under them, shall, without the Consent of the Congress, accept of any present, Emolument, Office, or Title, of any kind whatever, from any King, Prince or foreign State.

Section 10.

No State shall enter into any Treaty, Alliance, or Confederation; grant Letters of Marque and Reprisal; coin Money; emit Bills of Credit; make any Thing but gold and silver Coin a Tender in Payment of Debts; pass any Bill of Attainder, ex post facto Law, or Law impairing the Obligation of Contracts, or grant any Title of Nobility.

No State shall, without the Consent of the Congress, lay any Imposts or Duties on Imports or Exports, except what may be absolutely necessary for executing it's inspection Laws: and the net Produce of all Duties and Imposts, laid by any State on Imports or Exports, shall be for the Use of the Treasury of the United States; and all such Laws shall be subject to the Revision and Controul of the Congress.

No State shall, without the Consent of Congress, lay any Duty of Tonnage, keep Troops, or Ships of War in time of Peace, enter into any Agreement or Compact with another State, or with a foreign Power, or engage in War, unless actually invaded, or in such imminent Danger as will not admit of delay.

Article. II.

Section 1.

The executive Power shall be vested in a President of the United States of America. He shall hold his Office during the Term of four Years, and, together with the Vice President, chosen for the same Term, be elected, as follows:

Each State shall appoint, in such Manner as the Legislature thereof may direct, a Number of Electors, equal to the whole Number of Senators and Representatives to which the State may be entitled in the Congress: but no Senator or Representative, or Person holding an Office of Trust or Profit under the United States, shall be appointed an Elector.

The Electors shall meet in their respective States, and vote by Ballot for two Persons, of whom one at least shall not be an Inhabitant of the same State with themselves. And they shall make a List of all the Persons voted for, and of the Number of Votes for each; which List they shall sign and certify, and transmit sealed to the Seat of the Government of the United States, directed to the President of the Senate. The President of the Senate shall, in the Presence of the Senate and House of Representatives, open all the Certificates, and the Votes shall then be counted. The Person having the greatest Number of Votes shall be the President, if such Number be a Majority of the whole Number of Electors appointed; and if there be more than one who have such Majority, and have an equal Number of Votes, then the House of Representatives shall immediately chuse by Ballot one of them for President; and if no Person have a Majority, then from the five highest on the List the said House shall in like Manner chuse the President. But in chusing the President, the Votes shall be taken by States, the Representatives from each State having one Vote; a quorum for this Purpose shall consist of a Member or Members from two thirds of the

States, and a Majority of all the States shall be necessary to a Choice. In every Case, after the Choice of the President, the Person having the greatest Number of Votes of the Electors shall be the Vice President. But if there should remain two or more who have equal Votes, the Senate shall chuse from them by Ballot the Vice President.

The Congress may determine the Time of chusing the Electors, and the Day on which they shall give their Votes; which Day shall be the same throughout the United States.

No Person except a natural born Citizen, or a Citizen of the United States, at the time of the Adoption of this Constitution, shall be eligible to the Office of President; neither shall any person be eligible to that Office who shall not have attained to the Age of thirty five Years, and been fourteen Years a Resident within the United States.

In Case of the Removal of the President from Office, or of his Death, Resignation, or Inability to discharge the Powers and Duties of the said Office, the Same shall devolve on the Vice President, and the Congress may by Law provide for the Case of Removal, Death, Resignation or Inability, both of the President and Vice President, declaring what Officer shall then act as President, and such Officer shall act accordingly, until the Disability be removed, or a President shall be elected.

The President shall, at stated Times, receive for his Services, a Compensation, which shall neither be encreased nor diminished during the Period for which he shall have been elected, and he shall not receive within that Period any other Emolument from the United States, or any of them.

Before he enter on the Execution of his Office, he shall take the following Oath or Affirmation: —"I do solemnly swear (or affirm) that I will faithfully execute the Office of President of the United States, and will to the best of my Ability, preserve, protect and defend the Constitution of the United States."

Section 2.

The President shall be Commander in Chief of the Army and Navy of the United States, and of the Militia of the several States, when called into the actual Service of the United States; he may require the Opinion, in writing, of the principal Officer in each of the executive Departments, upon any Subject relating to the Duties of their respective Offices, and he shall have Power to Grant Reprieves and Pardons for Offences against the United States, except in Cases of Impeachment.

He shall have Power, by and with the Advice and Consent of the Senate, to make Treaties, provided two thirds of the Senators present concur; and he shall nominate, and by and with the Advice and Consent of the Senate, shall appoint Ambassadors, other public Ministers and Consuls, Judges of the supreme Court, and all other Officers of the United States, whose Appointments are not herein otherwise provided for, and which shall be established by Law: but the Congress may by Law vest the Appointment of such inferior Officers, as they think proper, in the President alone, in the Courts of Law, or in the Heads of Departments. The President shall have Power to fill up all Vacancies that may happen during the Recess of the Senate, by granting Commissions which shall expire at the End of their next Session.

Section 3.

He shall from time to time give to the Congress Information on the State of the Union, and recommend to their Consideration such Measures as he shall judge necessary and expedient; he may, on extraordinary Occasions, convene both Houses, or either of them, and in Case of Disagreement between them, with Respect to the Time of Adjournment, he may adjourn them to such Time as he shall think proper; he shall receive

Ambassadors and other public Ministers; he shall take Care that the Laws be faithfully executed, and shall Commission all the Officers of the United States.

Section 4.

The President, Vice President and all Civil Officers of the United States, shall be removed from Office on Impeachment for and Conviction of, Treason, Bribery, or other high Crimes and Misdemeanors.

Article. III.

Section 1.

The judicial Power of the United States, shall be vested in one supreme Court, and in such inferior Courts as the Congress may from time to time ordain and establish. The Judges, both of the supreme and inferior Courts, shall hold their Offices during good Behaviour, and shall, at stated Times, receive for their Services, a Compensation, which shall not be diminished during their Continuance in Office.

Section 2.

The judicial Power shall extend to all Cases, in Law and Equity, arising under this Constitution, the Laws of the United States, and Treaties made, or which shall be made, under their Authority; — to all Cases affecting Ambassadors, other public ministers and Consuls; — to all Cases of admiralty and maritime Jurisdiction; — to Controversies to which the United States shall be a Party; —to Controversies between two or more States; — between a State and Citizens of another State; —between Citizens of different States; — between Citizens of the same State claiming Lands under Grants of different States, and between a State, or the Citizens thereof, and foreign States, Citizens or Subjects.

In all Cases affecting Ambassadors, other public Ministers and Consuls, and those in which a State shall be Party, the supreme Court shall have original Jurisdiction. In all the other

Cases before mentioned, the supreme Court shall have appellate Jurisdiction, both as to Law and Fact, with such Exceptions, and under such Regulations as the Congress shall make.

The Trial of all Crimes, except in Cases of Impeachment, shall be by Jury; and such Trial shall be held in the State where the said Crimes shall have been committed; but when not committed within any State, the Trial shall be at such Place or Places as the Congress may by Law have directed.

Section 3.

Treason against the United States, shall consist only in levying War against them, or in adhering to their Enemies, giving them Aid and Comfort. No Person shall be convicted of Treason unless on the Testimony of two Witnesses to the same overt Act, or on Confession in open Court.

The Congress shall have Power to declare the Punishment of Treason, but no Attainder of Treason shall work Corruption of Blood, or Forfeiture except during the Life of the Person attainted.

Article. IV.

Section 1.

Full Faith and Credit shall be given in each State to the public Acts, Records, and judicial Proceedings of every other State. And the Congress may by general Laws prescribe the Manner in which such Acts, Records and Proceedings shall be proved, and the Effect thereof.

Section 2.

The Citizens of each State shall be entitled to all Privileges and Immunities of Citizens in the several States.

A Person charged in any State with Treason, Felony, or other Crime, who shall flee from Justice, and be found in another State, shall on Demand of the executive Authority of the State from which he fled, be delivered up, to be removed to the

State having Jurisdiction of the Crime.

No Person held to Service or Labour in one State, under the Laws thereof, escaping into another, shall, in Consequence of any Law or Regulation therein, be discharged from such Service or Labour, but shall be delivered up on Claim of the Party to whom such Service or Labour may be due.

Section 3.

New States may be admitted by the Congress into this Union; but no new State shall be formed or erected within the Jurisdiction of any other State; nor any State be formed by the Junction of two or more States, or Parts of States, without the Consent of the Legislatures of the States concerned as well as of the Congress. The Congress shall have Power to dispose of and make all needful Rules and Regulations respecting the Territory or other Property belonging to the United States; and nothing in this Constitution shall be so construed as to Prejudice any Claims of the United States, or of any particular State.

Section 4.

The United States shall guarantee to every State in this Union a Republican Form of Government, and shall protect each of them against Invasion; and on Application of the Legislature, or of the Executive (when the Legislature cannot be convened) against domestic Violence.

Article. V.

The Congress, whenever two thirds of both Houses shall deem it necessary, shall propose Amendments to this Constitution, or, on the Application of the Legislatures of two thirds of the several States, shall call a Convention for proposing Amendments, which, in either Case, shall be valid to all Intents and Purposes, as Part of this Constitution, when ratified by the Legislatures of three fourths of the several States, or by Conventions in three fourths thereof, as the one or the other Mode of Ratification may be proposed by the Congress; Provided that no Amendment which may be made prior to the Year One thousand eight hundred and eight shall in any Manner affect the first and fourth Clauses in the Ninth Section of the first Article; and that no State, without its Consent, shall be deprived of its equal Suffrage in the Senate.

Article. VI.

All Debts contracted and Engagements entered into, before the Adoption of this Constitution, shall be as valid against the United States under this Constitution, as under the Confederation.

This Constitution, and the Laws of the United States which shall be made in Pursuance thereof; and all Treaties made, or which shall be made, under the Authority of the United States, shall be the supreme Law of the Land; and the Judges in every State shall be bound thereby, any Thing in the Constitution or Laws of any state to the Contrary notwithstanding.

The Senators and Representatives before mentioned, and the Members of the several State Legislatures, and all executive and judicial Officers, both of the United States and of the several States, shall be bound by Oath or Affirmation, to support this Constitution; but no religious Test shall ever be required as a Qualification to any Office or public Trust under the United States.

Article. VII.

The Ratification of the Conventions of nine States, shall be sufficient for the Establishment of this Constitution between the States so ratifying the same.

Amendments to the Constitution of the United States of America

Articles in addition to, and amendment of, the Constitution of the United States of America, proposed by Congress, and ratified by the several states, pursuant to the Fifth Article of the original Constitution.

Amendment I

Congress shall make no law respecting an establishment of religion, or prohibiting the free exercise thereof; or abridging the freedom of speech, or of the press; or the right of the people peaceably to assemble, and to petition the Government for a redress of grievances.

Amendment II

A well regulated Militia, being necessary to the security of a free State, the right of the people to keep and bear Arms, shall not be infringed.

Amendment III

No Soldier shall, in time of peace be quartered in any house, without the consent of the Owner, nor in time of war, but in a manner to be prescribed by law.

Amendment IV

The right of the people to be secure in their persons, houses, papers, and effects, against unreasonable searches and seizures, shall not be violated, and no Warrants shall issue, but upon probable cause, supported by Oath or affirmation, and particularly describing the place to be searched, and the persons or things to be seized.

Amendment V

No person shall be held to answer for

a capital, or otherwise infamous crime, unless on a presentment or indictment of a Grand Jury, except in cases arising in the land or naval forces, or in the Militia, when in actual service in time of War or public danger; nor shall any person be subject for the same offence to be twice put in jeopardy of life or limb; nor shall be compelled in any criminal case to be a witness against himself, nor be deprived of life, liberty, or property, without due process of law; nor shall private property be taken for public use, without just compensation.

Amendment VI

In all criminal prosecutions, the accused shall enjoy the right to a speedy and public trial, by an impartial jury of the State and district wherein the crime shall have been committed, which district shall have been previously ascertained by law, and to be informed of the nature and cause of the accusation; to be confronted with the witnesses against him; to have compulsory process for obtaining witnesses in his favor, and to have the Assistance of Counsel for his defence.

Amendment VII

In Suits at common law, where the value in controversy shall exceed twenty dollars, the right of trial by jury shall be preserved, and no fact tried by a jury, shall be otherwise re-examined in any Court of the United States, than according to the rules of the common law.

Amendment VIII

Excessive bail shall not be required, nor excessive fines imposed, nor cruel and unusual punishments inflicted.

Amendment IX

The enumeration in the Constitution, of certain rights, shall not be construed to deny or disparage others retained by the people.

Amendment X

The powers not delegated to the United States by the Constitution, nor prohibited by it to the States, are reserved to the States respectively, or to the people.

Amendment XI

The Judicial power of the United States shall not be construed to extend to any suit in law or equity, commenced or prosecuted against one of the United States by Citizens of another State, or by Citizens or Subjects of any Foreign State.

Amendment XII

The Electors shall meet in their respective states and vote by ballot for President and Vice-President, one of whom, at least, shall not be an inhabitant of the same state with themselves; they shall name in their ballots the person voted for as President, and in distinct ballots the person voted for as Vice-President, and they shall make distinct lists of all persons voted for as President, and of all persons voted for as Vice-President, and of the number of votes for each, which lists they shall sign and certify, and transmit sealed to the seat of the government of the United States, directed to the President of the Senate; — The President of the Senate shall, in the presence of the Senate and House of Representatives, open all the certificates and the votes shall then be counted; —The person having the greatest Number of votes for President, shall be the President, if such number be a majority of the whole number of Electors appointed; and if no person have such majority, then from the persons having the highest numbers not exceeding three on the list of those voted for as President, the House of Representatives shall choose immediately, by ballot, the President. But in choosing the President, the votes shall be taken by states, the representation from each state having one vote; a quorum for this purpose shall consist of a member or members from two-thirds of the states, and a majority of all the states shall be necessary to a choice. And if the House of Representatives shall not choose a President whenever the right of choice shall devolve upon them, before the fourth day of March next following, then the Vice-President shall act as President, as in the case of the death or other constitutional disability of the President — The person having the greatest number of votes as Vice-President, shall be the Vice-President, if such number be a majority of the whole number of Electors appointed, and if no person have a majority, then from the two highest numbers on the list, the Senate shall choose the Vice-President; a quorum for the purpose shall consist of two-thirds of the whole number of Senators, and a majority of the whole number shall be necessary to a choice. But no person constitutionally ineligible to the office of President shall be eligible to that of Vice-President of the United States.

Amendment XIII.

Section 1.

Neither slavery nor involuntary servitude, except as a punishment for crime whereof the party shall have been duly convicted, shall exist within the United States, or any place subject to their jurisdiction.

Section 2.

Congress shall have power to enforce this article by appropriate legislation.

Amendment XIV.

Section 1.

All persons born or naturalized in the United States and subject to the jurisdiction thereof, are citizens of the United States and of the State wherein they reside. No State shall make or enforce any law which shall abridge the privileges or immunities of citizens of the United States; nor shall any State deprive any person of life, liberty, or property, without due process of law; nor deny to any person within its jurisdiction the equal protection of the laws.

Section 2.

Representatives shall be apportioned among the several States according to their respective numbers, counting the whole number of persons in each State, excluding Indians not taxed. But when the right to vote at any election for the choice of electors for President and Vice President of the United States, Representatives in Congress, the Executive and Judicial officers of a State, or the members of the Legislature thereof, is denied to any of the male inhabitants of such State, being twenty-one years of age, and citizens of the United States, or in any way abridged, except for participation in rebellion, or other crime, the basis of representation therein shall be reduced in the proportion which the number of such male citizens shall bear to the whole number of male citizens twenty-one years of age in such State.

Section 3.

No person shall be a Senator or Representative in Congress, or elector of President and Vice President, or hold any office, civil or military, under the United States, or under any State, who, having previously taken an oath, as a member of Congress, or as an officer of the United States, or as a member of any State legislature, or as an executive or judicial officer of any State, to support the Constitution of the United States, shall have engaged in insurrection or rebellion against the same, or given aid or comfort to the enemies thereof. But Congress may by a vote of two-thirds of each House, remove such disability.

Section 4.

The validity of the public debt of the United States, authorized by law, including debts incurred for payment of pensions and bounties for services in suppressing insurrection or rebellion, shall not be questioned.

But neither the United States nor any State shall assume or pay any debt or obligation incurred in aid of insurrection or rebellion against the United States, or any claim for the loss or emancipation of any slave; but all such debts, obligations and claims shall be held illegal and void.

Section 5.

The Congress shall have power to enforce, by appropriate legislation, the provisions of this article.

Amendment XV.

Section 1.

The right of citizens of the United States to vote shall not be denied or abridged by the United States or by any State on account of race, color, or previous condition of servitude.

Section 2.

The Congress shall have power to enforce this article by appropriate legislation.

Amendment XVI.

The Congress shall have power to lay and collect taxes on incomes, from whatever source derived, without apportionment among the several States, and without regard to any census or enumeration.

Amendment XVII

The Senate of the United States shall be composed of two Senators from each State, elected by the people thereof, for six years; and each Senator shall have one vote. The electors in each State shall have the qualifications requisite for electors of the most numerous branch of the State legislatures.

When vacancies happen in the representation of any State in the Senate, the executive authority of such State shall issue writs of election to fill such vacancies: Provided, That the legislature of any State may empower the executive thereof to make temporary appointments until the people fill the vacancies by election as the legislature may direct.

This amendment shall not be so construed as to affect the election or term of any Senator chosen before it becomes valid as part of the Constitution.

Amendment XVIII

Section 1.

After one year from the ratification of this article the manufacture, sale, or transportation of intoxicating liquors within, the importation thereof into, or the exportation thereof from the United States and all territory subject to the jurisdiction thereof for beverage purposes is hereby prohibited.

Section 2.

The Congress and the several States shall have concurrent power to enforce this article by appropriate legislation.

Section 3.

This article shall be inoperative unless it shall have been ratified as an amendment to the Constitution by the legislatures of the several States, as provided in the Constitution, within seven years from the date of the submission hereof to the States by the Congress.

Amendment XIX

The right of citizens of the United States to vote shall not be denied or abridged by the United States or by any State on account of sex. Congress shall have power to enforce this article by appropriate legislation.

Amendment XX

Section 1.

The terms of the President and Vice President shall end at noon on the 20th day of January, and the terms of Senators and Representatives at noon on the 3d day of January, of the years in which such terms would have ended if this article had not been ratified; and the terms of their successors shall then begin.

Section 2.

The Congress shall assemble at least once in every year, and such meeting shall begin at noon on the 3d day of January, unless they shall by law appoint a different day.

Section 3.

If, at the time fixed for the beginning of the term of the President, the President elect shall have died, the Vice President elect shall become President. If a President shall not have been chosen before the time fixed for the beginning of his term, or if the President elect shall have failed to qualify, then the Vice President elect shall act as President until a President shall have qualified; and the Congress may by law provide for the case wherein neither a President elect nor a Vice President elect shall have qualified, declaring who shall then act as President, or the manner in which one who is to act shall be selected, and such person

shall act accordingly until a President or Vice President shall have qualified.

Section 4.

The Congress may by law provide for the case of the death of any of the persons from whom the House of Representatives may choose a President whenever the right of choice shall have devolved upon them, and for the case of the death of any of the persons from whom the Senate may choose a Vice President whenever the right of choice shall have devolved upon them.

Section 5.

Sections 1 and 2 shall take effect on the 15th day of October following the ratification of this article.

Section 6.

This article shall be inoperative unless it shall have been ratified as an amendment to the Constitution by the legislatures of three-fourths of the several States within seven years from the date of its submission.

Amendment XXI

Section 1.

The eighteenth article of amendment to the Constitution of the United States is hereby repealed.

Section 2.

The transportation or importation into any State, Territory, or possession of the United States for delivery or use therein of intoxicating liquors, in violation of the laws thereof, is hereby prohibited.

Section 3.

This article shall be inoperative unless it shall have been ratified as an amendment to the Constitution by conventions in the several States, as provided in the Constitution, within seven years from the date of the submission hereof to the States by the Congress.

Amendment XXII

Section 1.

No person shall be elected to the office of the President more than twice, and no person who has held the office of President, or acted as President, for more than two years of a term to which some other person was elected President shall be elected to the office of the President more than once. But this Article shall not apply to any person holding the office of President, when this Article was proposed by the Congress, and shall not prevent any person who may be holding the office of President, or acting as President, during the term within which this Article becomes operative from holding the office of President or acting as President during the remainder of such term.

Section 2.

This article shall be inoperative unless it shall have been ratified as an amendment to the Constitution by the legislatures of three-fourths of the several States within seven years from the date of its submission to the States by the Congress.

Amendment XXIII

Section 1.

The District constituting the seat of Government of the United States shall appoint in such manner as the Congress may direct: A number of electors of President and Vice President equal to the whole number of Senators and Representatives in Congress to which the District would be entitled if it were a State, but in no event more than the least populous State; they shall be in addition to those appointed by the States, but they shall be considered, for the purposes of the election of President and Vice President, to be electors appointed by a State; and they shall meet in the District and perform such duties as provided by the twelfth article of amendment.

Section 2.

The Congress shall have power to enforce this article by appropriate legislation.

Amendment XXIV

Section 1.

The right of citizens of the United States to vote in any primary or other election for President or Vice President, for electors for President or Vice President, or for Senator or Representative in Congress, shall not be denied or abridged by the United States or any State by reason of failure to pay any poll tax or other tax.

Section 2.

The Congress shall have power to enforce this article by appropriate legislation.

Amendment XXV

Section 1.

In case of the removal of the President from office or of his death or resignation, the Vice President shall become President.

Section 2.

Whenever there is a vacancy in the office of the Vice President, the President shall nominate a Vice President who shall take office upon confirmation by a majority vote of both Houses of Congress.

Section 3.

Whenever the President transmits to the President pro tempore of the Senate and the Speaker of the House of Representatives has written declaration that he is unable to discharge the powers and duties of his office, and until he transmits to them a written declaration to the contrary, such powers and duties shall be discharged by the Vice President as Acting President.

Section 4.

Whenever the Vice President and a majority of either the principal officers of the executive departments or of such other body as Congress may by law provide, transmit to the President pro tempore of the Senate and the Speaker of the House of Representatives their written declaration that the President is unable to discharge the powers and duties of his office, the Vice President shall immediately assume the powers and duties of the office as Acting President.

Thereafter, when the President transmits to the President pro tempore of the Senate and the Speaker of the House of Representatives has written declaration that no inability exists, he shall resume the powers and duties of his office unless the Vice President and a majority of either the principal officers of the executive department or of such other body as Congress may by law provide, transmit within four days to the President pro tempore of the Senate and the Speaker of the House of

Representatives their written declaration that the President is unable to discharge the powers and duties of his office. Thereupon Congress shall decide the issue, assembling within forty-eight hours for that purpose if not in session. If the Congress, within twenty-one days after receipt of the latter written declaration, or, if Congress is not in session, within twenty-one days after Congress is required to assemble, determines by two-thirds vote of both Houses that the President is unable to discharge the powers and duties of his office, the Vice President shall continue to discharge the same as Acting President; otherwise, the President shall resume the powers and duties of his office.

Amendment XXVI

Section 1.

The right of citizens of the United States, who are eighteen years of age or older, to vote shall not be denied or abridged by the United States or by any State on account of age.

Section 2.

The Congress shall have power to enforce this article by appropriate legislation.

Amendment XXVII

No law varying the compensation for the services of the Senators and Representatives shall take effect, until an election of Representatives shall have intervened.

*This document is sponsored by the United States Senate on the United States Government Printing Office web site.

❖ 附錄二　主要法律名詞索引 ❖

A

Actual Malice 真實惡意　205, 206, 207, 209

Ad hoc Balancing Test 個案權衡標準　198

Adjudication 裁決　94, 95, 97, 119, 123, 124, 126, 127, 129, 136, 138, 140, 142, 144, 146, 148, 151, 152, 154, 155, 156, 159, 162, 164, 165, 166, 167, 168, 169, 170, 177, 180, 181, 182, 183, 184, 193, 211, 243, 245, 255, 263

Administrative Agency 行政機關　48, 61, 97, 99, 116, 117, 119, 120, 121, 122, 123, 124, 127, 129, 136, 175

Administrative Law Judge 行政法裁決官　127, 138

Adversary System 對立制度

Advice and Consent Clause 諮詢及同意條款　53, 137

Advisory Opinion 諮詢性意見　144, 146

Advocacy of Unlawful Conduct 鼓吹不法行為言論　197, 198, 200, 201

Affirm 原判決確定

Affirmative Action 優惠措施　275, 276

Amendments to the Constitution 憲法增修條文　16, 17, 18, 21, 23, 24, 31, 34, 35, 36, 37, 38, 41, 42, 43, 44, 45, 47, 49, 50, 51, 56, 57, 60, 62, 63, 64, 72, 73, 74, 76, 77, 78, 87, 88, 89, 90, 91, 92, 110, 111, 143, 147, 149, 155, 156, 157, 169, 173, 174, 177, 180, 183, 184, 185, 189, 190, 191, 193, 194, 195, 196, 197, 198, 199, 201, 202, 203, 204, 205, 207, 208, 209, 210, 211, 212, 213, 215, 218, 219, 220, 221, 222, 223, 224, 225, 227, 228, 229, 230, 233, 235, 237, 238, 239, 240, 241, 242, 243, 244, 245, 246, 247, 248, 249, 250, 251, 252, 253, 260, 261, 262, 269, 271, 274, 275, 276

Amnesty 大赦　104, 105

Appellate Jurisdiction 上訴審管轄權　134, 143

Articles of Confederation 邦聯條款　4, 7, 8, 9, 10, 11, 12, 15, 25, 42, 85, 108

Associate Justice 陪席大法官　134, 135, 140

B

Bad Tendency 不正傾向　199

Bankruptcy Judge 破產法官　125

Benign Discrimination 良善性差別對待　275

Beyond a Reasonable Doubt 超越合理懷疑　239

Bicameralism 兩院制　31, 32, 34, 128, 129

Bill of Attainder 褫奪公權令　32

Bill of Rights 權利法案　9, 16, 17, 56, 57, 190, 237, 254, 260, 261

Both-house Veto 二院否決　129

C

Cases or Controversies 事件或爭執　144, 145, 146, 149, 165, 169, 175, 177, 180, 182, 195

Causation 因果關係　170, 171, 172, 273

Chief Justice 首席大法官　44, 46, 54, 61, 93, 134, 135, 138, 140, 144, 161, 162, 165, 178, 242, 260, 262, 274

Chilling Effect 寒蟬效應　193, 195, 196, 224

Citizenship 公民權；公民身分　17, 116, 147, 148, 149, 171, 173, 174, 276

Civil Liberties 公民自由權　189

Civil Rights 民權；公民權利　3, 6, 9, 12, 27, 42, 47, 60, 61, 62, 65, 75, 112, 123, 126, 127, 128, 139, 142, 147, 150, 157, 158, 161, 181, 185, 189, 238, 252

Class Action 團體訴訟　179

Clear and Convincing Evidence 明顯說服證據　239

Clear and Present Danger Test 明顯與現時危險標準　197, 198, 201

Commerce Clause 商務條款　23, 24, 43, 45, 46, 47, 48, 59, 67, 68, 69, 72, 73, 75, 77, 120, 121, 147

Commercial Speech 商業性言論　197, 212, 213, 214, 215

Confidentiality Privileges 保密特權　93, 94, 95

Constitutional Issues 憲法爭點　3, 36, 120, 145, 164, 176, 180, 181, 182, 183, 186

Commerce Power 商務權　43, 44, 45, 46, 47, 48, 49, 50, 59, 62, 68, 76

Common Law 普通法　3, 93, 95, 106, 107, 124, 151, 154, 160, 161, 165, 233, 238, 239, 240, 249, 259, 265

Compelling Interest 優勢利益　72, 189, 230, 273

Compulsory Process 強制程序　245, 247, 248

Conclusive Evidence 結論證據

Concurring Opinion 協同意見書　99, 135, 200, 261

Confirmation Power 同意權　54, 64, 80

Confrontation 對質　245, 247

Congress 國會　3, 4, 5, 6, 7, 8, 10, 12, 13, 14, 15, 16, 17, 18, 23, 25, 26, 27, 28, 31, 32, 33, 34, 35, 36, 37, 38, 39, 40, 41, 42, 43, 44, 45, 46, 47, 48, 49, 50, 51, 52, 53, 54, 55, 56, 57, 58, 59, 60, 61, 62, 63, 64, 65, 66, 67, 68, 69, 72, 75, 76, 77, 78, 79, 80, 81, 85, 86, 87, 89, 90, 91, 92, 94, 97, 98, 99, 100, 101, 102, 103, 104, 105, 106, 107, 108, 109, 110, 111, 112,

113, 114, 115, 116, 117, 118, 119, 120, 121, 122, 123, 124, 125, 126, 127, 128, 129, 133, 134, 136, 137, 138, 140, 143, 144, 145, 146, 148, 149, 159, 161, 162, 163, 166, 168, 170, 171, 174, 175, 176, 182, 183, 185, 186, 190, 199, 223, 225, 227, 228, 229, 233, 251, 252, 253, 276, 279

Constitutional Courts 憲法上法院　123, 124, 126

Contract Clause 契約條款　265

Court *en banc* 全體合議庭　134

Court of Appeals 上訴法院　26, 134, 135, 136, 137, 138

Court *panel* 合議庭　134, 135, 136, 137

Cross-examination 交互詰問　247

Cruel and Unusual Punishment Clause 殘酷與不尋常制裁條款　156

D

Declaration of Independence 獨立宣言　4, 5, 6, 9, 158

Declaratory Judgment 確認判決　145, 146

Decree 裁定　37, 144, 150, 220

De facto 事實上　47, 98, 102, 111, 114, 122, 127, 128, 129, 133, 140, 141, 147, 154, 170, 171, 172, 175, 179, 186, 199, 202, 230, 236, 254, 258, 265, 269, 273, 279

Defamatory Speech 誹謗性言論　205,

206, 207

De jure 法理上　211, 279

Delegated Legislation 授權立法　98, 99, 121, 122

Delegation Doctrine 授權理論　119, 120, 122

Democratic-republicanism 民主共和主義　151, 156

Dictum 附帶意見　135, 163, 260

Direct Appeal 直接上訴　135, 137

Discrimination 差別對待　47, 49, 59, 68, 69, 70, 71, 72, 73, 74, 75, 179, 220, 227, 228, 229, 230, 231, 269, 270, 271, 272, 273, 274, 275, 276, 277, 278, 279, 280, 281

Dismiss 駁回　96, 144, 150, 178, 179, 180, 245, 246

Dissenting Opinion 不同意見書　78, 100, 135, 199, 256

District Court 地區法院　26, 125, 126, 134, 136, 137, 138, 148

Diversity of Citizenship Jurisdiction 異籍公民管轄權　143, 147, 148, 149, 181

Doctrine of Collateral Order 附屬命令理論　41

Doctrine of Deference 尊重理論　164

Doctrine of Social Compact 社會契約理論　21

Doctrine of Preemption 先占理論　24, 65, 67

Doctrine of Self-restraint 制約理論

169, 180, 186

Doctrine of Separation of Powers 權力分立理論　26, 27, 42, 93, 95, 98, 99, 104, 144, 146, 158, 162, 163, 165, 169, 182, 183

Dormant Commerce Clause 潛伏商務條款　24, 67, 68, 69, 70, 71, 72, 73, 74

Double Jeopardy Clause 雙重處罰條款　242

Dual Sovereignty 二元主權　21, 22, 23, 24, 63

Dual System 雙軌制

Due Process Clause 正當程序條款　73, 223, 251, 252, 253, 254, 255, 256, 257, 259, 260, 261, 262, 263, 265, 266, 268, 269

Due Process Liberties 正當程序自由權　250

Due Process of Law 正當法律程序　60, 63, 161, 190, 238, 239, 241, 242, 243, 244, 245, 247, 248, 249, 250, 251, 252, 253, 265, 266, 269

E

Economic Due Process 經濟性正當程序　254, 255, 256, 259

Electoral College 選舉人團　13, 86, 87, 88, 89

Emergency Power 緊急權　53, 80, 81, 105, 106, 107

Enabling Legislation 設權立法　116,

170

Enumerated Powers 列舉權；明示權　16, 23, 41, 42, 43, 49, 50, 61, 78, 104, 159, 259

Equal Protection Clause 平等保障條款　269

Equal Protection Liberties 平等保障自由權　250

Equal Protection of Law 平等法律保護　269

Equitable Relief 衡平救濟　96, 146

Equity 衡平法則　143, 146, 184

Establishment Clause 立教條款　173, 174, 226, 227, 228, 229, 230, 231, 232, 233, 236

Exclusionary Rule 證據排除法則　240

Executive Agreement 行政協定　111, 112, 113

Executive Order 行政命令　4, 89, 98, 99, 100, 101, 107, 147

Executive Powers 行政權　8, 10, 26, 27, 44, 83, 85, 95, 98, 99, 100, 106, 109, 112, 113, 116, 117, 118, 119, 167, 252

Ex postal facto Law 溯及既往法律　32, 64, 162

External Power 外事權　51, 108

F

Fair Trial 公平審判　220, 245

Federal Circuit 聯邦巡迴區　136

Federal Officers 聯邦官員　28, 53, 54,

102, 117, 119

Federal Question Jurisdiction 聯邦問題管轄權　143, 146, 147

Federal Register《聯邦公報》　98

Federalism 聯邦制　21, 22, 23, 24, 25, 41, 64, 68, 77, 78, 80, 109, 158, 181, 186, 190

Felony 重罪　38, 39, 52, 55, 79, 125, 127, 138, 240, 241, 248

Fighting Words 挑撥性文字　198, 203, 204, 212

Fiscal Power 財務權　49, 51, 62, 101

Free Exercise Clause 信教條款　226

Freedom from Arrest Clause 免於逮捕自由條款　39

Freedom of Conscience 良心自由　226

Freedom of Expression 表意自由　190, 191, 192, 193, 194, 195, 196, 197, 199, 201, 202, 203, 205, 206, 207, 209, 210, 211, 212, 213, 217, 219, 221, 223, 224, 225

Freedom of Religion 宗教自由　225, 226, 227, 230, 237

Freedom of the Press 新聞自由　190, 219, 220, 221, 222, 223, 246, 264

Fruit of the Poisonous Tree Doctrine 毒樹果實理論　240

Full Faith and Credit Clause 完整信任與承認條款　79

Fundamental Rights 基本權利　16, 50, 63, 74, 75, 158, 189, 209, 224, 230, 235, 237, 249, 250, 254, 255, 258, 259, 261, 262, 270, 278

G

General Jurisdiction 概括管轄權　149, 180

Good Cause 正當理由　62, 117, 118

Grand Jury 大陪審團　40, 93, 220, 241, 242

Guarantee Clause 保證條款　80, 266

H

Hate Speech 仇視性言論　203, 204

Heavy Presumption 嚴格推定　193, 194

Heightened Scrutiny 高度檢驗基準　270, 271, 272, 273, 277, 278

Holmesian 霍姆斯主義　280

House of Representatives 眾議院　13, 26, 31, 32, 33, 34, 35, 37, 54, 88, 89, 128, 129, 168

Human Dignity 人性尊嚴　56, 161, 192, 233, 252

Hung Jury 懸置陪審團

I

Implied Powers 蘊涵權　42, 61, 62, 101, 109, 160

Impeachment Power 彈劾權　28, 54, 91, 104

Impoundment 不執行預算　101

In camera Inspection 祕密檢查　94

Incidental Powers 衍生權; 附隨權 42, 61, 62

Independent Agency 獨立機關 103, 117, 118, 129

Independent Counsel 獨立律師 103, 118, 119

Indictment 提起公訴 104, 242

Inferior Courts 下級法院 14, 15, 26, 28, 58, 133, 136, 138, 141, 143, 168, 178

Inferior Officers 下級官員 90, 102, 103

Information of the State of the Union 國情咨文 90

Inherent Powers 固有權 42, 44, 47, 51, 62, 99, 108, 109, 111, 112, 113, 115, 142, 160, 161

Injunction 禁止令 96, 175, 268

Instrumentalism 工具主義 151, 152, 153, 154, 155, 156, 270

Intergovernmental Immunity 府際豁免 24, 25, 76

Intergovernmental Comity Principle 府際禮讓原則 181

Intermediate Scrutiny 中級檢驗基準 214, 218, 222, 278, 279

International Power 國際權 52

Interstate Commerce 州際商務 12, 15, 23, 24, 25, 43, 44, 45, 46, 47, 48, 49, 59, 65, 67, 68, 69, 70, 71, 72, 73, 76, 77, 117, 120, 257

Interstate Rendition Clause 州際遞解條款 79

Intrastate Commerce 內州商務 24, 43, 44, 45, 72

Investigatory Power 調查權 42, 62, 63

J

Judgment 判決 17, 50, 54, 55, 57, 68, 77, 78, 79, 120, 133, 134, 135, 161, 163, 164, 175, 199, 233, 248, 254, 267

Judicial Circuit 司法巡迴區 136

Judicial Independence 司法獨立 8, 58, 141, 158, 245

Judicial Powers 司法權 15, 26, 27, 119, 120, 123, 131, 133, 141, 142, 143, 144, 146, 161, 162, 167, 169, 252

Judicial Restraint 司法制約 167

Judicial Review 司法審查 80, 106, 109, 122, 134, 135, 145, 158, 159, 160, 161, 163, 164, 165, 166, 171, 173, 180, 181, 184, 186, 193, 268, 274, 276

Judicial Supremacy 司法至上 160, 167

Jurisdiction 管轄權 12, 22, 23, 24, 28, 43, 58, 64, 65, 66, 67, 79, 100, 110, 126, 141, 143, 144, 145, 146, 147, 149, 150, 162, 168, 169, 171, 177, 178, 180, 181, 182

Jury 陪審團 54, 124, 125, 155, 159, 242, 245, 246, 247, 249

Just Compensation 公正補償 241, 244

Justiciability Doctrine 裁判可能理論 169

Justiciable Questions 司法問題　106, 183

L

Least Restrictive Means 限制最少手段
Legislative Courts 法律上法院　124, 125
Legislative Powers 立法權　26, 27, 29, 31, 58, 62, 78, 98, 99, 101, 106, 109, 118, 119, 120, 122, 127, 128, 129, 167, 186, 252, 253, 256
Legislative Supremacy 立法至上　160
Legislative Veto 立法否決　115, 127, 128, 129
Liberty 自由權　9, 13, 14, 16, 17, 53, 85, 99, 107, 111, 133, 139, 141, 151, 158, 161, 187, 189, 190, 191, 192, 193, 195, 196, 197, 219, 223, 224, 225, 233, 250, 251, 252, 254, 255, 256, 257, 258, 259, 260, 261, 262, 263, 266, 269
Liberty to Contract 契約自由　254, 255, 256, 257, 259, 260, 264
Line-item Veto 逐項否決　99, 101
Literalism 文義主義　151, 152, 155, 156

M

Magistrate Judge 治安法官　125, 126, 127, 162, 240
Magna Charta 大憲章　3, 158, 251, 252
Military Power 軍事權　52, 114
Miranda Warning 米蘭達提示　243

Misdemeanor 輕罪　39, 54, 55, 91, 138, 241, 248
Modernism 現代主義　154
Mootness 裁判已無實益案件

N

Natural Justice 自然正義　151
Narrowly Tailored Means 限縮適用手段
Necessary and Proper Clause 必要且適當條款　23, 24, 51, 61, 62, 146, 147
Nondelegation Doctrine 不得授權理論　120

O

One-house Veto 一院否決　128, 129
Opinion 判決意見書　135
Opportunity to Be Heard 陳述機會　253, 263, 264, 265, 266, 267
Order 命令　3, 34, 41, 42, 47, 78, 80, 93, 98, 108, 114, 116, 118, 135, 158, 161, 162, 163, 168, 178, 193, 265
Original Clause 發動條款　33
Original Jurisdiction 初審管轄權　58, 134, 143, 162, 163
Originalism 原意主義　151, 152, 153, 154, 156
Overbreadth Doctrine 過度廣泛理論　195, 196
Overrule 原判決廢棄

P

Pardon Power 赦免權　103, 104, 105

Parent patriae 土地父母　175

Penal Power 刑罰權　126, 127

Pendent Jurisdiction 合併管轄權　149, 150

Penumbras and Emanations Theory 保護傘綻放論　261

Per curiam 全體意見判決

Personnel Power 人事權　42, 53

Plain Meaning Rule 明白意義原則　156

Pocket Veto 口袋否決　33

Police Power 治安權　46, 47, 48, 50, 64, 66, 68, 71, 208, 238, 255, 256

Political Questions 政治問題　37, 80, 92, 97, 104, 108, 109, 113, 115, 182, 183, 184, 276

Political Speech 政治性言論　190, 191, 197, 215, 217, 235

Popular Election 普選　35, 36, 88, 89

Power of Appointment of Officials 任官權　101, 103, 137

Power of Constitutional Interpretation 憲法解釋權　150, 151, 160, 165

Power of Commander-in-chief 統帥權　114, 115

Power of Foreign Affairs 外交權　108, 109

Power of Judicial Adjudication 司法審判權　142, 143, 146, 148, 165

Power of Judicial Review 司法審查權　28, 136, 142, 145, 157, 158, 159, 160, 161, 163, 164, 165, 167, 180, 182, 183

Power of Removal 免職權　103, 117, 118, 119

Power to Amend the Constitution 修憲權　55, 56, 57

Power to Declare War 宣戰權　52, 114

Preponderance of Evidence 優勢證據　239

Presentment Clause 提送條款　128, 129

Presidential Proclamation 總統令　98, 104, 147

Pretext Doctrine 託辭原則　46

Principle of *stare decisis* 遵循判例原則　154, 165, 233

Primary Election 初選　35, 36

Prior Restraint 事前禁止　193, 194, 196, 205, 209, 221, 222

Privileges and Immunities Clause 特權與豁免條款　74, 75, 76

Prima facie case 表面證據　95, 271, 272, 273

Principle of Checks and Balancing 制衡原則　27, 28

President of the Senate 參議院議長　32, 35, 87

Presumption of Unconstitutionality 違憲推定　192, 194, 273, 278

Pretrial Proceedings 前審程序　96

Probable Cause 相當理由　238, 239,

240, 241, 242

Procedural Due Process 程序性正當程序　253, 263, 264, 265, 266, 267, 268

Public Forum 公共場域；公共論壇　218, 219

Public Good 公益　9, 94, 95, 150, 206, 222, 245, 256, 257

Public Rights Doctrine 公權利理論　123

Public Trial 公開審判　245, 246

Q

Qualified Immunity Doctrine 限定豁免理論

Quasi-judicial Power 準司法權　119, 123, 126

Quasi-legislative Power 準立法權　119, 120, 123

Quasi-suspect Classification 準容疑性分類　278, 279

R

Ratification 認可憲法修正案　154

Rational Scrutiny 合理檢驗基準　215, 254, 256, 257, 258, 260, 263, 271, 276, 277, 279, 280

Rational Standard 合理性標準　238

Reasonable Notice 合理通知　195, 196, 253, 263, 264, 265, 266, 267

Reasonable Suspicion 合理懷疑　239

Reconsideration 覆議　33, 34, 129

Redressibility 救濟可能性

Remand 案件發回

Repass 復議　34

Representation Reinforcementism 民意強化主義　156

Reprieve 緩刑令　105

Residue Powers 剩餘權　17, 44, 63, 76, 110, 149, 169

Res judicata 既判力　165

Resolution 決議；決議案　4, 5, 12, 13, 14, 28, 31, 33, 34, 87, 92, 100, 112, 114, 115, 128, 129, 137, 139, 142, 153, 159, 164, 176, 228, 246

Reverse 原判決推翻

Reverse Discrimination 逆轉性差別對待

Review of Unconstitutionality 違憲審查　158, 160, 164, 165

Reviewability 審查可能性　178, 180, 181

Right of Association 結社權利　223

Right of Marital Privacy 婚姻隱私權　261

Right of Personal Autonomy 個人自主權利　262

Right of Self-determination 自主權　250

Right to Bear Arms 佩帶武器權利

Right to Contract 契約權

Right to Counsel 律師協助權利

Right to Die 死亡權　263

Right to Peaceably Assemble 和平集會權利

Right to Privacy 隱私權　223, 240, 250,

261, 262, 264

Right to Travel 旅行權　250, 278

Ripeness 可為裁判案件

Rulemaking 法令制定　67, 119, 122,
166, 197, 258

S

Secondary Effects Doctrine 附屬效果理
論　197

Selective Incorporation Theory 選擇性併
入理論　238, 242

Self-incrimination 自證罪行　50, 63,
105, 242, 261

Senate 參議院　13, 17, 26, 28, 31, 32,
33, 34, 35, 36, 53, 54, 88, 89, 91, 92,
101, 102, 103, 108, 111, 112, 113, 117,
129, 137, 138, 168, 176

Separate-but-equal Doctrine 隔離但平等
理論　155

Sexually Oriented Speech 煽情性言論
198, 207

Sovereignty 主權　6, 7, 9, 21, 22, 23, 24,
25, 42, 43, 63, 64, 66, 76, 77, 78, 101,
108, 133, 142, 158, 167, 180, 184, 185

Sovereign Immunity 主權豁免　60, 143,
169, 184, 185, 186

Speaker 眾議院議長　91, 92

Special Jurisdiction 特別管轄權　143,
145, 149

Special Prosecutor 特別檢察官　103,
118

Speedy Trial 迅速審判　245

Spending Power 支用權　50, 51, 173,
174

Standing 訴訟適格　169, 170, 171, 172,
173, 174, 175, 176, 177, 180, 182, 195

Strict Constructionism 嚴格解釋主義
152

Strict Necessity 絕對必要　64, 180, 181,
182

Strict Scrutiny 嚴格檢驗基準　72, 107,
189, 194, 197, 198, 210, 215, 216, 217,
218, 221, 224, 230, 235, 254, 258, 260,
262, 263, 271, 273, 274, 275, 276, 277,
278

Subsequent Punishment 事後制裁　193,
194, 196, 209

Substantive Due Process 實體性正當程序
253, 254, 255, 257, 258, 259, 260,
261, 262, 263, 264, 266

Summary Judgment 簡易判決

Supremacy Clause 最高條款　23, 24,
65, 109, 110, 161, 162

Suspect Classification 容疑性分類　273,
274, 278

Symbolic Speech 象徵性言論　202, 203

T

Takings Clause 徵收條款　244

Taxing Power 徵稅權　15, 22, 49, 50, 51

Territory 領地；準州

Textualism 直譯主義　155

Treaties 條約　12, 13, 14, 15, 23, 27, 28, 64, 108, 109, 110, 111, 113, 115, 129, 141, 143, 144, 146, 147, 161, 163, 176, 180

U

Unconstitutional 違憲　12, 50, 51, 69, 73, 75, 100, 104, 117, 118, 120, 121, 122, 128, 129, 145, 159, 161, 162, 163, 164, 165, 166, 167, 171, 185, 186, 192, 195, 196, 197, 203, 214, 217, 228, 229, 232, 235, 236, 269, 270, 273, 274, 275, 279

Unitary Sovereignty 一元主權　21

Unitary System 單一制　21

U.S. Supreme Court 聯邦最高法院　14, 17, 23, 24, 25, 26, 33, 36, 37, 40, 43, 44, 45, 46, 47, 48, 49, 50, 51, 52, 53, 57, 58, 61, 65, 66, 67, 68, 69, 70, 71, 72, 73, 74, 76, 77, 78, 79, 93, 94, 95, 98, 99, 100, 106, 107, 108, 109, 110, 112, 113, 115, 116, 117, 118, 119, 120, 121, 122, 123, 124, 125, 126, 127, 128, 129, 133, 134, 135, 136, 137, 138, 140, 141, 143, 144, 145, 146, 148, 150, 151, 154, 155, 157, 160, 161, 162, 163, 164, 165, 166, 169, 170, 171, 172, 173, 174, 178, 179, 180, 181, 182, 183, 184, 189, 191, 192, 193, 194, 196, 197, 198, 199, 200, 201, 202, 203, 204, 205, 206, 207, 208, 210, 211, 212, 213, 214, 215, 216, 217, 218, 219, 220, 221, 222, 224, 225, 227, 228, 229, 230, 231, 232, 233, 234, 236, 237, 241, 242, 243, 245, 246, 250, 252, 254, 255, 256, 257, 258, 259, 260, 261, 263, 265, 266, 267, 268, 269, 270, 271, 274, 275, 276, 277, 278, 279, 281

V

Vacancy 缺位　18, 38, 91, 92, 102

Verdict 審定　47, 65, 125, 184, 225, 246, 249, 262, 263

Void 無效　23, 28, 37, 45, 47, 48, 50, 67, 69, 70, 71, 72, 73, 76, 78, 98, 99, 100, 102, 112, 113, 115, 117, 118, 124, 125, 129, 134, 145, 158, 159, 161, 162, 163, 164, 165, 166, 167, 192, 194, 195, 196, 217, 222, 229, 230, 234, 256, 273, 275, 278, 279, 281

Voidable 得撤銷

Void for Vagueness Doctrine 模糊無效理論　195, 196

Vote 表決　34

Veto Power 否決權　27, 28, 33, 99, 115, 129, 159

W

Wall of Separation 分隔牆　227, 228, 232

War Power 戰事權　52, 115, 121, 128

Writ of Certiorari 調卷令　135

Writ of Error 違誤令　53, 106, 107, 182

Writ of Habeas Corpus 人身保護令
Writ System 令狀制度　239

Z

Zoning 區域重劃

❖ 附錄三　重要參考書目彙編 ❖

1. ERWIN CHEMERINSKY, CONSTITUTIONAL LAW (Aspen Publishers 2nd ed. 2005)

2. WILLIAM COHEN, JONATHAN D. VARAT, & VIKRAM ARRAR, CONSTITUTIONAL LAW, CASES AND MATERIALS (Foundation Press 12th ed. 2005)

3. ROBERT G. MCCLOSKEY, revised by SANFORD LEVINSON, THE AMERICAN SUPREME COURT (The University of Chicago Press 4th ed. 2005)

4. CALVIN R. MASSET, AMERICAN CONSTITUTIONAL LAW: POWERS AND LIBERTIES (Aspen Publishers 2nd ed. 2005)

5. ALLAN IDES, CHRISTOPHER N. MAY, CONSTITUTIONAL LAW: NATIONAL POWER AND FEDERALISM (Aspen Publishers 3rd ed. 2004)

6. ALLAN IDES, CHRISTOPHER N. MAY, CONSTITUTIONAL LAW: INDIVIDUAL RIGHTS (Aspen Publishers 3rd ed. 2004)

7. LITA EPSTEIN, THE SUPREME COURT (Penguin Group 2004)

8. SCOTT J. HARR, KAREN M. HESS, CONSTITUTIONAL LAW AND THE CRIMINAL JUSTICE SYSTEM (Wadsworth Publishing Company 3rd ed. 2004)

9. JOHN E. NOWAK, RONALD D. ROTUNDA HORNBOOK ON CONSTITUTIONAL LAW (West Group 7th ed. 2004)

10. GEOFFREX R. STONE, LOUIS MICHAEL SEIDMAN, CASS R. SUNSTEIN, MARK V. TUSHNET, FIRST AMENDMENT (Aspen Publishers 2nd 2003)

11. RONALD D. ROTUNDA, MODERN CONSTITUTIONAL LAW, CASES AND NOTES (West Group 7th ed. 2003 with 2006 Supplement)

12. MELANIE FONDER, MARY SHAFFREY, AMERICAN GOVERNMENT

(Penguin Group 2002)

13. LISA PADDOCK, SUPREME COURT (Wiley Publishing 2002)

14. THOMAS C. DIENES, JEROME A. BARRON, CONSTITUTIONAL LAW (West Group 5th ed. 2002)

15. JESSE H. CHOPER, RICHARD H. FALLON, JR., YALE KAMISAR, STEVEN H. SHIFFRIN, CONSTITUTIONAL RIGHTS AND LIBERTIES, CASES AND MATERIALS (West Group 9th ed. 2001 with 2006 Supplement)

16. THOMAS S. PERKINS, WILLIAM R. PERKINS, WILLIAM W. VAN ALSTYNE, THE AMERICAN FIRST AMENDMENT IN THE TWENTY–FIRST CENTURY, CASES AND MATERIALS (Foundation Press 3rd ed. 2001 with 2006 Supplement)

17. MICHAEL J. GERHARDT, THE FEDERAL APPOINTMENTS PROCESS: A CONSTITUTIONAL AND HISTORICAL ANALYSIS (Duke University Press 2000)

18. JAMES V. CALVI, SUSAN COLEMAN, AMERICAN LAW AND LEGAL SYSTEMS (Prentice Hall 4th ed. 2000)

19. LAURENCE H. TRIBE, CONSTITUTIONAL LAW (Thomson & West 3rd ed. 2000)

20. KERMIT L. HALL, THE OXFORD G UIDE TO UINTED STATES SUPREME COURT DECISIONS (Oxford University Press 1999)

21. DAVID W. LEEBRON, GERALD L. MEUMAN, DIANE F. ORENTLICHER, LOUIS HENKIN, HUMAN RIGHTS (Foundation Press 1999 with 2001 Supplement)

22. NORMAN REDLICH, JOHN ATTANASIO, JOEL K. GOLDSTEIN, UNDERSTANDING CONSTITUTIONAL LAW (Matthew Bender & Company 2nd ed. 1999 with 2002 Supplement)

23. MACK A. PLAYER, FEDERAL LAW OF EMPLOYMENT

DISCRIMINATION (West Group 1999)

24. DANIEL A. FARBER, THE FIRST AMENDMENT (Foundation Press 1998)

25. AMY LEIBOWITZ, LAW & ORDER IN THE 20TH CENTURY (Bluewood Books 1998)

26. Norman Vieira, Constitutional Civil Rights, West Group (1998).

27. WAYNE D. MOORE, CONSTITUTIONAL RIGHTS AND POWERS OF THE PEOPLE (Princeton University Press 1996)

28. DAVE KLUGE, THE PEOPLE'S GUIDE TO THE UNITED STATES CONSTITUTION (Carol Publishing Group1996)

29. ALAN B. MORRISON, FUNDAMENTALS OF AMERICAN LAW (Oxford University Press 1996)

30. JEROME A. BARRON, CONSTITUTIONAL LAW (West Publishing Company 3rd ed. 1995)

31. JOHN H. GARVEY, FREDERICK SCHAUER, THE FIRST AMENDMENT: A READER (West Group 2nd ed. 1995)

32. PETER H. SCHUCK, FOUNDATIONS OF ADMINISTRATIVE LAW (Oxford University Press 1994)

33. WILLIAM W. VAN ALSTYNE, FREEDOM AND TENURE IN THE ACADEMY (Duke University Press 1993)

34. GEOFFREY R. STONE, RICHARD A. EPSTEIN, CASS R. SUSTEIN, BILL OF RIGHTS IN THE MODERN STATE (The University of Chicago Press 1992)

35. EDWARD S. CORWIN, revised by HAROLD W. CHASE, CRAIG R. DUCAT, THE CONSTITUTION AND WHAT IT MEANS TODAY (Princeton University Press 1992)(1978)

36. BARBARA J. SHAPIRO, BEYOND REASONABLE DOUBT AND PROBABLE CAUSE: HISTORICAL PERSPECTIVES ON THE ANGLO–

AMERICAN LAW OF EVIDENCE (University of California Press 1991)

37. LIEF CARTER, AN INTRODUCTION TO CONSTITUTIONAL INTERPRETATION: CASES IN LAW AND RELIGION (Longman Publishing Group 1991)

38. ERNEST GELLHORN, RONALD M. LEVIN, ADMINISTRATIVE LAW AND PROCESS (West Publishing Company 1990)

39. PETER L. STRAUSS, AN INTRODUCTION TO ADMINISTRATIVE JUSTICE IN THE UNITED STATES (Carolina Academic Press 1989)

40. DAVID E. ENGDAHL, CONSTITUTIONAL FEDERALISM (West Publishing Company 1987)

41. STANLEY I. KUTLER, THE SUPREME COURT AND THE CONSTITUTION: READING IN AMERICAN CONSTITUTIONAL HISTORY (W. W. Norton & Company 3rd ed. 1984)

42. JERRE S. WILLIAMS, CONSTITUTIONAL ANALYSIS (West Publishing Company 1979)

民法系列——契約之成立與效力　杜怡靜／著

　　本書為使初學者能儘速建立契約法之基本概念，以深入淺出之方式，於理論基礎之說明上，儘量以簡潔文字並輔以案例加以說明。此外為使讀者融會貫通契約法間之關連性，書末特別附有整合各項契約法觀念的綜合案例演練，促使讀者能夠匯整關於契約法的各項觀念，希望讀者能藉由本書關於契約法之介紹，進入學習民法之殿堂。

民法系列——侵權行為　郭冠甫／著

　　民法的規範多元且龐雜，經常成為法律初學者的夢魘。本書對於民法中侵權行為之介紹，雖亦有理論層面的研討，但並不刻意強調艱澀難懂，或是爭議繁多的法律見解，而是儘量以實際案例加以說明，期能轉化抽象的法律概念，成為與日常生活充分結合的實用規範，使學生與一般無深厚法學基礎的讀者能夠清楚掌握法學的精義。

民法系列——繼　承　戴東雄／著

　　本書主要內容在說明民法繼承編重要制度之基本概念，並檢討學說與實務對法條解釋之爭議。本書共分四編：緒論、遺產繼承人、遺產繼承與遺產繼承之方法。在本書各編之重要章次之後附以實例題，期能使讀者瞭解如何適用法條及解釋之方法，解決法律問題；並在附錄提出綜合性之實例題，讓讀者以邏輯之推演方法，解決實際之法律問題。

民法系列——遺　囑　王國治／著

　　近年來，隨著天災人禍所帶來「生命無常」的震撼，越來越多人不再視「預立遺囑」為一種忌諱，而是當成一種「積極管理身後事」的方式，以減少生命走到終點的遺憾。本書首先介紹中外遺囑的歷史背景與變遷過程，其次，從我國遺囑之相關法律、司法實務與實際案例切入，最後詳盡剖析我國遺囑法律闕失之處，並提出將來遺囑修法之具體建議，實為一本值得閱讀與收藏的法律好書。

民法系列——運送法　林一山／著

　　本書的內容係植基於廣義的「運送法」概念，以我國民法債編各論第十六節「運送」為主，並兼論及「承攬運送」及「倉庫」的相關部分。本書理論與實務兼具，一方面以生動活潑的案例來引發初學者的興趣，再者系統性且整體性地將相關內容做深入淺出地介紹，亦對實務工作者處理複雜的案件有所貢獻。

民法系列——買　賣　陳添輝／著

　　就買賣的概念而言，一般人的理解與法律規定之間，具有相當大的差異。此種情形係因我國民法主要繼受自德國民法及瑞士民法，而德國民法及瑞士民法又深受羅馬法影響所致。本書盡力蒐集羅馬法及歐陸各國民法之相關資料，希望幫助讀者瞭解買賣制度之沿革發展，進一步正確掌握我國民法有關買賣規定之意義。

行政罰法釋義與運用解說　蔡志方／著

　　本書針對民國九十五年二月五日開始施行，全文四十六條的「行政罰法」，逐條就它的意義、可能存在的疑義、本法不同條文規定間的關係和本法與其它法規規定的關係，以及實際上要如何運用，用淺顯易懂的白話和比較輕鬆的口吻，就各條規定所根據的嚴肅法理，作了徹底的解說，很適合所有需要認識、理解和適用這一部法規的法律人和一般民眾參考。

刑事訴訟法（上）　朱石炎／著

　　刑事訴訟法是追訴、處罰犯罪的程序法，其立法目的在於確保程序公正適法，並求發現真實，進而確定國家具體刑罰權。實施刑事訴訟程序的公務員，務須恪遵嚴守。近年以來，刑事訴訟法曾經多次局部修正，本書是依截至九十五年六月（同年七月一日施行）最新修正內容撰寫，並配合同年七月一日施行之刑法，循法典編章順序，以條文號次為邊碼，是章節論述與條文釋義的結合，盼能提供初學者參考之用。

專利法理論與應用　　楊崇森／著

　　專利法同時涉及法律與技術層面，但坊間並無深入有系統之書籍，使讀者每以未能入門為苦，本書正可補此缺憾。作者以其湛深學術素養與豐富行政經驗，將專利法上各種問題參考各國與國際公約之理論與現況，從不同角度加以深入之析述，並佐以實例說明，理論與實務並重，且不時提出獨特見解，使讀者對深奧之專利法理論與實際運作易于通曉，無論對學術界與實務界都是難得的好書。

中華民國憲法論　　管歐／著、林騰鷂／修訂

　　本書根據國父孫中山先生的思想主張、憲政歷史文件、司法院大法官解釋及憲政生活動態資料，建構了認知憲法的三個基本，即 1. 基本政府 2. 基本國策　3. 基本人權的學習體系。又為了使學生容易行使應考試、服公職的基本人權，附錄中除了編印中華民國憲法，中華民國憲法增修條文外，並摘取歷年來公務人員高等考試、特種考試及專門職業及技術人員高等考試之憲法試題，作為學習、演練之參考。

公司法新論　　王泰銓、王志誠／著

　　本書從解釋論及司法實務之觀點，有系統地解析我國公司法制之規範內容及運作實情，並針對公司法學之重要問題，從日本、美國等先進國家之公司法制出發，提出深度之理論批判及建議。再者，本書尚整理分析各國公司經營機關之制度現況，並以公司治理為中軸，詳盡介紹當前之熱門話題。本書不僅整理我國之學說論點及實務見解，以解說各項重要爭議，亦探討公司法學之最新發展，兼顧理論及實務，實為優質之教科書及工具書。

現代國際法　　丘宏達／著

　　本書共分十八章，分別對國際法的概念與性質、國際法的淵源、國際法與國內法的關係、條約、國際法的主體、承認、國際法上的繼承、國籍、個人與人權、國家的領土、海洋法、管轄、管轄的豁免、國家責任、國家對外關係的機關、國際組織、國際爭端的和平解決、國際環境保護及武裝衝突與國際人道法等主題，提供詳細說明與分析，並儘可能以實例解說。實例多為本書的特色，對於與我國有關的國際法問題、我國實踐及相關法規與判決，本書均特別作比較詳細的敘述與分析。

票據法　　潘維大／著　黃心怡／修訂

　　這是一本能讓讀者有如閱讀小說、漫畫般，輕鬆認識票據法的書。口語式的活潑筆法，讓抽象的法律條文從此不再艱澀拗口；小說般的故事情節，讓票據不再如天上明月般遙不可及，而與生活緊密結合。隨著書中人物面臨的大小事故，錯綜難解的法律關係，變成饒富趣味的生活小品。想試試法律變成趣味休閒版的滋味嗎？就從閱讀本書開始吧！

陪審團審判與對抗式訴訟　　易延友／著

　　陪審團審判與對抗式訴訟是英美法律制度中的兩座標誌性建築。本書從二者之間的關係出發，在歷史的敘述與材料的輯選方面本著「擇焉雖精而語焉猶詳」的原則，對陪審團審判制度的起源與發展進行細緻的梳理，對該制度在歐洲大陸移植與變遷的過程進行理論的分解，對其在英美近代的傳播及其與英美證據法的關係進行深入刻畫與解剖，並對其最近的變化與將來的走向進行展望。

基礎國際私法學　　賴來焜／著

　　本書分就國際私法之概念、適用對象、本質、法源及體系等加以探討，期能突破既存國際私法研究的框架，促成國際私法學的理論化、實用化、商事化與程序化。除旁徵博引中外學者見解及各國立法例，取其精要加以介紹外，行文中更適時輔以圖表說明，使讀者能有系統地理解國際私法的源起、性質、基本構造，以及各家學說的重心。

金融管理法規（上）（下）　　郭土木／著

　　本書對於金融管理法規之論述，在內容方面兼具下列特色：一、範圍力求允宜適中，對於較為常見及適用較普遍之金融管理法規加以論述，以避免太過於龐雜或有遺珠之憾。二、論述上結合理論與實務，對於金融管理法令之規範，其立論基礎之介紹與實務運作予以融合作比較分析。三、依金融管理法律之規定與相關法規命令或職權規定配合為一併敘述，對於實體之作用法令所規定之內容，力求能周延地加以論述。